경매투자자를 위한
캠코공매론

김영호 지음

저자 김영호

촌에서 나고 자라 대처(大處)에 자리 잡고 서울여자랑 아들 둘 낳고 사는 성공한 인생이다. 한국외국어대학교 정치외교학과를 졸업했다. 청운의 꿈은 대단했지만 현실과 능력의 벽을 넘지 못하고 월급쟁이의 길로 접어들어 보험과 은행권을 전전하다 오늘에 이르렀다. 일찍이 직장의 덧없음을 간파하고 유유자적할 자신만의 업(業)을 찾아 나름의 성공을 이룬 자칭 자수성가 기업인 겸 저술가이다. 캠코공매로 얻은 지식과 부를 나누고자 여기저기 기고도 하고 작은 기부도 하며 살고 있다.

본 저(著)는 첫작「블루오션 캠코공매를 잡아라」(매일경제신문사, 2009) 집필 10주년을 맞아 1년여의 기획과 자료조사를 거쳐 세상에 나오게 되었다. 긴 인생에서 나이와 경력에 불문하고 평생 현역으로 남기 원하는 사람들의 멘토가 되고자 심혈을 기울였다.

E-mail : rich1964@hanmail.net
Blog : Naver/Daum에서「캠코공매박사」

경매 투자자를 위한
캠코공매론

2018년 12월 13일 초판 1쇄 발행
2020년 5월 6일 초판 3쇄 발행

지은이 ■ 김영호
펴낸이 ■ 정용국
펴낸곳 ■ (주)신서원
서울시 서대문구 냉천동 260 동부센트레빌 아파트 상가동 202호
전화: (02)739-0222・3 팩스: (02)739-0224
신서원 블로그: http://blog.naver.com/sinseowon
등록: 제300-2011-123호(2011.7.4)
ISBN 978-89-7940-141-7 03320
값 22,000원

신서원은 부모의 서가에서 자녀의 책꽂이로
'대물림'할 수 있기를 바라며 책을 만들고 있습니다.
잘못된 책이 있으면 연락주세요.

경매투자자를 위한

캠코 공매론

김영호 지음

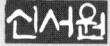

책을 펴내며

졸저 「블루오션, 캠코공매를 잡아라」(매일경제신문사, 2009)가 세상에 나온 지 어느덧 강산이 한 번 바뀌었습니다. 짧은 지식과 일천한 경험에도 젊은 패기와 열정만으로 펜을 들었고 순식간에 탈고를 마쳤던 그때를 생각하면 그런 용기가 어디서 나왔을까 하는 생각이 듭니다. 하지만 이번 책의 완성에 이르기까지는 근 1년여에 이르는 오랜 시간이 걸렸습니다. 투자경력에 어울리는 수준 높은 글을 써야 한다는 강박과 좋은 책으로 독자에게 기억되고 싶은 욕심 때문입니다.

첫 작품이 나온 후 10년의 세월 동안에 제게도 많은 일이 생겼습니다. 개인사업자에서 법인사업자로 전환하였고 주거용을 포함하여 다양한 공매물건에 투자하다가 상업용 물건 위주로 투자패턴을 바꾸었습니다. 샐러리맨에서 법인투자회사의 대표가 되기까지 아무도 가르쳐주지 않은 분야에서 그야말로 좌충우돌의 낯설고 힘든 과정을 버텨냈다는 점이 제 스스로도 대견해 마지않습니다.

두 번째 책을 준비하면서 전작을 다시 한 번 펼쳐 보았습니다. 한국부동산칼리지와 매경경매과정의 공매강의용 교재로 사용하면서 밑줄이 쳐지고 메모가 달린 손때 묻은 책을 펼치자 2009년 당시의 세계경제와 한국경제 상황이 주마등처럼 떠오릅니다.

2008년 9월 리먼브라더스의 파산을 불러온 미국의 서브프라임 모기지 위기가 전 세계적인 금융위기로 촉발되어 1997년 IMF위기가 다시 찾아오는 것이 아닌가 하는 공포감이 엄습하던 시기였습니다. 당시 썼던 글을 읽어보면서 놀라웠던 것은 당시 미국을 포함한 세계경제를 바라보는 필자의 현실인식이 객관적이며, 일면 정확하였다는 것입니다. 또한 그러한 판단에 근거하여 나름의 기준과 원칙을 가지고 부동산에 투자한 것이 성공을 거두었다는 사실입니다.

어느 시대, 어느 순간을 막론하고 시장에는 낙관론과 비관론이 팽팽하게 맞서고 있으며 어느 편에 서느냐에 따라 부(富)의 운명이 갈리기도 합니다. 냉정(=悲觀)과 열정(=樂觀) 사이에서 어느 편에 설 것인가를 결정하기 위해서는 많은 공부가 필요합니다. 신문과 뉴스의 경제기사와 국제면을 정독하고 정치경제 분야의 책 읽기 또한 게을리하면 안 된다는 것이 저의 생각입니다.

현재 우리나라를 둘러싼 중요한 현안문제를 대외부문과 국내부문으로 나누어 생각해봅니다. 최근 미국과 중국이 세계정치와 경제의 헤게모니를 잡기 위한 무역전쟁을 벌이고 있습니다. G2(Group of 2)로 성장하면서 미국과 어깨를 나란히 할 만큼 위협적 존재로 커버린 중국의 견제를 위한 트럼프의 선제공격이 시작되었습니다.

제2차 세계대전 이후 수퍼파워 미국에 도전장을 내민 국가 중에 성공한 나라는 없었습니다. 대국굴기大國崛起와 중화제일주의中華第一主義를 외치며 장기집권의 토대를 닦은 시진핑의 세계경영 야망에 미국과 트럼프의 「America First」가 정면충돌하는 모양새입니다. 또 다른 수퍼파워가 되려는 중국의 기세를 더는 두고 볼 수 없는 미국의 선택이 무역전쟁을 통한 중국 길들이기 전략입니다.

필자의 견해로는 G2 무역전쟁은 적당한 선에서 중국의 꼬리 내리기로 국지전 수준에서 봉합될 것이라 판단됩니다. 하지만 미국보다 중국의 내상內傷은 생각보다 클 것이고 어쩌면 G2라는 용어에서 중국은 지워질지도 모릅니다. 1985년 플라자합의로 일본과 독일이 엔과 마르크의 강제절상을 통해 무릎 꿇려지고 일본이 '잃어버린 20년'의 고통 속으로 빠졌던 것처럼 중국 역시 같은 길을 갈지도 모릅니다.

문제는 미·중 무역전쟁에서 우리가 「고래싸움에 새우 등 터지는 격」이 될 가능성이 크다는 것입니다. 중국이 가진 세계의 공장 지위가 흔들리면 대對중국수출비중이 전체의 25%가량 차지하는 한국의 입지는 상당히 쪼그라들 것이기 때문입니다.

하지만 이러한 어려움에도 불구하고 한국경제가 항로를 이탈하여 좌초하거나 난파될 가능성은 작다고 봅니다. 세계 10위의 경제권으로 성장한 만큼 체력과 맷집이 세졌기 때문입니다. 다만 정치적 변수에 경제가 휘둘리는 상황이 더는 없어야 한다는 전제가 조건입니다.

또 하나의 문제는 금리인상입니다. 2017년 12월 금융통화위원회가 무려 6년 5개월 만에 기준금리를 0.25% 인상하였습니다. 미국연방준비제도이사회(Fed)는 2018년에만 이미 세 차례의 금리인상을 하고도 연내 추가적인 인상이 예고된 상태입니다. 달러 가치가 높아지면 달러에 대한 수요가 높아져 어쩔 수 없이 우리도 금리를 올릴 수밖에 없는 상황이 됩니다. 그 여파를 반영하듯 2017년 하반기 이후 기준금리는 0.25% 인상에 그쳤지만 시중은행의 담보대출 금리는 이미 약 1%p 이상 올랐습니다. 게다가 한 번 오르기 시작한 금리는 추세적인 인상 기조로 이어진다는 것이 과거의 경험입니다.

금리인상을 견디지 못한 가계부채 부실화가 수면 아래에서 진행되고 있습니다.「생존이 곧 성공(Survival is success!!)」인 게임이 시작되는 것입니다. 그간 대한민국 대출자들은 단군 이래 가장 낮은 금리의 혜택을 누려왔습니다. 하지만 이젠 파티가 끝나가고 있습니다. 신新빙하기를 맞은 인류의 미래를 그린 봉준호 감독의 SF영화 '설국

열차'를 기억하시나요? 지금부터는 그야말로 빙하기 탈출을 위한 탑승권을 준비할 시점입니다. 대출을 줄이고 투자수익률이 떨어지는 실물자산을 정리하여 가능한 한 현금을 확보하는 것이 좋아 보입니다.

위에서 살펴본 대·내외적 어려움은 투자자의 입장에서도 간단치 않은 문제임에 틀림없습니다. 실력 있는 서퍼surfer는 자신이 감당하기 힘든 큰 파도는 피하고 뒤에 오는 작은 물결에 의지하여 앞으로 나아갑니다. 위험을 무릅쓰고 큰 위험에 맞서기보다 바로 뒤따르는 작은 파도를 타는 것이 훨씬 수월하기 때문입니다. 이것이 필자의「작은 물결론」입니다.

2018년 여름을 관통하고 있는 두 가지 이슈에 대해 생각해보았습니다. 공경매투자를 위해 단순히 물건분석에 그치지 않고 국제경제까지도 신경 써야 하는 복잡한 세상이 된 것입니다. 위기는 곧 기회입니다. 새로운 투자의 큰 장이 설 것입니다. 차분히 공부하면서 실력을 키우면 기회가 찾아옵니다.

이 책은 캠코공매나 경매에 입찰하거나 낙찰을 받아 보신 중급자 및 고급자 이상의 분들의 눈높이에서 저술하고자 하였습니다. 하지만 최대한 쉬운 언어로 풀어쓰고자 노력하였으니 공매의 입문서로도 손색이 없을 것입니다.

PART 1은 공매이론편입니다.

캠코공매물건에 투자하면서 반드시 알아야 할 내용을 법률과 판례, 참고사항 및 필자의 사례 등을 중심으로 자세하게 설명하였습니다. 최대한 쉬운 단어로 풀어쓰려고 노력하였으나 생소한 법률중심내용이라서 어려울 수 있습니다. 여러 차례 정독을 통해 이해하시기 바랍니다.

PART 2는 실전사례편입니다.

Chapter 1과 Chapter 2는 유치권과 지분물건에 대하여 이론과 사례를 동시에 다룬 심층연구편입니다. 책 속의 책이라 해도 손색없을 정도로 법률 이론과 주요 판례를 엄선하여 설명하였습니다. 또한 필자의 사례를 이론에 접목하여 더하거나 보탬이 없이 있는 그대로 소개하였습니다.

이 책에 소개한 실전사례는 여러분 누구라도 온비드사이트에서 접할 수 있는 평범한 물건들입니다. 투자금액이 과다하게 크거나 법률전문가만이 참여할 수 있는 난해한 사례가 아니기에 현실감 있게 공부할 수 있습니다.

PART 3는 부동산투자와 세금편입니다.

수익이라는 목적지에 이르기 위해 반드시 거쳐야 하는 관문이 세금입니다. 큰 돈을 투자하고 오랜 시간 동안 수많은 난관을 뛰어넘어 종착점에 이르렀지만 세금으로 거의 털린다면 난감하지 않을 수 없습니다.

이 파트는 특별히 현직에 종사하는 [열림세무회계사무소] 송재식 대표세무사가 직접 저술하였습니다. 더하여 필자가 지난 13년간 공경매에 투자하면서 현장에서 직접 느낀 궁금증에 대한 해답을 제시하고자 일정 부분 살을 붙였습니다. 송재식 세무사는 지난 15년간 부동산세무를 전문분야로 활동하고 있으며, 필자가 2006년 공매투자를 시작한 이래 지금까지 소중한 인연을 이어오고 있는 젊고 유능한 세무사입니다.

2018년 세법 개정으로 부동산매매업의 비교과세가 부활되면서 절세를 위한 솔루션으로 부동산투자법인에 많은 분들의 관심이 쏠려있습니다. 법인회사를 운영 중인 필자의 경험을 중심으로 법인사업자의 장단점을 심층 분석하였습니다. 현직 세무사와 호흡을 맞춘 세금편이야말로 여타의 공경매서적에서는 결코 찾아볼 수 없는 알찬 내용이 될 것이라 자부합니다. 공매가 경매보다 훨씬 더 낙찰가율이 낮고 입찰경쟁률도 낮은 블루오션임을 이 책을 통하여 느껴보시기 바랍니다.

주변에 차고 넘치는 것이 재테크와 관련된 서적입니다. 이번 책을 저술하며 여러 고민이 많았습니다. 두 번째 저술이라는 점과, 투자경력에 맞는 무게감 있는 내용을 담아야 한다는 중압감 때문입니다. 특히나 캠코공매투자 관련 서적은 제가 첫 책을 낸 2009년 이후 몇몇 아류작들이 시장에 나왔지만 그 내용이나 수준이 기대에 못 미쳐 관심 있는 독자층의 갈증을 풀어주지 못하고 있다는 판단 때문이기도 합니다. 본 저가 강호제위들께 한줄기 햇살이 될 수 있기를 소망합니다.

끝으로 오늘의 저를 만들어주신 부모님, 힘들고 지칠 때마다 제게 위안이 되어주는 아내 안정인, 그리고 공군과 육군에서 씩씩하게 복무 중인 범수, 민규 두 아들에게 무한한 사랑과 경의를 전합니다. 바쁜 가운데도 공매이론편의 감수와 세금파트를 직접 저술해 주신 열림세무회계 송재식 세무사, 그리고 공매투자의 길을 함께 걸어온 G&R자산 이범용 사장께도 감사드립니다. 또한 본 저서의 출간을 허락해주신 출판업계의 떠오르는 혜성, 도서출판 신서원의 정용국 대표께도 감사의 말씀을 전합니다.

2018년 성하盛夏를 지나며
서초동 사무실에서 김 영 호 拜

차례

— 책을 펴내며 5

PART 1 캠코공매학원론

Chapter 1 캠코공매 일반   31

1. 캠코공매란 무엇인가? _____ 31
   1) 공매의 정의 _____ 31
   2) 캠코의 이해 _____ 33
      (1) 한국자산관리공사 _____ 33
      (2) 캠코의 주요 업무 _____ 33
      (3) 온비드 시스템 _____ 35
   3) 캠코공매의 매력 - 경매와의 차이점을 중심으로 __ 36
      (1) 경매와의 차이점 _____ 37
      (2) 캠코공매의 장점 - 매력 덩어리 공매 _____ 44

2. 온비드 시스템의 이해 _____ 50
   1) 온비드 입찰 연습 _____ 50
   2) 낙찰 후 절차 _____ 51

Chapter 2 캠코공매 이론   53

1. 압류재산 처분절차 _____ 57

PART 1

- 1) 압류의 효력 57
- 2) 압류처분의 의의 58
- 3) 압류처분의 절차 59
  - (1) 압류단계 60
  - (2) 환가단계 `TIP 1` 62
  - (3) 청산단계 71
- 4) 교부청구와 참가압류 74
  - (1) 교부청구 74
  - (2) 참가압류 74
- 5) 캠코공매물건의 종류 76
  - (1) 공매물건의 종류 76
  - (2) 압류재산 76
  - (3) 수탁재산 77
  - (4) 유입자산 80
  - (5) 국유재산 82

2. 캠코공매의 법정기일 86

- 1) 조세채권의 이해 87
  - (1) 조세채권의 정의 87
  - (2) 조세채권의 특징 `TIP 2` 90
- 2) 조세채권의 법정기일 98
  - (1) 법정기일의 정의 `TIP 3` 98
  - (2) 조세별 법정기일 103
  - (3) 조세 상호간의 순위 105

3. 캠코공매의 배분 107

- 1) 배분요구 108

(1) 배분요구의 의의	108
(2) 배분요구 채권자	108

2) 배분순위 — 111
    (1) 제1순위: 집행비용과 비용상환청구권 …… 111
    (2) 제2순위: 소액임차인의 최우선변제금과
        근로자 임금채권, 재해보상금 `TIP 4` …… 113
    (3) 제3순위: 당해세 `TIP 5` `TIP 6` …… 122
    (4) 제4순위: 조세채권과 담보물권 등 `TIP 7` `TIP 8` …… 131
    (5) 제5순위: 일반임금채권 …… 139
    (6) 제6순위: 공과금채권 …… 139
    (7) 제7순위: 일반채권 …… 139

3) 실전권리분석 — 140
    (1) 권리분석의 목적 …… 140
    (2) 임차인 권리분석 `TIP 9` …… 143

4. 배분표 작성 — 154

1) 배분의 3원칙 — 155
    (1) 순위배분 …… 155
    (2) 안분배분 …… 155
    (3) 흡수배분 …… 155

2) 배분연습 — 156
    (1) 배분 3원칙에 따른 기초연습문제 …… 156
    (2) 조세채권을 포함하는 연습문제 …… 160
    (3) 배분표 작성의 시사점 …… 165

— ESSAY 1 아카폴코의 어부 167

PART 2 실전 공매 사례

Chapter 1 유치권의 법적 성격과 투자 사례
181

1. 유치권의 법률상 성격 _____ 185
   1) 유치권이란 _____ 185
   2) 유치권의 성립요건 _____ 186
   3) 유치권의 피담보채권과 변제기 _____ 186
      (1) 필요비 _____ 187
      (2) 유익비 _____ 188
      (3) 유치권과 필요·유익비의 관계 _____ 189
      (4) 건설유치권 _____ 190
      (5) 판례로 보는 건설유치권 사례 _____ 192
      (6) 유치권의 양도양수 _____ 201
   4) 점유에 대한 고찰 _____ 202
      (1) 점유의 의미 _____ 202
      (2) 점유의 형태 _____ 203
      (3) 점유의 논점 _____ 205
   5) 유치권의 실무상 논점 _____ 205
      (1) 유치권 주장의 유형 _____ 205
      (2) 유치권 타파의 기술 _____ 208
   6) 허위유치권자에 대한 법적조치 TIP 10 _____ 209

2. 유치권 투자사례 _____ 214

PART 2

1) 경기도 남양주 D프라자 상가 ……………………… 215
    (1) 물건의 개요 ……………………………………… 215
    (2) 탐문과 추리를 통한 유치권 검토 `TIP 11` …… 220
    (3) 유치권 전쟁의 서막 `TIP 12` `TIP 13` `TIP 14` …… 225
    (4) 결론 `TIP 15` ……………………………………… 242
2) 대구 범어동 근린상가 …………………………… 246
    (1) 물건의 개요 ……………………………………… 246
    (2) 유치권 검토 `TIP 16` …………………………… 248
    (3) 유치권 해결 `TIP 17` `TIP 18` ………………… 256
    (4) 결론 `TIP 19` …………………………………… 264

Chapter 2 지분물건의 법적 성격과 투자 사례
267

1. 지분물건의 이해 ………………………………………… 269
    1) 공유지분의 법률상 성격 ………………………… 269
        (1) 지분의 처분과 사용·수익 ……………………… 269
        (2) 지분의 관리와 보존 …………………………… 270
        (3) 지분의 분할 ……………………………………… 275
    2) 지분물건의 투자 포인트 `TIP 20` ……………… 277
        (1) 공유지분의 유형 `TIP 21` ……………………… 280
        (2) 지분물건의 점유 형태 ………………………… 285
        (3) 공유자우선매수청구권 ……………………… 295
        (4) 문제의 해결방법 `TIP 22` …………………… 296
2. 지분물건 투자사례 ……………………………………… 301
    1) 서울 문배동 R주상복합아파트상가 ………… 301

PART 2

　　(1) 지분물건의 개요 `TIP 23` 301
　　(2) 지분물건 검토 `TIP 24` 307
　　(3) 공유지분 매수협상 311
　　(4) 결론 316
　2) 서울 거여동 H아파트 319
　　(1) 지분물건의 개요 321
　　(2) 지분전쟁의 서곡 322
　　(3) 결론 `TIP 25` 333

Chapter 3 수익성물건 투자 사례　　337

1. 서울 종로 피맛골 L빌딩 상가 340
　1) 물건의 개요 340
　2) 문제의 해결 `TIP 26` 343
　3) 결론 `TIP 27` 350
2. 강원도 철원 E 아파트 상가 353
　1) 물건의 개요 356
　2) 물건의 선정 `TIP 28` 358
　3) 결론 366
3. 회원권 투자사례 367
　1) 서울 반포동 M호텔 법인회원권 367
　2) K리조트 콘도회원권 370

── ESSAY 2 조치훈의 바둑인생　371

18　경매투자자를 위한 캠코공매론

PART 3 부동산투자와 세금

Chapter 1 부동산과 세금 　　　　379

1. 세금의 개요 ——————————————— 379
2. 세금의 분류 ——————————————— 379
3. 부동산의 세금체계 ———————————— 380

Chapter 2 부동산 취득·보유시의 세금 　383

1. 개요 —————————————————— 383
2. 재산의 평가 ——————————————— 384

Chapter 3 종합부동산세 　　　　387

1. 개요 —————————————————— 387
2. 종합부동산세의 계산구조 ————————— 388
3. 종합부동산세 절세전략 —————————— 390
　　1) 증여를 통한 절세 ——————————— 390
　　2) 임대주택에 대한 종합부동산세의 감면 ——— 391

PART 3

Chapter 4 부동산 운영시의 세금　　　393

1. 개요 　　　393
2. 종합소득세　　　394
   1) 종합소득세와 법인세　　　394
   2) 종합소득세와 양도소득세　　　396
   3) 사업소득과 부동산임대소득　　　396
3. 법인세　　　397

Chapter 5 부가가치세　　　399

1. 개요 및 계산구조　　　399
2. 신고 및 납부　　　400
3. 부동산임대업의 부가가치세　　　401
   1) 임대료　　　401
   2) 간주임대료　　　402
      (1) 보증금 또는 전세금의 범위　　　403
      (2) 간주임대료의 이자율　　　403
      (3) 과세기간 중 임대보증금의 변동이 있을 때　　　404
      (4) 전세금 등에 대한 부가가치세 부담　　　404

Chapter 6 양도소득세　　　407

1. 개요 및 계산구조　　　407

1) 취득가액 및 필요경비 ……………………………… 408
      (1) 필요경비 증빙자료 ……………………………… 409
      (2) 필요경비 인정대상 ……………………………… 410
      (3) 필요경비 부인대상 ……………………………… 410
   2) 비과세 및 감면 ……………………………………… 411
   3) 장기보유특별공제 …………………………………… 411
   4) 양도소득세율 ………………………………………… 413
 2. 절세방안 ………………………………………………… 414
   1) 합산과세 ……………………………………………… 415
   2) 양도차손 통산 ……………………………………… 415
   3) 결론 TIP 29 ………………………………………… 418

Chapter 7 상속세 및 증여세   421

 1. 개요 및 계산구조 ……………………………………… 421
 2. 사전증여를 통한 절세방안 …………………………… 423

Chapter 8 부동산매매업   427

 1. 부동산매매업의 소득분류 …………………………… 429
   1) 사업소득과 양도소득 ……………………………… 429
   2) 부동산매매업과 건설업 …………………………… 429
 2. 부동산매매업의 세금부담 …………………………… 431
   1) 비용공제 여부 ……………………………………… 434

2) 세율의 차이 _____ 434

3) 비과세와 감면제도 _____ 434

4) 법인사업자의 장단점 _____ 435

 (1) 장점 435

 (2) 단점 436

5) 결론 _____ 437

3. 부동산매매업자의 의무 _____ 438

1) 개인매매사업자 _____ 438

2) 법인사업자 _____ 439

── ESSAY 3 「아킬레우스」와 테니스 440

• 일러두기

1. 2009년 필자가 첫 저작 「블루오션, 캠코공매를 잡아라」(매일경제신문사 발간)를 저술한 바 있는데, 이번 책과 연관성 있거나 참고할 부분을 인용할 경우, [전작(前作)] 혹은 [졸저(拙著)]로 표기하였습니다.
2. 법률조항 및 대법원판례는 【 】표시로 조문과 사건번호를 인용하였습니다.
3. 격언이나 속담, 인용구, 인물명 등은 「 」 또는 ' '로 인용하였습니다.

KAN
KAN
KAN

PART 1
캠코공매학원론

우리나라 사람들의 부동산사랑은 세계적으로도 유별나다. 한국은행이 발표한 2012년도 가계자산 중 부동산이 차지하는 비율은 한국이 78.2%로 일본의 46.5%, 미국의 35.3%와 비교하면 그 차이를 실감할 수 있다.

하지만 그 선호도는 해가 갈수록 조금씩 줄어들고 있다. 2015년 한국은행의 통계자료에 의하면 한국인의 부동산 자산비율은 63.1%로 불과 3년 만에 15.1%p나 감소하여 일본 38.4%, 미국 29.8%의 감소폭과 비교해 볼 때 큰 폭으로 줄어들어 보유자산의 무게중심이 점차 금융자산 쪽으로 움직이고 있음을 보여준다. 이 수치가 주는 의미는 한국도 선진국으로 접어들면서 금융자산을 선호하는 트렌드에 편승하고 있음을 보여주는 것이다. 이러한 통계자료를 인용하는 이유는 그럼에도 불구하고 한국인들의 부동산 사랑은 여전히 세계 톱클래스 수준이라는 사실을 강조하기 위해서이다.

우리나라는 좁은 국토에 많은 인구가 살고 있다. 서울과 수도권으로 범위를 좁혀보면 그 좁은 면적에 전 국민의 40%가 넘는 사람들이 모여 산다. 부동산의 존재가치가 커지는 이유이다. 통계청의 2015년 자료에 따르면 전체 인구의 82.5%가 도시에 모여 살고 있는 우리의 현실에 비추어 보면 입지가 좋고 희소성이 있는 대도시에 알토란같은 부동산의 소유는 한국인 누구에게나 희망사항 1순위라고 할 것이다.

부동산에 투자하는 방법에는 여러 가지가 있다. 신규로 아파트나 상가를 분양받거나 기존 건물을 매매로 산다든지 공매 또는 경매로 사는 방법도 있고 최근 들어 활성화되고 있는 리츠REIT's에 투자하거나 NPL 투자방법도 있다. 물론 이외에도 여러 가지 투자방식이 있을 것이다.

나는 위에 열거한 투자방법 중에서 NPL 투자를 제외하고 모든 방법을 경험해보았는데 그 중에서도 최고의 투자수익률을 가져다 준 방법은 역시나 캠코공매투자였다. NPL 투자에도 관심이 있어 중개회사를 통하여 매입의사를 타진한 적도 있으나 매입가격이 높아 투자를 포기하였다.

어쨌든 필자의 경험상 캠코공매의 압류재산 매입을 통하여 가장 큰 수익을 얻었고 이 믿음은 앞으로도 변함없을 것이다. TV나 신문지상에 보면 소위 부동산투자전문가라는 사람들이 많이 나오는데 그 분들이 과연 얼마나 다양한 투자경험과 수익창출을 하였는지 의심스러운 경우가 많다. 부동산투자이론은 해박할지 몰라도 투자의 성공과 실패를 통한 다양한 경험을 해보았을지 의문이 든다.

  필자는 이 책을 통해서 그간의 캠코공매투자 성공경험을 아낌없이 공개하고, 일반인들도 공매투자에 안심하고 참여할 수 있도록 필수적으로 알아야 할 법률적 이론과 주의사항을 알기 쉽게 설명하고자 한다. 실전경험이 없는 지식은 공허하지만 법률과 이론을 모르는 채 투자에 뛰어들면 애써 모은 종잣돈을 허무하게 날릴 수 있다. 탄탄한 법률지식과 이론으로 중무장하고 캠코공매라는 큰 바다에 뛰어든다면 어떠한 위기상황에서도 방향을 잃지 않고 투자성공이라는 목적지로 항해를 끝마칠 수 있을 것이다.

캠코공매 일반

1. 캠코공매란 무엇인가?

1) 공매公賣의 정의

공매는 광의로 해석하면 국가, 지방자치단체, 정부투자기관 등 공공기관과 금융기관과 그에 준하는 기관이나 단체에 의해 일정한 절차에 의해 공개적으로 매각하는 공적인 매매를 통칭하는 용어이다. 여기에는 법원이 행하는 경매, 한국자산관리공사(Korea Asset Management Corporation, 이하 캠코/KAMCO)에 의해 진행되는 공매, 그리고 은행·공사·부동산신탁회사·관세청 등 금융기관 또는 국가기관 등에 의해 일련의 공개적 절차로 행하여지는 모든 환가절차를 통칭하는 의미이다.

그러나 이 책에서는 한국자산관리공사가 국세기본법 및 국세징수법에 근거하여 국가 등을 대행하여 이루어지는 압류재산, 유입자산 및 수탁자산 등의 매각절차를 의미하는 용어에 국한하여 살펴보기로 한다. 그 중에서도 유입자산이나 수탁자산의 경우 출회되는 매물의 양이 매우 적고, 출회 시기도 유동적이어서 이 책에서 의미하는 캠코공매는 압류재산의 공매와 동일어로 이해하면 된다.

이제 캠코의 압류재산공매를 한 마디로 정의*해보자.

> "국가, 지방자치단체 및 의료보험조합, 국민연금관리공단, 근로복지공단 등 정부출연기관의 조세, 준조세 및 공과금 채무를 미납한 자의 재산을 압류하여 국세징수법과 민사집행법의 절차에 따라 캠코에 매각대행을 위임하여 그 채권에 충당하는 국가 공권력의 행정처분절차를 의미한다."

용어의 정의를 내리고 그 개념을 정확하게 이해하는 것은 학문분야에만 국한되는 것은 아니다. 또한 법률조항의 용어가 어렵고 딱딱한 한문이 주로 사용된 문어체여서 여러 번 읽어보아도 쉽게 이해하기 어려운 것이 현실이다. 하지만 어느 분야에서나 전문가가 되기 위해서는 반드시 그 분야에 쓰이는 주요용어의 개념과 정의를 명확하게 이해하여야 한다. 이 책에서는 모든 논지전개과정에서 가능하면 이와 같은 개념정의를 기초로 그 취지와 배경, 의미까지 설

---

*본 정의는 필자가 여러 참고문헌 및 법률규정을 종합하여 독자의 이해를 돕기 위하여 구성한 문구이다.

명하기 위해 노력하였다.

2) 캠코KAMCO의 이해

(1) 한국자산관리공사

캠코는 한국자산관리공사(Korea Asset Management Corporation)의 약자로써 1962년 2월 20일 공포된 성업공사령에 의하여 한국산업은행이 전액 출자하여 특수법인으로 출범한 공공기관을 지칭하는 영문약자이다.

캠코는 『금융기관부실자산 등의 효율적 처리 및 성업공사의 설립에 관한 법률』에 따라 설립되어 금융회사의 부실채권 인수, 정리 및 기업구조조정 업무, 금융소외자의 신용회복지원 업무, 국유재산 관리 및 체납조세정리 업무를 수행한다.

(2) 캠코의 주요 업무

캠코는 국내외 금융부실자산의 효율적인 정리를 통해 국가경제에 이바지하고 정부자산의 위탁관리 등을 주요 업무로 하는데, 1997년 IMF체제를 거치면서 금융과 기업의 구조조정 전담기관으로서 큰 역할을 수행하였다.

부실채권의 인수와 정리를 위한 부실채권정리기금, 금융소외자의 신용회복을 위한 신용회복기금, 금융위기 극복을 위한 금융구조 조정기금을 설치·운영함으로써 국가경제발전에 크게 기여하고 있으며, 이러한 일련의 업무로 캠코의 위상이 크게 높아지는 추세이다. 캠코의 홈페이지는 www.kamco.or.kr이다.

① 주요 업무

캠코의 주요 업무와 역할은 다음과 같다.

1 금융회사 부실채권의 인수, 정리 및 기업구조조정 업무
2 「국민행복기금」 관리운용 및 신용회복지원 업무
3 국·공유재산 관리, 개발 업무
4 체납조세정리 업무
5 전자자산처분시스템 「온비드」 관리운용

② 취급자산

온비드 사이트를 통해서 거래되는 자산은 크게 두 가지로 나뉜다.
첫째는 캠코가 직접 주관하여 입찰부터 매각, 이후 배분과 소유권 이전에 이르는 전 과정을 처리하는 자산과, 둘째는 이용기관 공매물건인데 캠코가 온라인상의 장터를 제공하고 낙찰자 발표를 비롯한 이후의 처리는 이용기관이 직접 관리하도록 하는 자산이 있다. 이용기관은 국가, 지자체, 공공기관을 망라하며 낙찰금액을 기준으로 일정액의 사용료를 납부하고 이용한다.

캠코가 직접 취급하는 자산은 다음과 같다.

① 국세와 지방세, 각종 사회보험료 등 조세의 체납에 따른 압류물건
② 정부나 지방자치단체, 공기업 및 금융기관의 위탁물건 및 유입 자산
③ 국유재산 및 양도소득세 비과세를 받기 위한 개인 수탁물건 등

(3) 온비드 시스템onbid system

캠코공매의 경우는 디지털 강국답게 모든 절차와 과정이 온라인 상에서만 진행된다. 자세한 입찰방식과 온라인 이용방법은 온비드 사이트(www.onbid.co.kr)에서 확인할 수 있다. 따라서 캠코공매에 참여하려면 반드시 컴퓨터와 인터넷의 사용 환경에 익숙할 필요가 있다. 온라인 환경에 익숙하지 못한 일부 계층의 참여가 제한되는 측면도 있지만, 실제로 컴맹수준만 아니면 누구나 입찰에 참여할 수 있을 정도로 쉽고 편리하게 시스템이 갖추어져 있다.

입찰참여시에는 본인을 확인해 줄 전자서명인 공인인증서를 사용하여야 한다. 유의할 것은 은행, 증권 또는 보험사에서 무료로 발급받은 공인인증서가 아니라 반드시 범용공인인증서를 발급받아야만 한다는 점이다.

범용공인인증서는 은행이나 증권사의 지점에 가서 발급 신청을 하고 아이디와 비밀번호를 부여받는다. 그런 후에 해당 금융기관 홈페이지에 접속하여 별도의 비용(부가세 포함, 개인 4,400원 / 법인

110,000원)을 납부하고 발급받으면 된다. 이렇게 발급받은 범용공인인증서를 가지고 온비드 사이트에 인증서를 등록하게 되면 비로소 입찰참여가 가능하다. 온비드 입찰방법은 다음 장에서 간략히 다루기로 한다.

온비드 시스템은 온라인 자산매각시스템으로써 입찰의 참여에서부터 보증금 납부 및 환불, 매각결정과 잔금 납부 그리고 소유권 이전신청에 이르기까지 모든 단계가 인터넷상에서 이루어지는 최첨단 전산 시스템이다. 직접 입찰법정에 참석해야 하는 경매와 비교해 보면, 컴퓨터 앞에 앉아 있는 곳이 전국의 관심 있는 모든 부동산에 입찰할 수 있는 입찰장이 되는 셈이니 그 편리성과 경제성은 비교의 대상이 안 된다.

3) 캠코공매의 매력 – 경매와의 차이점을 중심으로

인생 여정旅程을 곧잘 항해에 비교하곤 한다. 누구나 긴 인생항로에서 숱한 강과 바다, 그리고 항구를 거쳐 종착항에 이른다. 그 바다는 한없이 잔잔하고 고요할 때도 있지만 폭우와 격랑으로 난파 직전의 상황으로 내몰기도 한다. 누구나 그런 인생길을 살아낸다. 캠코공매를 업業으로 삼아 살아낸 13년의 소회를 잠시 돌아보며 그만 갓길로 빠졌다.

경매는 사인 간의 경제활동의 부산물로 생기는 채권회수 절차이며 법원이 그 절차를 대행한다. 민법과 민사집행법에 근거한다. 공매는 헌법상 납세의무에 근거하여 국가와 사회공동체를 유지하고 국민을 보호하기 위하여 국세징수법과 지방세법 등에 따라 조세채권을 충당하기 위한 국가공권력의 행정절차이며, 캠코가 그 절차를 대행한다. 이 장에서는 경매와 공매를 간단히 비교분석해 보기로 한다.

(1) 경매와의 차이점

경매와 공매는 이복형제 정도의 차이가 있다. 국가공권력에 기초하여 탄생한 법률행위라는 측면에서 뿌리는 같지만, 소프트웨어 측면에서 경매는 민법과 민사집행법에 기반하고 있으며 공매는 국세징수법과 지방세법 등에 기초한다. 국세징수법과 지방세법은 실체법이어서 공매의 진행은 상당부분 절차법인 민사집행법의 규정을 따르고 있다.

필자가 처음 공매에 투자했던 2006년 당시는 경매와 공매의 차이가 컸다. 민사집행법을 근거법으로 집행관에 의한 물건현황조사, 경매계에서 작성하는 매각물건명세서 등 체계와 질서를 갖춘 경매와 비교할 때, 공매는 법률과 규정의 미비로 제대로 된 정보를 가지고 입찰하기보다는 입찰자 스스로 찾아낸 정보나 감感에 의하여 입찰하는 경우가 다반사였다. 사정이 그렇다 보니 선순위임차인의 대항력을 오판하거나 인수할 금액이 예상보다 커지는 사고가 다반사로 발생하였다.

예로써 2006년 9월 14일 시작된 서울 연희동의 빌라* 공매에서는 무려 6번의 낙찰이 이루어졌지만 결국 한 명도 잔금을 내지 않은 채 2008년 9월 14일, 정확히 2년 만에 취소되는 캠코공매 역사상 최악의 잔금미납 참사가 발생하였다. 선량한 공매투자자를 상대로 국가가 애꿎은 보증금을 몰수한 경우로서 법정기일이 빠른 조세채권우선의 원칙을 모르고 입찰에 참여해서 발생한, 요즘 하는 말로 참으로 웃픈(=웃기지만 슬픈) 해프닝이 아닌가 생각된다.

2012년 1월 1일을 전환점으로 캠코공매 역사에 한 획을 그을만한 제도적 변화가 도입되었다. 국세징수법의 법률개정을 통하여 경매가 채택하고 있는 민사집행법 절차를 여러 부분에 걸쳐 도입하면서 입찰정보의 부재로 인한 불확실성을 개선하였다. 이는 일반투자자들이 쉽고 편리하게 물건정보를 확인하고 입찰에 참여할 수 있도록 진입장벽을 확 낮춘 것으로써 많은 사람들이 보다 안전하게 투자할 수 있도록 도움을 주었다.

그럼에도 불구하고 몇 가지 점에서는 경매와 확연히 구분되는 차이점이 있다. 투자자의 입장으로 보면 장점이거나 단점이 될 수도 있지만 마음먹기에 따라서는 종이 한 장의 차이라고 생각된다.

---

*관리번호 2006-12049-001 사건이다. 온비드 초화면의 검색란에 관리번호를 입력하면 확인 가능하다. 당시 몰수된 6건의 입찰보증금만 105,791,700원에 달했다. 몰수된 보증금은 배당재단에 포함되지 않고 국고에 귀속되던 때라 그야말로 공매투자자의 코 묻은 돈을 갈취했다는 표현이 딱 들어맞는 사례라고 하겠다. 뒷장의 법정기일편에서 다시 소개한다.

투자자로서 짚어 보아야 할 차이점을 몇 가지만 살펴보자.

① 명도소송

경매와 공매를 확연하게 구분하는 키워드가 명도소송이다. 낙찰받은 부동산에서 점유자를 분쟁 없이 신속하게 퇴거시키는 것이 공경매의 가장 큰 핵심포인트임은 두말할 나위가 없다. 명도에 어려움이 있어 일반매매보다 부동산을 싸게 사는 것이므로 시간과 비용의 손실 없이 점유를 넘겨받는 것이야말로 공경매투자에서 가장 고려해야 할 요소라고 하겠다.

경매는 그 자체가 판사의 주관 하에 진행되는 비송사건非訟事件이다. 즉, 경매물건이 매각되고 매각에 대한 이의신청이나 항고를 거쳐 매각허가결정이 확정되면 판사의 판결이 확정된 것과 동일한 효력이 발생한다. 경매사건의 이해관계자는 기판력旣判力에 구속을 받기 때문에 불법점유자는 인도명령이라는 절차로 간편하게 퇴거시킬 수 있다.

그러나 공매는 체납업무의 대행기관인 국가공기업인 캠코에 의하여 집행되는 절차이기에 경매와 같은 법률적 효력이 없다. 따라서 해당 부동산의 점유자를 강제명도시키기 위해서는 반드시 명도소송이라는 법적절차를 따라야 한다. 하지만 일반인에게 법원의 소송제도는 생소하기도 하거니와 문턱 또한 높은 것이 현실이다.

명도소송이라는 심리적 문턱을 넘지 못해서는 공매에 투자할 수 없다. 오랜 기간 수많은 공매물건에 투자해 오면서 체감한 공매의 낙찰가율은 경매에 비하여 평균적으로 15%p 정도 낮다. 평균적으로 주택의 경우 약 10%p이고, 수익성 물건의 경우 약 20%p 정도 낮다고 보면 큰 무리가 없다. 유사한 물건이 공경매에서 낙찰되는 사례를 가지고 입찰경쟁률과 낙찰가율을 비교하면 쉽게 알 수 있다. 이해를 돕기 위해 필자가 낙찰받은 다음 두 건의 사례를 통하여 비교 검토해보자.

첫 번째 사례는 서울 서초동의 빌라이다. 경매와 동시에 경합된 사건인데 공매로 낙찰받고 먼저 잔금을 납부함으로써 경매사건은 기각 처리되었다. 당시만 해도 공매의 잔금납부일은 낙찰일로부터 60일(최고 기간 포함 70일)이라서 경매사건의 입찰일에 법정에 나가 느긋하게 이 물건의 진행상황을 지켜보았던 기억이 새롭다.

공매	구분	경매
2010-19617-001	관리(사건)번호	2010 타경 31700
550,000,000	감정가(원)	550,000,000
460,550,000(83.7%)	낙찰가(낙찰가율)	515,100,000(93.7%)
2 : 1	경 쟁 률	6 : 1
2010.12.08	공매공고일/임의경매등기일	2010.11.08
2011.02.24.	낙 찰 일	2011.04.12
경매보다 5,455만원 저렴	비고	공매 낙찰로 기각

동일한 감정가로 진행되었지만 낙찰가에서는 거의 10%인 5,455만 원의 차이가 났다. 그러나 경쟁률은 경매가 3배나 높았다. 왜 같은 물건인데도 불구하고 이런 차이가 난 것일까? 상식적으로도 이해할 수 없는 이 현상에 대해 사실 필자도 정말 궁금하다.

　다음 두 번째로는 2016년 6월에 매수한 상가 낙찰사례이다. 서울 종로구에 위치한 L빌딩의 4층 상가 두 개 호수에 대한 사례인데 이 책의 PART 2에서도 소개되는 물건이다. 이 건물은 세종로와 종로대로에 접하고 주변에 종로구청과 각국 대사관을 비롯한 관공서와 금융기관, 업무용 빌딩이 혼재된 중심상업지구의 랜드마크 건물이다. 같은 빌딩은 물론 인근지역의 상가까지 찾아보았으나 마땅한 비교 대상이 없어서 5년이라는 시차에도 불구하고 2011년 8월에 경매로 매각된 4층의 상가를 선정하였다.

공매	구분	경매
2015-08942-001	관리(사건)번호	2011 타경 2556
969,000,000	감정가	390,000,000
595,005,000(61.4%)	낙찰가(낙찰가율)	312,000,000(89.2%)
1 : 1	경쟁률	1 : 1
2016.03.16.	공매공고일/임의경매등기일	2011.01.26
2016.06.16.	낙찰일	2011.08.24
101.2	건물면적(㎡)	36.7
공실	비고	약국으로 이용 중

두 개의 물건은 낙찰 시기도 다르고 면적과 위치도 달라서 직접적인 비교를 하기에는 다소 무리가 있다. 그럼에도 불구하고 낙찰가의 비교는 시사점이 있다. 낙찰가율을 비교하면 경매가 공매보다 무려 27.8%p나 높다. 아마도 동일한 물건이 2016년도에 경매로 진행되었다면 그보다 더 높은 낙찰가율을 기록했을 것이다. 이 차이가 바로 필자가 캠코의 압류재산 공매에 참여해서 오랜 기간 동안 늘 지켜봐온 경험적 수치이다.

자, 투자자 입장에서 가격경쟁력이 높다는 사실보다 더 중요한 것이 어디 있을까? 물론 점유자와의 분쟁해결 방식에 명도소송을 사용하여야 하는 번거로움은 경매에 비해 단점임에는 틀림없다. 그러나 한편 뒤집어 생각하면 똑같은 물건을 15%나 더 싸게 살 수 있다면 명도소송 정도는 기꺼이 감수해야 하지 않을까? 점유자와 협상이 잘 되면 법적조치 없이도 쉽게 인도받을 수 있다는 긍정마인드를 가지면 어떨까?

경쟁력 있는 가격에 매입하였다면 명도비용을 넉넉하게 집행할 수 있고 점유를 손쉽게 넘겨받을 수 있어 경매시장에서와 같은 치열한 경쟁을 하지 않아도 된다. 이것이 바로 필자의 공매투자전략 제1 수칙이다. 발상의 전환이 필요한 대목이라 아니할 수 없다.

② 국세징수법 vs. 민사집행법

압류재산공매는 헌법에 명시된 납세의무에 근거하여 조세채권

충당을 위한 국가의 통치행위로써 캠코가 대행한다. 경매는 사인간의 경제활동으로 생겨난 채권채무의 해결을 채권자의 신청으로 법원이 대행하는 위임처리절차이다. 2012년 1월 1일을 기해 공매에도 민사집행법의 절차에 따른 제도가 도입되면서 절차의 공정성이 경매 수준으로 높아졌음은 앞에서 살펴본 대로이다.

그러나 채권자가 다르고 근거법령이 다르다 보니 몇 가지 점에서 차이가 있다. 우선 절차의 신속성이다. 세금징수의 권한이 있는 공매위임기관이 캠코에 공매신청요청서를 발송하면 압류등기의 부기등기 형태로 공매공고가 등기부에 등재되면서 공매가 시작된다. 유치권이나 법정지상권 또는 지분물건과 같은 특별한 하자가 없는 일반 공매물건의 경우 경매개시결정등기와 같은 의미의 공매공고등기가 경료되면 통상적으로 2개월에서 3개월 사이에 매각절차가 신속하게 종료된다. 약 10개월 가까이 소요되는 경매와는 비교할 수 없는 빠르기이다. 절차의 신속성이 공매의 여러 가지 장점 중 하나인데 앞으로 캠코공매에서만 볼 수 있는 차이점을 하나하나 설명할 것이다.

③ 조세채권 우선주의

공매물건의 권리분석을 하다 보면 금액이 큰 선순위 근저당권이나 선순위 임차인이 있어 공매의 채권자가 과연 배분 받을 실익이 있는지 궁금한 경우가 많다. 그러나 체납에 충당하려는 위임기관(=

_{압류권자=공매신청자)}이 실익 없는 무잉여 공매를 진행하지는 않는다. 이 경우라면 반드시 공매신청 세무서나 시군구청이 배분 받을 금액이 있다고 판단하고 신중하게 권리분석을 하여야 한다.

국가와 사회공동체의 유지와 경영을 위한 조세채권 징수를 위해서는 사인간의 채권채무보다 우선권을 부여할 필요성이 제기되는데 이것이「조세채권우선의 원칙」과「당해세우선의 원칙」이다. 이 원칙을 간과하면 전액 배분될 것으로 판단한 선순위 권리자의 배분금이 매수인에게 인수되어 예상치 못한 부담이 된다.

공경매투자에서 권리분석의 목적이 추가인수금액의 존재여부를 파악하는 것임은 주지의 사실이다. 공매투자의 잔금미납 원인 중 가장 큰 이유가 바로 조세채권우선의 원칙을 간과한 경우로써 보다 철저한 권리분석이 필요한 공매의 특징이라 하겠다.

(2) 캠코공매의 장점 - 매력 덩어리 공매

매력魅力 있는 사람은 남녀노소 모두에게 인기가 있다. 매력이 넘치는 사람은 어디를 가나 환영받고 시선을 끈다. 매력을 국어사전에서 찾아보면 '사람의 마음을 사로잡아 끄는 힘'이라 풀이한다. 부동산투자에서 가장 매력적인 유형을 고르라면 나는 한 치의 망설임 없이 공매를 선택할 것이다. 여러 가지 투자유형 가운데 가장 큰 수익을 안겨 주었고 앞으로도 그럴 것이기 때문이다.

필자가 2007년 초 한국부동산칼리지라는 사설학원에서 경매공부를 할 때 공매수업을 담당한 L 강사는 공매를 한 마디로 '매력 덩어리'라고 표현했다. 한두 가지 매력이 아니라 그야말로 모든 것이 매력적이라는 뜻의 표현일 것이다. 다행히 나는 그 말의 의미를 알아듣고 일찍부터 공매투자의 길로 접어들게 되었고 작은 성공을 일구게 된 것이다. 이 책을 펼쳐 보는 독자라면 이제라도 공매투자대열에 동참하실 것을 권한다. 늦었다고 느낄 때가 가장 빠른 때이기 때문이다.

그렇다면 어떤 점이 공매만의 매력인가? 이해를 돕기 위하여 비유법을 사용해서 설명해 보자.

① 나라를 구한 「이순신 장군」

하는 일마다 다 잘되고 자식들도 성공한 사람에게 하는 말이 있다.
"저 사람은 전생前生에 나라를 구했나봐!!"

자기를 희생해서 큰일을 한 덕으로 현세에서 보상받는다는 의미의 표현이다. 경매의 낙찰자는 채권자를 이롭게 하지만 공매의 낙찰자는 국가재정에 기여한다. 당신이 공매의 최고가 낙찰자가 되었다는 것만으로도 경쟁자보다 더 많이 세금을 납부한 것이기 때문이다. 국가와 사회공동체에 빛과 소금이 된 셈이다. 후생에 아마도 나라를 구한 큰일까지는 아니라도 작은 보상은 분명히 있을 것이다. 필자는 그간 100여 건 이상의 압류재산을 낙찰받았지만 아직까지 국가나 캠코로부터 감사장은커녕 고맙다는 말 한마디 못 들었으나 나름의 자부심이 있다.

② 시공간을 초월하는 「홍길동」

경매업계에 전해오는 유명한 3대 거짓말이 있다. 첫째, 시간이 없어 못하고, 둘째, 돈이 없어 못하고, 셋째, 물건이 없어 못한다는 세 가지가 그것이다. 하지만 공매업계에선 첫 번째, 시간 없어 못한다는 거짓말은 통하지 않는다.

경매는 정해진 시간과 장소, 그 자리에 있어야 한다. 그곳은 바로 입장법정이다. 캠코공매는 시간과 공간의 제약을 뛰어넘어 신출귀몰하는 홍길동에 비유할 만하다. 앉은 자리에서 조선팔도를 굽어볼 수 있다. 대한민국 국민이라면 누구라도 온비드 사이트에 접속하고 있는 바로 그곳이 입찰장이다. 경매는 많은 시간과 비용을 들여서 직접 움직여야 한다. 낙찰받으면 큰 축하를 받겠지만 떨어지면 허탈한 기분으로 돌아서야 한다. 그나마 입찰서라도 제출했다면 기회를 얻은 셈이지만 예기치 않게 당일 취소나 변경이 되면 입찰장에서 느끼는 그 허망함은 말로 표현하기 힘들다. 한술 더 떠 낙찰받고 매각허가결정을 기다려 매각잔금을 내려고 준비하는 중에 취소라도 되면 상상조차 하기 싫은 일이다. 필자 역시도 법원경매에 참가했다가 여러 차례 떨어지면서 비효율성과 비경제성을 체험하고 나서 공매의 길로 접어들게 된 것이다.

캠코공매에는 경매와 같은 비효율이 없다. 컴퓨터가 있는 곳이 입찰장이니 그곳은 사무실이거나 집이거나 하물며 PC방이라도 상관없다. 주중에는 시간을 낼 수 없는 직장인 또는 자영업자와 같이 자기 일에 매여 있는 사람도 누구나 참여할 수 있다. 시간 내서 입찰법정에 가야만 하거나 비용을 지불하고 매수대리인에게 의뢰해야하는 불편함도 공매에서는 더 이상 핑계거리가 되지 않는다. 밤 12시도 새벽 3시도 괜찮다. 매주 월요일 입찰이 시작되면 수요일 오후 5시 마감시간 전까지는 입찰에 아무런 제약이 없기 때문이다.

③ 투자계의 「우사인 볼트」

현대는 바야흐로 초스피드시대이다. 대한민국의 발전을 논할 때 '빨리빨리'문화를 빼 놓고는 설명할 수 없을 정도로 우리는 분, 초를 다투는 시간절약정신으로 살아간다. 새로운 전자제품이나 게임이 출시되면 얼리 어답터early adopter의 나라답게 빠르게 반응한다. 세계적으로 유례없는 고속성장의 밑거름이 시간을 다루는 우리의 자세로부터 시작되었다 해도 과언이 아니다. 필자는 말이 느린 충청도 출신이지만 행동만큼은 성격 급한 어느 누구보다 빠르다. 한 달에 한 번 날짜가 잡히는 경매사건은 지루해서 기다릴 수가 없다.

캠코의 압류재산공매는 일주일 단위로 진행된다. 번갯불에 콩 볶아 먹기 수준이다. 행여 잠시 한 눈 팔았다간 닭 쫓던 개 지붕 쳐다보는 격이 된다. 경매가 도저히 따라올 수 없는 진행 속도이다. 같은 물건이 같은 날짜에 공경매로 동시 낙찰이 되었다면 공매는 낙찰일인 목요일로부터 3일 후인 월요일 오전 10시에 매각결정통지서가 전산발행되면 수령 즉시 잔금을 낼 수 있다. 매각허가결정과 매각허가결정의 확정을 기다려 대금납부통지를 받아야 하는 경매와는 비교 대상 자체가 아니다. 공매는 100미터 달리기로 비유하자면 우사인 볼트 수준이다.

경매정보제공업체인 지지옥션이 2016년 1월에 재미난 통계를 발표했다. 2005년부터 2015년까지 10년 동안 경매사건 116만 4천여 건을 전수조사한 결과이다. 경매개시결정이 내려지고 낙찰을 거쳐 배당종결 시까지 총 소요기간을 조사했더니 무려 412일이 걸렸다는 통계조사이다.

① 경매개시결정일로부터 첫 경매기일이 잡히는 데까지 228일
(7개월 18일)
② 첫 경매기일로부터 낙찰까지 약 100일에 평균유찰횟수는 2.28회
③ 낙찰 이후 배당일까지 84일 도합 총 412일

이 조사는 10년이라는 조사기간과 116만 건이 넘는 표본으로부터 나온 통계자료이므로 상당히 신뢰할 만하다. 그야말로 경매를 통해 채권회수를 하거나 경매물건을 매수하기 위해선 엄청난 장기레이스를 이겨낼 인내심이 요구된다는 사실이 이 자료를 통해 입증되었다.

하지만 경매와 달리 공매의 진행은 사뭇 신속하다. 공매의 회차

별 감액비율은 첫 회차를 100%로 시작하여 일주일 단위로 회차가 진행되어 10%씩 단순저감된다. 1회차에서 시작하면 정확히 5주 만에 감정가의 50%로 떨어진다. 20%씩 저감되는 경매가 석 달만에 51%가 되는 것에 비하면 그 속도차이가 엄청나다는 것을 실감할 수 있다. 관심물건이 리스트에 오르면 보통 한 달 이내에 결론이 나니까 미련을 가지고 집착할 이유가 없이 새로운 물건을 찾아 자유롭게 떠날 수 있다는 장점이 있다.

공매에는 매물 숫자가 경매에 비해 현저하게 적다. 대신 월척이 많다. 경매연못에는 물 반, 고기 반이지만 공매연못은 고기는 몇 마리 없어도 한 번 걸리면 월척인 그런 곳이다. 경매연못에서 평균치 정도의 물고기는 쉽게 잡아 올리지만 큰 수익을 얻기엔 부족하다. 공매연못은 아마도 물고기가 적어서 낚시꾼들 사이에 조황이 좋지 않다는 잘못된 소문이 난 것 같은데 이 말은 반대로 몇몇 꾼들만이 월척을 낚고 있다는 사실의 반증에 다름 아니다.

2. 온비드 시스템의 이해

온비드는 On-line Bidding System의 약자로서 인터넷을 통한 온라인 거래 시스템을 말한다. 앞서 잠깐 소개하였지만 물건의 선정부터 입찰신청과 보증금 납부, 낙찰 후 소유권이전에 이르기까지 전 과정을 비대면방식의 온라인으로 진행한다. 필자가 처음 공매를 접하고 온비드에 접속하던 과거와 비교하면 진행 과정의 변화에서 격세지감이 느껴질 정도이다.

이 장에서는 온비드를 통한 입찰부터 매수자로 선정된 이후의 절차에 이르는 전 과정을 간략히 살펴본다. 컴퓨터로 인터넷 서핑을 할 정도의 실력이라면 어렵지 않게 원하는 매물을 찾아서 권리분석을 하고 입찰에 이르는 과정을 무리 없이 진행할 수 있다.

1) 온비드 입찰 연습

캠코공매에 참여하기 위해서는 은행·보험용 공인인증서가 아닌 범용공인인증서가 필요하다. 단순한 금융거래용 신원 확인이 아니라 공공기관의 물건을 매수 또는 임대하기 위한 입찰확인 용도이기 때문이다. 본인의 거래 금융기관에서 일정한 비용(개인은 연 4,400원 / 법인은 연 110,000원)을 납부하고 발급받아 둔다.

온비드 사이트(www.onbid.co.kr)에 접속하여 초화면의 「입찰/이용안내」를 클릭하여 이용설명서 목록에 있는 「온비드 이용매뉴얼」을 선택한다. 이용매뉴얼은 총 16쪽으로 구성된 PDF파일로 만들어져 있는데 회원가입으로부터 물건검색, 입찰참가 그리고 결과확인에 이르는 전 과정이 온비드 화면캡쳐를 통하여 쉽고 명료하게 설명되어 있다. 초보자라 하더라도 몇 번의 클릭만으로 입찰에서 매수에 이르는 전체 절차를 쉽게 이해할 수 있다.

또한 온비드 초화면 오른쪽 하단에 「모의입찰시스템」을 누르면 실제와 같은 환경에서 입찰물건의 선정에서부터 입찰서제출과 보증금의 납부에 이르는 모든 절차를 따라가며 연습해볼 수 있도록 해 놓았다. 누구라도 인터넷서핑정도의 실력만으로 모든 절차를 이해하는데 어렵지 않게 설명하고 있다.

2) 낙찰 후 절차

열심히 임장활동을 하고 세심한 물건분석과 권리분석을 통해 좋은 물건을 낙찰받았다면 모두에게 축하받을 일이다. 이제는 낙찰 이후의 절차에 대하여 알아보자.

입찰시에 매각결정통지서의 전산교부를 온비드 상에서 신청해 놓으면 별도의 절차 없이 자동발급이 가능한데 [나의 온비드 → 입찰관리 → 입찰결과내역]에서 발급받을 수 있다.

마지막으로 잔금을 내고 소유권이전을 준비하는 단계이다. 잔금 대출을 신청하게 되면 법무사사무실에서 모든 절차를 대행해주니 별도로 준비할 일은 없다. 하지만 대출 없이 잔금을 치르게 되면 준비서류와 절차를 온비드 홈페이지에서 확인하여 서류를 준비하면 된다. 접속경로는 [입찰/이용안내 → 압류재산 낙찰 후 절차안내]에서 확인할 수 있다. 만일 궁금한 사항이나 도움이 필요하면 캠코 콜센터(TEL.1588-5321)나 물건의 담당자에게 문의하면 친절하게 안내 받을 수 있다. 준비된 서류는 우편으로도 접수할 수 있고 등기권리증까지도 배달증명을 통한 우편수령이 가능하다. 경매와는 다르게 모든 절차를 100% 비대면 방식인 온라인과 우편으로 처리할 수 있어 시간과 비용 모두를 아낄 수 있다. 직접 소유권이전 절차를 진행하게 되면 법무사비용을 아낄 수 있고 그 절차를 공부할 수 있어 향후 일반물건의 소유권이전도 스스로 할 수 있게 되는 장점이 있다.

Chapter 2
캠코공매 이론

   사자성어 중에 사상누각砂上樓閣이란 말이 있다. 모래 위에 집을 지었으니 쉽게 허물어져 오래가지 못한다는 의미이다. 모름지기 건축은 말할 것도 없거니와 지식도 탄탄한 기초 위에 쌓아 올려야 허물어지지 않는다. 이론과 원리를 알고 그 기초 위에 실무지식을 얹어야 오래도록 써먹을 수 있는 피와 살 같은 내 것이 된다.

   공매의 권리분석은 조세채권의 특징을 이해하고 약간의 세법지식을 가미해야 실수 없이 결론에 이를 수 있다. 2012년 국세징수법에 민사집행법 절차가 도입되면서 입찰보증금의 몰수비율이 많이 줄었지만 그 이전에는 다수의 낙찰건에서 잔금미납 사태가 발생하였다.

   대법원이 국회법제사법위원회 금태섭 의원에게 제출한 자료[*]에

---

[*] 금태섭 의원실 자료(2017.10.25. 국정감사)

따르면 경매의 경우 최근 5년간 몰수된 입찰보증금이 연평균 700억 원에 달하는 것으로 나타났다. 해당 자료는 2012년부터 2016년까지 경매낙찰자가 잔금을 내지 못해 '입찰보증금'을 날리는 사례가 연평균 3,588건, 금액으로는 698억 4천만 원으로 적시하고 있는데 이는 전체 매각건수의 5.8% 수준에 달하는 엄청난 수치이다.

사진 1_서울경제신문 2017.10.25.

2016년 9월 13일 국민권익위원회에서 결정된 「입찰·공매보증금 부적절귀속관행개선」*안에 따르면 캠코의 압류재산공매에서 보증금이 몰수된 건수와 귀속액을 확인해볼 수 있다. 2015년 기준으로 614건에 26억 4천만 원이 몰수되었는데 공매에 부쳐지는 절대 건수가 경매에 비해 적다는 점을 감안하면 결코 적다고 할 수 없는 수치이다. 공경매에서 정확한 권리분석이 얼마나 중요한지를 한 마디로 대변해 주는 자료라 아니할 수 없다.

이번 장에서는 캠코공매의 압류재산 입찰참여를 위해 알아야 할 핵심이론에 대하여 공부한다. 국세징수법에 따른 매각절차이다 보니 유의해야 할 포인트가 몇 가지 있다.

이 책에서는 공매입찰에 참가하기 전에 반드시 알아야 할 중요 내용만을 엄선하여 다룬다. 기초가 세법이라서 조금 딱딱하지만 애써 모은 종잣돈을 몰수당하는 불상사를 막기 위해서는 철저하게 공부하고 준비하는 자세가 필요하다.

---

* 국민권익위원회, 2016-420호 입찰·공매보증금 부적절귀속관행개선 참조

□ 압류재산 공매보증금 귀속 현황

○ '13년~'15년 기간 낙찰자의 잔대금 불납으로 인한 공매 보증금 귀속 건수는 1,746건, 귀속액은 약 71억 4천만 원으로 매년 증가

※ '13년 560건, 21억 원 → '14년 572건, 24억 원 → '15년 614건, 26억 원

〈압류재산 공매보증금 연도별 귀속건수/귀속액〉

(단위: 건, 백만 원)

구분	계	'13년	'14년	'15년
공매보증금 귀속 건수	1,746	560	572	614
공매보증금 귀속 금액	7,138	2,100	2,398	2,640

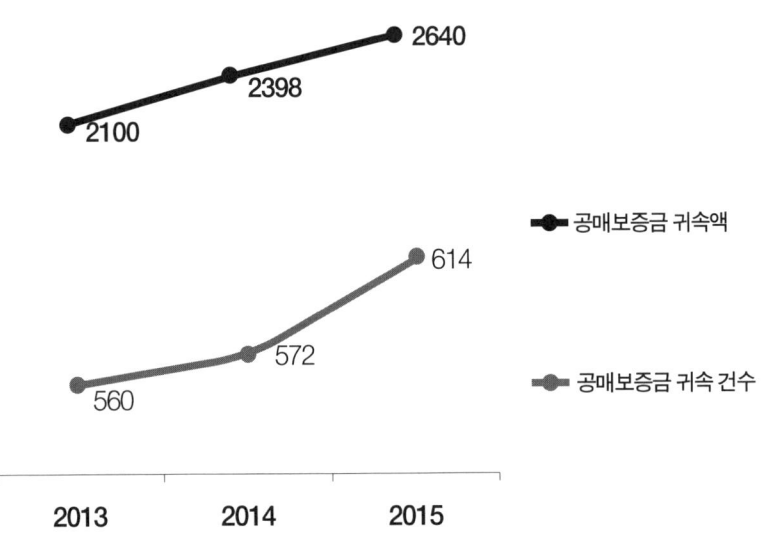

1. 압류재산 처분절차

1) 압류押留의 효력

　만인은 법 앞에 평등하다. 국민은 누구나 권리와 의무에 있어 치우침 없이 공평하고 한결같은 대우를 받아야 한다. 하지만 국가와 국민 사이에는 엄연한 불평등이 존재한다. 국가를 유지하고 운영하기 위해서는 법과 제도로써 국민의 자유와 기본권을 일부 제약할 수 있어야 하기 때문이다.

　경매절차는 사인私人 간의 행위를 규범하는 절차이므로 응당 평등주의에 의거하여 진행된다. 송달절차를 중시하고 매각결정에 대한 항고제도를 두거나 매각불허가신청제도를 두는 이유가 바로 그것이다. 채권자와 채무자 쌍방의 권리를 공평하게 보호하기 위한 제도적 장치가 민사집행법 곳곳에 자리한다.

　그러나 공매절차는 국가와 개인 간의 불평등한 관계로부터 출발한다. 즉 공권력에 기반한 수직적 질서로서 국가의 우월적 지위를 이용한 절차이다. 국가와 공동체를 유지하기 위한 어쩔 수 없는 선택이기에 경매와 같은 평등주의 절차가 생략된다.

　압류등기의 부기등기로 공매개시결정을 하고 공시송달제도를 폭넓게 인정하여 절차를 간소화하거나 항고제도를 두지 않으며 매각불허가신청도 어지간해서는 받아들여지지 않는다. 교부청구와 참가압류제도를 두어 별도의 절차진행 없이 묻어가기 징수를 하기도 한다. 세금추징을 위한 제도인 공매의 특징을 이해하고 경매와 비교해가면서 공부하면 좀 더 알기 쉬울 것이다.

2) 압류처분(=체납처분)의 의의

압류처분은 국가, 지방자치단체 그리고 공공기관 등(이하 '국가 등'이라 한다)이 조세와 공과금 납부의무가 있는 자에 대하여 납부독촉과 최고를 하였음에도 불구하고 정해진 기일까지 납부하지 않을 경우 체납자의 재산을 압류하고, 공매처분하여 체납세액에 충당하는 일련의 「공법상 국가공권력의 집행절차」를 의미한다.

여기서 조세租稅란 국가나 지방자치단체가 그 존립을 위한 재원조달의 목적으로 헌법상의 과세권에 기초하여 국민에게 부과하는 공법상의 채권을 의미한다. 조세의 징수를 통하여 소득의 재분배나 자원의 적정배분으로 국민통합을 이루고, 경기의 조정기능으로 국가경제에 기여하는 역할도 한다.

국가운영 및 사회공동체 유지와 발전의 목적을 위하여 일반 계약당사자 사이의 채권관계에 우선하는 강제적 요소가 조세채권의 징수에 내포되어 있는 것이다.

국세 등의 징수업무는 공법상의 국가행위이므로 납세의무 불이행시 별도의 집행권원 없이도 즉시 압류처분이 가능하다. 여기서 압류란 체납처분의 최초단계로서 조세채권의 강제징수를 위하여 국가 등이 체납자의 특정재산에 대한 처분을 금지하고 환가할 수 있는 상태로 두는 것을 말한다. 이후 캠코를 통하여 공매대행이 이루어지며 매각에 의해 배분절차에서 체납조세에 충당됨으로써 압류처분이 종결된다.

3) 압류처분의 절차

조세의 체납으로 독촉절차를 진행하였으나 납부불이행이 지속될 경우 캠코에 공매대행 의뢰를 접수함으로써 공매가 진행된다. 이 책에서는 교과서적인 절차의 진행을 논하면서 지면을 할애하는 것은 과감하게 생략하고 캠코압류재산의 투자자로서 반드시 알고 넘어가야 할 분야만을 엄선하여 간략하게 설명하고자 한다. 공매에 나온 물건이 어떠한 과정과 절차를 거쳐 매각이 진행되는지 투자자의 입장에서는 별로 중요하지 않다. 그 물건에 대한 물건분석과 권리분석을 통하여 얼마만큼의 투자수익을 실현할 수 있을 것인가가 관심사항이기 때문이다.

국세징수법의 법조문을 중심으로 하나씩 풀어 가다 보면 공매절차의 큰 그림이 그려진다. 국세징수법은 국세뿐만 아니라 지방세와 공과금 등 국가기관의 모든 조세징수에 기본이 되는 모법母法이므로 캠코공매를 이해하기 위하여 충분히 숙지할 필요가 있다.

자, 이제 곁가지를 쳐내고 중요한 핵심사항만 짚어가보자.

(1) 압류단계

국가 등이 조세를 부과하고 정해진 기일 내에 납부의무를 이행하지 못한 체납자에게 조세채권의 추징을 위하여 채무자의 재산을 압류하는 첫 번째 단계이다.

① 압류의 집행

납세의무를 가진 자가 납부독촉과 최고를 받고 지정된 기일까지 국세와 가산금을 납부하지 않으면 국가 등은 체납자의 재산을 압류할 수 있으며 압류된 재산은 처분이 금지된다.【국세징수법(이하 '법'이라 한다) 제24조】

이때 압류 이후 당해재산의 소유권양도 또는 담보권의 설정 등은 압류권자에게 대항하지 못한다.

② 국세 등의 납기 전 징수

국세, 지방세, 공과금 등(이하 '국세 등'이라 한다)의 체납처분을 받거나 강제집행을 당하는 등 납세자가 세금납부를 못할 것으로 판단될 때에는 국세 등의 납기 전이라도 납세의무가 확정된 국세는 이를 징수할 수 있다.【법 제14조】

금융기관의 기한이익 상실조항과 유사한 개념으로써 세금을 못 낼 것으로 예상되면 선제적인 재산권 압류로 조세채권을 확보하기 위한 필요에 기인한다.

③ 채무면탈에 대한 조치

체납처분을 집행함에 있어 국세 등의 징수를 면탈하려는 목적으로 자신의 재산권에 거짓 법률행위를 한 경우는 사해행위詐害行爲의 취소를 법원에 청구할 수 있다.【법 제30조, 민법 제406, 407조, 신탁법 제8조】

국세기본법 제35조(국세의 우선) ④항에 의하면 국세의 법정기일 전 1년 이내에 특수관계인과 전세권, 저당권 또는 가등기나 양도담보 설정계약을 체결한 경우 거래자 사이의 사해행위로 본다.

최근 들어 조세포탈의 목적으로 소유권이전과 저당권설정 또는 가등기 등 허위통정의 행위가 늘고 있는데 국가 등은 적극적으로 사해행위취소소송을 제기하여 징수권을 강화하는 추세로 조세행정이 바뀌고 있다.

④ 국세 등 징수의 우선주의

체납처분은 국가공권력에 의한 강력한 법집행이므로 국세, 가산금 또는 체납처분비는 다른 공과금이나 그 밖의 채권에 우선하여 징수한다.【국세기본법 제35조】

하지만, 조세징수권의 우선 확보만큼이나 사인간의 경제활동에서 거래안정성을 보호하는 절차 역시 필요성이 커진 만큼 양자 사이의 이익을 해치지 않는 운용의 묘妙도 함께 요구된다.

(2) 환가단계

조세채권의 체납자가 독촉과 최고에도 불구하고 납부불이행시에는 압류재산을 캠코에 의뢰하여 공매 처분하는 절차이다. 【법 제61조】

진행단계별로 주요 포인트를 살펴본다.

① 공매의 통지와 공매공고 등기

국가 등의 조세관청은 공매공고등기를 한 즉시 그 내용을 아래 해당자에게 통지하여야 한다. 【법제 68조】

　　① 체납자
　　② 납세담보물 소유자
　　③ 공매재산이 공유물의 지분인 경우 공매공고의 등기 또는 등록
　　　　전일前日 현재의 공유자
　　④ 공매재산에 대하여 공매공고의 등기 또는 등록 전일 현재 전세
　　　　권·질권·저당권 또는 그 밖의 권리를 가진 자

공매공고 등기는 압류등기의 부기등기 형태로 기입된다.

② 공매의 진행

　채무의 변제가 없거나 변제의사가 없을 경우 국가 등은 캠코에 압류재산의 공매처분을 의뢰하는 절차에 착수한다. 압류재산의 실익을 분석하여 감정평가를 의뢰하고, 매각예정가격을 결정하여 온비드상에 공매공고하고 입찰에 부친다.

　공매의 경우 캠코가 조세관청으로부터 공매의뢰를 받은 후 약 2개월에서 3개월이 경과하면 첫 회차 공매가 개시된다. 경매의 경우 경매개시결정이 나고 채무자나 소유자 또는 임차인 등 부동산상의 이해관계자에 대한 엄격한 송달절차를 거쳐 사건이 진행되는데 첫 경매기일이 잡히는 데까지 상당히 많은 시간이 소요된다. 그러나 공매는 조세담당 공무원의 등기촉탁절차로 공매기입등기가 등재되고 감정인의 감정평가서가 도착하면 곧바로 초회 기일이 잡힌다. 송달에 있어서도 경매만큼 엄격하지 않아 불필요한 타임로스time-loss가 없다.

　공매의 진행속도가 빠르므로 입찰자의 입장에서도 잠시 한 눈을 팔았다가는 매각되어 버리기 십상이다. 더구나 체납자라면 공매의 통지를 받고 체납액을 준비하여 납부하려던 중에 자신의 부동산이 매각되어 버리는 사태에 직면하기도 한다. 필자의 경우도 매각결정 이후 채무자나 임차인을 만나보면 이렇게 빨리 진행되는 줄은 몰랐다며 놀라는 경우가 많이 있었다.

③ 공매의 송달제도

공경매절차에 있어 진행속도의 차이는 송달에서 극명하게 갈린다. 경매의 채권자는 채무자나 이해관계인의 고의나 악의에 의한 송달거부나 지연작전에 걸리면 시일이 엄청 늦어지는 문제에 빠질 수 있다. 하지만 공매에서 송달거부나 지연사태는 고려의 대상이 아니다.

국세기본법은 총칙편에서 송달에 관련된 조항*을 상세하게 규정하고 있다. 앞서 살펴본 대로 공매는 국가의 행정처분이므로 경매에서처럼 엄격한 송달규정을 두고 있지 않다. 체납조세의 신속한 회수가 필요하기 때문이다.

납세의 고지·독촉·체납처분 또는 세법에 따른 정부의 명령에 관계되는 서류의 송달을 우편으로 할 때에는 등기우편으로 하여야 한다. 다만, 「소득세법」에 따른 중간예납세액의 납세고지서 및 「부가가치세법」에 따라 징수하기 위한 납세고지서로서 대통령령으로 정하는 금액 미만에 해당하는 납세고지서는 일반우편으로 송달할 수 있다. 【국세기본법 제10조②】

주소나 영업소가 국외에 있거나 분명치 않아 송달이 곤란하거나, 등기우편 발송하였으나 반송되는 경우는 공시송달제도를 채택하고

---

* 국세기본법은 총칙 제3절 제8조(서류의 송달)편에서 제12조(송달의 효력발생)까지 5개 조문에 걸쳐 자세하게 규정하고 있다. 이는 조세채권의 회수라는 기본명제에 충실하기 위해서는 송달의 문제가 얼마나 중요한지를 말해주는 증거라 하겠다.

있다. 【국세기본법 제11조】

예로써 압류처분부동산의 소유자나 채무자에게는 사안의 중요성 때문에 배달증명우편으로 공매처분의 통지를 하지만 이들을 제외한 이해관계자에게는 일반우편으로 모든 내용을 송달하고 있다. 송달을 받지 못했다고 민원을 제기하는 경우에도 법적 분쟁이 이어지면 국가 등이 패소하는 경우는 없다. 하지만 최근 들어 캠코의 업무지침은 송달문제로 인한 불필요한 민원을 방지하는 차원에서 이해관계인에 대한 송달요건을 강화하는 추세에 있다.

④ 배분요구종기 제도

압류재산에 관계되는 채권의 권리를 가진 자는 공매절차에서 공고된 배분요구종기일 이내에 자신의 채권을 신고하여야 한다. 【법제67조 및 제68조의 2】

캠코는 최초의 입찰기일 이전으로 배분요구종기일을 정하는데 실무상으로는 통상 최초 공매공고일로부터 45일 이내에서 그 날짜를 잡고 있다.

⑤ 입찰보증금

공매의 입찰보증금은 현금 또는 보증보험증권(압류재산은 해당 안 됨)으로 납부 가능하며 매각예정가격의 100분의 10 이상으로 하고, 낙찰자가 매수계약을 체결하지 아니한 때에는 공매보증금을 체납처

분비, 압류와 관계되는 국세·가산금의 순으로 충당한 후 남은 금액은 체납자에게 지급한다. 【법 제65조】

온비드상에서 입찰서를 제출하고 입찰참가자별로 부여되는 가상계좌에 입찰보증금을 온라인 입금하여야 한다.

⑥ 공매의 매각방법

공매의 매각예정가격은 매 공매기일마다 10%씩 체감하되, 최초 매각예정가격의 50%까지 차감하여 매각하여도 응찰자가 없을 경우 새로이 매각예정가격을 정하여 재공매할 수 있다. 【법 제74조】

실무에서는 조세징수의 잉여액이 있는 경우 위임기관과의 협의를 거쳐 감정가격의 50%를 재공매의 시초가격으로 하여 매 기일마다 5%씩 체감하여 공매를 진행하되 감정가격의 25%에 이를 때까지 매각을 진행하는데 최근에는 그 이하로 진행되는 물건도 볼 수 있다.

⑦ 매각결정기일과 매각결정의 취소

매각기일에 최고가 매수인이 결정되면 매수대금의 납부기한을 정하여 매각결정통지서를 교부한다. 실무상으로는 통상 매주 월요일부터 수요일 오후 5시까지 입찰을 마감하여 목요일 오전 11시에 매각결정을 하고, 그 다음 주 월요일 오전 10시에 매각결정통지서를 발급함으로써 확정한다. 단, 체납자가 그 이전에 채무를 상환하거나, 공유자의 우선매수신고 또는 그 밖의 매각결정을 할 수 없는 중대한 사유가 있을 경우 매각결정이 정지된다. 매각결정의 확정과 동시에 잔금납부 기일을 정하여 매각결정통지서를 발급한다. 【법 제75조】

이 점이 경매와 비교되는 절차의 신속성이다. 경매는 매각기일에 낙찰을 받아도 7일의 매각허가결정기간과 또 7일의 즉시항고기간을 거쳐 2주 후에 매각허가결정이 확정된다. 그런 후에야 약 30일 이내의 잔금납부기한이 주어진다. 종종 하나의 물건이 공매와 경매에서 동시경합이 이루어지는 경우가 있다. 두 개의 절차가 상호이해관계가 다르고 별도의 조정장치가 없다 보니 같은 날 매각되었다 하더라도 잔금을 누가 먼저 치르는가에 따라 우선권이 주어진다.

예를 들어 공경매가 동시 진행되는 물건에서 경매절차가 우선 낙찰되었다 하더라도 잔금납부절차에 시일이 소요되어 그 후 진행되는 공매절차가 잔금을 더 일찍 치르는 상황이 벌어질 수 있다. 이 경우 경매낙찰가를 알고 공매에 참여하는 셈인데 한 마디로 남의 패를 들여다보고 화투치는 격이라 할 만하다.

공매에서 매각결정의 취소는 【법 제78조(매각결정의 취소)】와 【법 제75조(매각결정 및 매수대금의 납부기한 등)】에 규정되어 있는데 매각결정이 취소되는 경우는 좀처럼 발생하지 않는다. 명백한 감정평가상의 하자나 절차상의 하자가 있지 않으면 취소되지 않으며, 설령 그런 하자가 있더라도 캠코와 국가기관을 상대로 법적대응을 통해서 이를 뒤집는 것은 결코 쉬운 일이 아니다. 따라서 낙찰 후 매각결정의 취소는 불가하다는 전제를 깔고 더욱 세심한 주의를 기울여 입찰에 참여하는 것이 좋다.

매각결정을 한 후 매수인이 매수대금을 납부하기 전에 체납자가 매수인의 동의를 얻어 체납액을 납부하거나 또는 매수인이 매수대금을 지정된 기한까지 납부하지 않은 경우는 매각결정이 취소된다.

【법 제 78조】

공경매 경합사건에서 공매의 매각결정이 난 후라도 경매절차의 매수인이 먼저 잔금을 치르게 되면 공매의 매각결정은 취소된다. 하지만 공매절차의 신속성을 경매가 따라잡기 어려운 현실을 감안할 때 동일 조건에서 경매가 먼저 잔금을 치르는 경우는 없다고 할 것이다.

TIP 1

캠코공매의 매각취소

어느 책에서 캠코를 상대로 매각을 취소했다고 자랑처럼 쓴 글을 읽은 적이 있다. 대지권이 없는 건물의 매각사건에서 낙찰받고 보니 건물내부에서 인지하지 못한 하자를 발견했다. 그 하자가 심각한 상황이었기에 매각취소를 요청할 구실을 찾다가 중요한 오류를 발견하게 되었다. 공매공고의 유의사항란에 [대지권포함매각]이라고 표시되어 있으나 실제로는 대지권이 매각에서 제외된 캠코공고문의 오류를 주장하여 매각취소결정을 받았다는 내용이다.

공고문에 오류가 있더라도 감정평가서의 평가의견란에는 「대지권별도」임을 명확히 표시하고 있으며, 평가명세표에도 대지권의 가격이 빠져 있어, 필자의 견해로는 그것이 매각결정을 취소할 만한 중대한 사유라고는 볼 수 없다.

캠코 직원의 과실을 주장하며 손해배상청구소송을 제기하겠다고 하여 매각취소결정을 얻어낸 것처럼 책에 쓰여 있는데, 만일 매각결정이 확정되었다면 매수자가 캠코나 해당 위임기관을 상대로 손해배상소송을 제기하더라도 결코 승소하지 못하였을 것이다.

온비드 홈페이지에 올라있는 다음의 규정은 어떠한 경우에도 매각불허가가 쉽게 인용되지 않는다는 사실을 입증한다.

「압류재산 인터넷공매 입찰참가준수규칙」

제15조(하자책임) 공매물건에 대한 제3자의 권리침해, 공부 및 지적부상 하자나 행정상의 규제 또는 규격, 품질, 수량 등의 상이에 대하여 우리 공사는 일체의 책임을 지지 아니하므로 입찰자의 책임 하에 공부의 열람, 현지답사 등으로 물건을 확인하고 공매에 참가하여야 합니다.

  필자가 일면식도 없는 그 책의 저자를 비하할 이유는 없지만, 캠코가 매수자의 처지를 안타깝게 여겨 시혜를 베푼 정도의 해프닝으로 생각된다. 여러 번 강조하거니와 공매처분은 국가공권력에 의한 법의 집행이자 강력한 행정처분이라는 사실이다.

  필자의 생각으로는 그저 운 좋게 취소 처분을 받은 것일 뿐 결코 일반화할 사안이 아니라는 것이다. 이 책을 읽는 여러분은 이런 류의 사안에서 매각취소결정의 가능성은 제로라고 생각하고 물건분석을 더욱 철저하게 하시라는 취지로 인용해본다.

⑧ 매각대금의 납부

매수대금의 납부기한은 매각결정을 한 날부터 7일 이내로 하되, 필요하다고 인정한 때에는 그 납부기한을 30일 한도로 연장할 수 있다. 【법 제75조】

실무에서는 매각가격 기준 3천만 원 이하는 7일 이내, 3천만 원 이상은 30일 이내에 매각잔금을 납부하여야 한다. 매수자가 잔금 납부기한을 넘기게 되면 「매수대금납부최고서」를 발송하는데 당초 납부기한으로부터 열흘의 기한이 부여된다. 물론 공휴일은 최고기간에 산입되지 않는다.

(3) 청산단계(배분단계)

압류와 환가에 의해 얻어진 금전을 채권자에게 배분하는 것이 청산절차이다. 경매의 배당절차와 동일한 단계이다.

① 배분기일의 지정 【법 제80조 2】

캠코는 매각대금이 납부되면 30일 이내에서 배분기일을 지정하여 배분하되 특별한 사정이 있을 경우 추가로 30일 이내에서 연기할 수 있다.

② **배분방법** 【법 제81조】

압류재산의 매각대금은 다음 각 호의 체납액과 채권에 배분하되, 배분요구의 종기까지 배분요구한 채권에 한한다.

　　① 압류재산에 관계되는 체납액
　　② 교부청구를 받은 체납액·지방세 또는 공과금
　　③ 압류재산에 관계되는 전세권·질권 또는 저당권에 의하여 담보된 채권
　　④ 「주택임대차보호법」 또는 「상가건물 임대차보호법」에 따라 우선변제권이 있는 임차보증금 반환채권
　　⑤ 「근로기준법」 또는 「근로자퇴직급여 보장법」에 따라 우선변제권이 있는 임금, 퇴직금, 재해보상금 및 그 밖에 근로관계로 인한 채권
　　⑥ 압류재산에 관계되는 가압류채권
　　⑦ 집행력 있는 정본에 의한 채권

배분하고 남은 금액이 생기면 체납자에게 반납하며, 착오나 부당한 사유로 배분이 이루어진 경우에는 국세환급금 반환의 예에 따라 지급하여야 한다.

③ **배분계산서의 작성과 배분금의 지급** 【법 제83조】

배분기일이 정해지면 체납자, 채권신고대상채권자 그리고 배분요구채권자에게 통지하여야 한다. 금전의 배분시 캠코는 배분계산

서 원안을 작성하고 이를 배분기일 7일 전까지 갖춰 두어야 한다. 체납자등은 캠코에 교부청구서, 감정평가서, 채권신고서, 배분요구서, 배분계산서 원안 등 배분금액 산정의 근거가 되는 서류의 열람 또는 복사를 신청할 수 있다. 확정된 배분금은 각 행정기관별 금융기관계좌에 송금하고 사채권자 역시 배분요구시 받아 놓은 금융계좌에 무통장 송금함으로써 배분을 마무리한다.

④ 배분에 대한 이의와 배분잔금의 처리 【법 제83조의 2, 제84조】

2012년 1월 1일 이전의 공매사건에서 배분에 대한 이의는 행정처분 불복절차에 의하여 처리되었으나, 이후 국세징수법 제83조의 2(배분계산서에 대한 이의) 조문을 신설하여 민사집행법의 배당이의조항과 같은 제도를 신설하였다.

배분기일에 출석한 이해관계자는 배분이 끝나기 전에 타채권자의 채권 또는 채권의 순위에 대하여 이의를 제기할 수 있다. 체납자는 배분기일에 출석하지 않고 배분계산서의 원안이 비치된 배분기일 7일 전부터 배분이 끝나기 전까지 서면으로 이의제기가 가능하다. 캠코의 직원은 이의제기가 없거나 이의내용이 정당하지 않을 경우 즉시 배분계산서를 확정하고, 이의내용이 정당하다고 인정되면 원안을 수정하여 배분계산서를 작성·확정한다. 배분한 금전 중 채권자와 체납자에게 지급하지 못한 것은 이를 한국은행에 예탁하고, 그 내용을 채권자와 체납자에게 통지한다.

4) 교부청구와 참가압류

(1) 교부청구交附請求 【법 제56조】

교부청구란 국세 등을 체납한 자의 재산에 대하여 국가기관 등의 처분절차가 개시된 경우 동일재산에 대한 중복압류를 피하고, 당해 재산의 환가대금 중에서 조세채권을 징수하고자 관계집행기관에게 배당을 요구하는 징수절차를 의미한다.

우리가 알아야 할 공경매절차에 대입하여 공부해 보자. 공경매로 처분되는 체납자의 재산이 있을 경우 국가 등은 압류촉탁등기를 생략하고 캠코나 경매법원에 체납세액의 지급조서를 접수시키는 교부청구행위를 하는 것으로 배당에 참여하는 절차를 의미한다. 역시나 교부청구에 의하여 배분에 참여할 수 있는 조세채권은 법정기일이 타 권리보다 빨라야 한다. 다만, 교부청구의 유효시한은 배분요구종기일 전으로 한정하여 타 채권자의 권리를 보호한다. 조세채권이 갖는 징수우선권의 한 예로써 공경매의 참여자는 주의를 기울여야 선순위권리자의 채권을 인수하는 불상사를 막을 수 있다.

(2) 참가압류參加押留 【법 제57조 및 제58조】

참가압류란 과세관청이 압류하고자 하는 재산이 이미 다른 기관에 의해 압류되어 있는 경우 교부청구에 갈음하여 그 압류에 참가하는 것을 말한다.

　민사집행법은 동일 부동산에 대하여 이중압류, 즉 이중경매개시결정이 가능하지만, 국세징수법은 체납처분절차에 있어 이중압류를 인정하지 아니하므로 두 번째로 하는 압류를 참가압류라고 하며, 참가압류는 조세징수기관 상호간에 있어서는 이중압류를 허용하는 것과 같은 효과가 있으며 형식적으로는 교부청구의 한 형태라고 할 수 있다. 등기부등본에 올라있는 두 번째 이후의 압류는 모두 참가압류이며 최초 등재된 압류등기 이외에 그 순서에 따른 권리의 우선순위는 없으며 법정기일에 따른다.

　참가압류는 선압류가 해제되지 아니하는 한 교부청구의 효력밖에 없으며, 참가압류권자 상호간에는 압류선착주의가 적용되지 않는다. 그러나 선행압류가 해제되면 참가압류 시로 소급하여 압류의 효력이 발생하므로 이 경우에는 압류선착주의가 적용된다.

　실무에서 세무서장 등은 압류하고자 하는 재산이 이미 다른 기관에 압류되어 있는 경우 교부청구에 갈음하여 참가압류통지서를 기압류기관에 송달함으로써 그 압류에 참가한다. 이때 세무서장은 그 사실을 체납자와 그 재산에 대하여 권리를 가진 제3자에게 통지해야 하며, 참가압류의 등기 또는 등록을 관계관서에 촉탁해야 한다. 참가압류는 매각대금배분요구의 효력과 시효중단의 효력이 있다.

5) 캠코공매물건의 종류

(1) 공매물건의 종류

캠코가 공개매각의 형태로 취급하는 자산은 크게 4가지로 구분할 수 있다.

> ① 조세의 체납으로 인한 강제매각물건인 압류재산
> ② 캠코에 매각 의뢰된 금융기관과 공기업 또는 개인 소유부동산인 수탁재산
> ③ 캠코가 경매나 부실금융기관으로부터 매입한 유입자산
> ④ 국가소유의 국유재산

각 자산별 주요특징과 차이점을 간략히 살펴본다.

(2) 압류재산

캠코가 취급하는 주요 공매물건은 조세체납으로 인하여 매각 처분되는 압류재산이며, 본 저서가 다루는 주제이기도 하다.

국가 등이 체납자에게 조세의 납부를 독촉하고 최고하였음에도 불구하고 납부하지 않을 경우 납세의무자의 재산을 압류하고, 캠코를 통하여 강제환가 절차를 개시하게 되는데 여기에 해당되는 재산이 바로 압류재산이다. 압류재산은 동산, 부동산, 유가증권, 무체재산권 등을 망라하는 유무형의 체납자 소유 재산을 의미한다.

캠코가 세무서, 시, 군, 구청, 공단 또는 조합 등을 대행하므로 공매업무를 수행하는 캠코 임직원은 그 범위 내에서 세무공무원의 지위에 서며, 공매의 결과는 모두 국가 등의 행위로 귀속한다.【법 제61조 제⑥항】

이 책에서 살펴보는 공매의 절차와 법률조항 그리고 낙찰사례 등 모든 내용은 압류재산의 매입과 관련되어 있으며, 캠코공매에 참여한다는 의미는 압류재산의 입찰에 참여하는 것이라고 이해하여도 무방하다.

(3) 수탁재산

수탁재산에는 금융기관 및 기업 소유의 수탁재산과 양도소득세를 감면받기 위한 개인소유의 수탁재산이 있다.

① 금융기관 및 기업 소유 수탁재산

다음의 경우에 금융기관과 공기업 등이 보유한 자산을 캠코에 매각 위임하는데 이 자산을 기관수탁재산이라 한다.

> 1 금융기관이 부실채권을 회수하기 위하여 법원에 담보물 경매를 실행하는 과정에서 담보부동산을 상계 취득한 경우 이를 캠코에 매각 위임하는 자산
> 2 금융기관이 소유하고 있는 비업무용재산과 유동화유입자산으로 매각 위임하는 자산

③ 공기업이 보유하고 있는 비업무용부동산
④ 재무구조개선을 목적으로 하는 일반기업체의 소유 부동산 등

매각방법은 온비드와 신문 등에 공고 후, 공매 또는 수의계약의 방법으로 매각처분한다. 수탁재산은 일반매매 물건과 같이 매도자가 명도책임을 지므로 별도의 권리분석은 필요 없지만, 특별매각조건으로 매수자에게 책임이 부여되는 경우도 있다. 매수자로 선정되면 5일 이내에 매매계약을 체결하여야 하며, 불이행시 보증금은 매도자에 귀속된다. 기관수탁재산의 경우 타 공매물건과 비교하여 다음 몇 가지 점에서 차이가 있다.

① 매각대금의 납부방법이 다양하며, 할부납부가 가능하다.
② 대금 완납 전이라도 위임기관과 협의 하에 부동산을 사용할 수 있다.
③ 대금납부 전이라도 금융기관 지급보증서, 예적금증서, 국공채나 금융채 등을 담보제공하고 소유권 이전이 가능하다.
④ 할부 납입조건의 경우 이행 중에 소유자의 변경이 가능하다.
⑤ 잔금을 선납하면 정기예금 상당의 할인이 적용된다.

수탁재산을 매입할 경우 몇 가지 체크포인트가 있다.

① 공매공고문의 「물건별 부대조건 등 공지사항」을 숙지하고 입찰에 참여할 것
② 명도의 책임이 매수자인지 매도자인지 확인할 것

③ 입찰참여 전에 토지이용계획확인원, 건축물대장 및 토지대장 등 지적공부를 세심하게 확인하여 인수되는 권리가 없는지 체크한 후 참여할 것

② 개인 소유의 양도소득세 관련 수탁재산

가. 정의

1세대 1주택자가 새로운 주택이나 주택의 분양권을 매입하였으나 종전주택이 팔리지 않아 일시적으로 2주택자가 되어 양도소득세 중과세 대상자가 되는 경우가 있다. 이때 기존주택의 처분을 캠코에 의뢰함으로써 매각의사를 표시하면 1주택으로 간주해주는 제도가 양도소득세 감면용 수탁재산이다.

나. 대상과 조건

ⓐ 1세대 1주택의 특례로 비과세가 적용되는 주택

국내에 1주택을 소유한 1세대가 그 주택을 양도하기 전에 다른 주택을 취득함으로써 일시적으로 2주택이 된 경우 종전의 주택을 취득한 날부터 1년 이상이 지난 후 다른 주택을 취득하고, 그 다른 주택을 취득한 날부터 3년 이내에 종전의 주택을 양도하는 경우에는 이를 1세대 1주택으로 보아 양도소득세 비과세를 적용한다.【소득세법시행령 제155조①항】

ⓑ 조합원입주권을 소유한 1세대 1주택의 특례로 비과세 적용되는 주택

국내에 1주택을 소유한 1세대가 그 주택을 양도하기 전에 조합원입주권을 취득함으로써 일시적으로 1주택과 1조합원입주권을 소유하게 된 경우 종전의 주택을 취득한 날부터 1년 이상이 지난 후에 조합원입주권을 취득하고 그 조합원입주권을 취득한 날부터 3년 이내에 종전의 주택을 양도하지 못하는 경우 캠코에 매각 의뢰하는 종전주택은 비과세를 적용한다. 【소득세법시행령 제156조의2 및 소득세법시행규칙 제75조】

ⓒ 비과세 금액 조건

양도가액 9억 원을 초과하는 주택은 그 초과금액에 해당하는 양도차익에 대하여 양도소득세를 부담한다.

다. 기타사항

캠코가 온비드를 통하여 매각대행하게 되므로 일정액의 매각수수료가 발생한다. 유찰된 경우 유찰된 최종 공매조건 이상으로 수의계약이 가능하다.

(4) 유입자산

① 유입자산의 정의

「금융기관부실자산 등의 효율적 처리 및 한국자산관리공사의 설

립에 관한 법률」과 「동법 시행령」에 의거, 금융기관의 구조개선을 위하여 부실채권정리기금으로 공사가 저당권의 양수등기를 한 후 채권자 겸 근저당권자로서 법원에 경매를 신청, 받을 채권과 상계하여 취득한 재산 및 부실징후기업을 지원하기 위해 기업체로부터 취득한 재산을 일반인에게 다시 매각하는 부동산을 말한다.

② 유입자산의 특징

가. 소유자

유입자산은 캠코가 직접 법원경매에 참여하여 매수하거나 부실기업 등으로부터 취득한 캠코 명의 부동산이라는 특징이 있다. 캠코 매각자산 중 유일하게 캠코의 명의로 된 자산이므로 권리분석이나 명도에 신경 쓸 필요가 없으나, 간혹 매수자가 명도책임을 지는 부동산도 있다.

나. 계약조건

매각금액의 결정기준은 캠코의 유입가격 이상이지만 보통은 감정가격으로 한다. 매수자는 낙찰 후 5일 이내에 매매계약을 체결하여야 하며 불이행시 보증금이 몰수된다. 매각대금을 1/3 이상 선납하거나 대금완납 전이라도 소유권이전을 위한 담보를 제시한 경우 점유사용을 허용해 준다. 캠코와의 매매계약서에 명시한 조건에 부합할 경우 매수자의 명의변경도 가능하다는 점에서 수탁재산과 유사하게 제도적 유연성이 있다.

다. 기타사항

온비드를 통하여 인터넷 공매방법으로 매각한다. 유입자산 공매는 자주 진행되지 않으며, 출회되는 매물도 많지 않은 단점이 있다. 매각대금은 입찰시 입찰보증금 10%를 납입하고 잔금은 일시불 또는 6개월 균등분할납부조건으로 최장 5년까지 납부 가능하다. 공매에서 유찰된 경우는 유찰된 최종 공매조건 이상으로 수의계약 가능하다.

(5) 국유재산

국유재산은 국가가 행정목적을 수행하기 위해 필요로 하여 소유하고 있는 일체의 재산 및 국가의 부담이나 기부의 채납, 법령 또는 조약에 따라 국가소유로 된 재산을 의미한다.

국가가 보유하고 있는 국유재산은 SOC시설 제공, 자연재해 방지, 쾌적한 생활환경 제공 등 공공재로서의 기능, 장래 행정목적에 사용하기 위한 비축자원으로서의 기능, 매각·임대를 통한 국가재정수입 확충 등 재정수입재원으로서의 중요한 기능을 수행하고 있다.

캠코는 국유재산 총괄청인 기획재정부의 위탁을 받아 국유재산의 관리와 처분 및 개발업무를 수행하고 있으며, 국유재산 중에서 국가가 계속 보유할 실익이 없거나 장래에도 행정목적으로 활용할 가치가 없는 재산의 경우 국유재산법 제9조(국유재산종합계획)에 의거 중장기적 계획에 따라 처분한다. 온비드에서 처분 또는 임대되고 있는 국유재산에 대하여 간략히 살펴본다.

① **국유재산의 정의** 【국유재산법 제2조】

국가가 행정목적을 수행하기 위해 필요로 하여 소유하고 있는 일체의 재산을 광의의 국유재산이라 하며 협의로는 국가의 부담이나 기부채납, 법령 또는 조약에 따라 국가소유로 된 재산을 말한다.

② **국유재산의 구분과 종류** 【국유재산법 제6조】

국유재산은 그 용도에 따라 행정재산과 일반재산으로 구분하며, 행정재산의 종류는 다음 각 호와 같고 일반재산은 행정재산을 제외한 모든 국유재산을 지칭한다. 행정재산은 매각금지자산이며, 일반재산이 대부 및 매각가능 자산이다.

가. 공용재산

국가가 직접 사무용, 사업용 또는 공무원 주거용으로 사용하는 재산을 의미한다. 청사, 학교, 관사 등이 해당된다.

나. 공공용재산

국가가 직접 공공용으로 사용하는 재산으로 도로, 제방, 하천, 구거, 유지 및 항만 등이 해당된다.

다. 기업용재산

정부기업이 직접 사무용, 사업용 또는 그 기업에 종사하는 직원의 주거용으로 사용하는 재산을 의미한다. 우편, 우체국, 양곡, 조달 등이 있다.

라. 보존용재산

문화재, 사적지 등 법령이나 그 밖의 필요에 따라 국가가 보존하는 재산으로 국보, 문화재 그리고 사적지 등이 해당된다.

③ 국유재산의 대부

법률의 규정에 의하여 국가가 국가 이외의 자에 대해 사법상의 계약을 체결하여 사용, 수익하게 하는 것을 국유재산의 대부라고 한다.

국가나 지방자치단체, 공기업 소유의 재산 중에서 임대할 자산을 골라 캠코에 의뢰하여 공개경쟁 입찰 방식으로 대부하는 절차로서 공개경쟁입찰이 원칙이나 주거용 대부나 실제 경작자에게 경작용 토지를 대부하는 경우 등은 수의계약도 가능하다. 지하철역의 구분상가나 공영주차장, 도로변 주차장, 각급 학교의 매점 등 다양한 임대분야가 있으며, 대개는 1년 계약으로 임대하며 본인이 특별한 사정이 없으면 연장 사용할 수 있다.

온비드 사이트에 접속하여 「부동산 HOME」을 통하여 「캠코국유재산 전용관」을 클릭하면 매각 또는 임대되는 각종 자산을 찾아볼 수 있다. 「동산/기타자산」을 통해 접속하면 부동산 이외에도 내용연수가 다한 불용재산으로서 기계, 기구, 차량, 사무용품 등 다양한 자산의 공매도 실시되고 있으므로 자신에게 필요한 동산자산을 찾아볼 수도 있다.

2. 캠코공매의 법정기일 法定期日

이제부터가 이 책의 하이라이트라고 해도 과언이 아니다. 캠코 압류재산 공매를 통해 성공투자자의 반열에 들고자 한다면 이번 장을 반드시 숙지할 것을 거듭 강조한다.

공매에서 일반인들이 가장 어렵게 생각하는 부분이 바로 법정기일法定期日과 관련한 파트이다. 법정기일은 의외로 경매의 고수들조차 정확하게 이해하지 못하는 경우가 많아 필자로서도 놀라지 않을 수 없는데, 반드시 이해하고 넘어갈 필요가 있다. 법정기일을 잘못 이해하고 낙찰받게 되면 확정일자 있는 선순위 임차인이라도 배당에 참여하지 못하고 임차보증금의 일부 또는 전부가 낙찰자에게 인수되어 입찰보증금을 포기하는 상황이 생길 수 있어 철저하고도 정확한 이해가 필요하다.

조세채권의 법정기일을 쉽게 풀어 말하면 사람으로 따질 때 출생일이라고 보면 된다. 불과 1~2분의 시차를 두고 태어난 쌍둥이라 하더라도 세상에 먼저 나온 녀석이 형이 되듯 저당권, 전세권, 가압류 등 부동산상의 일반 권리와 비교하여 배당의 우선순위를 정하는 기준으로 삼는 날짜가 바로 법정기일이다.

물권과 채권이 경합하면 물권이 우선하고(물권우선주의) 물권 상호간에 경합이 있는 경우는 시간우선의 원칙에 의하여 먼저 성립한 권리가 우선한다. 조세채권의 경우, 물권 또는 채권과 경합하는 경우 법정기일이라는 개념으로 권리의 선후를 정하는 기준원칙을 삼는다. 따라서 법정기일과 각 권리간의 우선순위를 정확히 알고 공매에 입찰하여야 인수하는 권리 없이 낙찰받게 되는 것이다.

1) 조세채권 租稅債權의 이해

(1) 조세채권의 정의

조세(租稅, Tax)를 정의하자면,

> 「국가 등이 재정수요에 충당하기 위하여 필요한 재원을 법률에 정해진 규정에 따라 국민에게 강제적으로 징수하는 금전급부」

라고 설명할 수 있다. 납세의무는 국가를 운영하고 사회공동체를 유지하기 위하여 헌법이 규정하고 있는 국민의 의무이기도 하다.

조세는 그 목적에서 형사상·행정상의 제재인 벌금, 과태료 또는 교통범칙금 등과 구별되고 강제성의 측면에서 국가소유의 재산수입이나 사업수입 등 경제활동에 의한 수입과도 구별된다. 조세는 국가 또는 지방자치단체의 경제적, 사회적 특수정책의 실현을 위하여 아무런 반대급부 없이 강제적으로 부과, 징수하는 것이다.

조세채권의 징수는 일반 사채권과 달리 과세의 형평성이 보장되어야 하고 소득의 재분배나 자원의 적정배분 및 경기조절기능 등이 있으므로 엄격한 법적 절차에 의하여 공정하게 집행되어야 한다.

조세의 종목과 세율, 징수와 체납처분은 모두 법률로 정해야 하는데, 이것이 바로 조세법률주의*인 바, 국민 개개인의 소득과 담세능력에 따라 공정하고 평등하게 과세하고, 국가 등의 자의적인 과세로 인한 공권력 남용을 방지하려는 목적과 다름없다.

이는 조세의 종류 및 부과의 근거뿐만 아니라, 납세의무자·과세물건·과세표준·세율·징세절차 등을 법률로 정함으로써 국민의 재산권을 보장하는 동시에 공정한 과세를 통한 국민의 자발적 납세를 이끌어내려는 목적이 있는 것이다. 이를 위하여 국세기본법은 국세부과의 3대 원칙을 천명하고 있다.

① **실질과세의 원칙** 【국세기본법 제14조】

과세의 대상이 되는 소득·수익·재산·행위 또는 거래의 귀속이 명의名義일 뿐이고 사실상 귀속되는 자가 따로 있을 때에는 사실상 귀속되는 자를 납세의무자로 하여 세법을 적용한다. 즉, 명의나

---

* 프랑스혁명(1789)을 기폭제로 중세 유럽에서 자유와 평등을 향한 민중의 투쟁이 시작되었다. 하지만 혁명의 도화선은 타락한 교회와 왕, 그리고 귀족의 무자비한 수탈과 중과세에 대한 저항으로부터 출발한 것이다. 자유와 평등을 논하기 이전에 과다한 세금을 이기지 못한 평민층의 반발이 세상을 바꿀 혁명의 불씨가 되었다는 점에서 조세법률주의의 역사는 민중의 피로 이루어낸 투쟁의 역사임이 분명하다.

　서구의 사례를 들 것도 없이 고려와 조선 역사에서도 과도한 조세와 탐관오리의 수탈로 농민반란이 발생하였음은 주지의 사실이다. 현재에 이르기까지도 조세를 둘러싼 국가와 개인의 과세와 탈세, 그리고 체납처분을 통한 세금추징의 역사는 끊임없이 반복되고 있다.

형식에 구애받지 않고 실질내용에 따라 과세한다.

② **신의성실의 원칙** 【국세기본법 제15조】

납세자가 그 의무를 이행할 때에는 신의에 따라 성실하게 하여야 한다. 세무공무원이 직무를 수행할 때에도 또한 같다.

③ **근거과세의 원칙** 【국세기본법 제16조】

조세의 부과는 법률에 정하여진 규정과 근거에 따라 증거자료에 기초하여 부과하여야 한다. 명확한 근거에 의하지 않고 세무당국이나 세무공무원의 자의적 판단이나 잘못된 기준으로 부과할 수 없다는 원칙이다.

국세부과의 원칙을 간략하게 요약해 보면,

1 국가 등이 조세를 부과할 때에는 법률과 근거에 따라
2 형식과 명의에 얽매이지 않고 실질적 소득이 있는 곳에
3 조세평등의 원칙에 따라 엄격한 기준을 적용하여야 한다.

라는 말로 정의할 수 있다.

이러한 원칙과 더불어 국세징수법은 국가의 유지와 국민 보호를 위하여 조세체납자에게 국가공권력에 의한 조세채권의 회수 근거를 부여한다. 이것이 바로 압류를 통한 체납처분의 절차이며 조세 추심의 대행권자인 캠코의 공매처분인 것이다.

(2) 조세채권의 특징

국민은 누구나 조세평등의 원칙하에 공평한 조세부담을 지며, 조세법률주의의 원칙에 의하여 부당한 세금징수로부터 보호받을 권리가 있다. 하지만 세금납부의 부담을 지는 국민이 납세의무를 다하지 않을 경우 국가의 재정수입 확보를 위하여 조세채권에는 일반 사인 간의 채권추심행위보다 강력한 우선변제권과 자력집행권을 부여하여야 하는 필요성이 인정된다.

이러한 이유 때문에 조세채권에 부여되는 몇 가지 우선권이 있다. 캠코공매로 압류재산 입찰에 참여하고자하는 투자자라면 반드시 알아두어야 한다.

① 조세채권우선의 원칙 【국세기본법 제35조①항 및 지방세기본법 제71조】

조세채권은 원칙적으로 납세자의 총재산에 대하여 다른 공과금*이나 그 밖의 채권에 우선하여 징수한다. 즉, 국가운영의 기초가 되

---

* "공과금"(公課金)이란 「국세징수법」에서 규정하는 체납처분의 예에 따라 징수할 수 있는 채권 중 국세, 관세, 임시수입부가세, 지방세와 이에 관계되는 가산금 및 체납처분비를 제외한 것을 말한다. 【국세기본법 제2조】

세법에서 말하는 공과금은 국세와 지방세 등 국가와 지방자치단체에 납부하는 세금이 아닌 공공기관이 부과하는 보험료를 의미한다. 예로써 국민연금보험료, 건강보험료 및 고용·산재보험료와 같은 4대 보험료가 해당된다. 공과금은 조세가 아니므로 조세채권우선의 원칙에 해당되지 않는다. 전기·수도·가스요금과 TV시청료를 통상 공과금이라 하지만 세법상의 공과금은 아니다. 따라서 캠코공매의 대상 채권이 아니다.

는 조세채권을 안정적으로 확보하기 위하여 사인 간의 채권이나 공과금보다 그 변제의 우선권이 보장되어야 하는 불가피한 측면이 있다. 그러나 그 우선권은 시장경제자유의 원칙을 훼손하지 않는 범위 내에서 경제주체 사이의 거래안전을 해치지 않아야하는 과제도 동시에 충족시켜야 한다.

조세채권의 우선권은 경매나 공매의 강제집행절차에서 배분의 순위를 놓고 물권이나 공과금 등의 채권과 경합하는 경우, 그 성립의 선후에 관계없이 공과금채권 보다는 항상 우선하며, 물권과는 법정기일을 기준으로 우선순위를 따지게 된다. 이는 조세채권의 특성상 담보물권과 같이 등기나 등록의 형태로 공시의 목적을 달성할 수 없기 때문에 인정되는 특수한 우선권이라 하겠다.

판례에서도【국세기본법 제35조】는 공시를 수반하는 담보물권과 관련하여 거래의 안전을 보장하려는 사법적인 요청과 조세채권의 실현을 확보하려는 공익적 요청을 적절하게 조화시키려는 데 그 입법의 취지가 있다고 본다.

만일 조세채권의 법정기일이 저당권 등의 설정일, 주택임대차보호법에 의한 임차보증금의 우선변제청구권발생일과 같은 날인 경우 항상 조세채권이 우선한다는 사실에 주목하여야 한다.

좀 더 자세한 설명은 배분순위편에서 자세히 설명한다.

TIP 2

조세채권우선원칙의 사례

필자가 대표로 있는 12월 결산법인인 플랫리얼티(주)의 2017회계년도 법인세를 예로 들어 이 원칙을 설명해보자.

12월 결산법인은 이듬해 3월 말까지 과세표준과 세액의 자진신고에 의하여 납세의무가 확정되며 법정기일은 신고일이다.【국세기본법 제35조】

당사의 담당 세무사는 2018년 3월 25일에 2017년도 결산을 마무리하고 세후법인세 5천만 원을 신고하였다. 법인세의 납기는 3월 31일이다. 이 경우 당사의 법인세 법정기일은 세액의 신고일인 2018년 3월 25일이 되는데 세무당국은 당사가 신의성실원칙에 따라 법인세를 잘 납부할 것으로 보았으나 납기일인 3월 말이 지나서도 납부하지 않자 5월 25일 당사 소유의 상가건물에 압류를 신청하였다.

이 국세체납사건에서 서초세무서는 2018년 3월 25일 이전에 설정된 저당권을 비롯한 전세권이나 임차권 등의 물권보다는 우선권을 갖지 못하지만 3월 25일 당일을 포함한 그 이후의 모든 권리보다는 우선징수권을 갖게 되는데 이것이 바로 조세채권우선의 원칙인 것이다.

매번 세금납부의무가 발생할 때마다 체납할 것으로 간주하여 등기부등본상에 권리를 설정해 놓을 수 없으므로 법정기일제도를 두어 타 채권과의 권리순서를 정하는 기준으로 삼고자 만들어 놓은 것이다.

2018년 3월 25일 1순위로 K은행이 근저당을 설정하고 해당부동산에 동일자로 사업자등록과 확정일자를 받은 임차인이 입주하였다. 그 후 S저축은행에 3월 30일 담보대출을 신청하였다고 가정하고 권리의 순서를 따져 보기로 하자.

[1차 권리분석]

권리순위	내 용	1차 권리일자	금 액	비 고
1순위	K은행	2018. 03. 25	2억 원	말소기준권리
2순위	임차인	2018. 03. 25	3천만 원	월세 150만원 사업자등록/확정일자 2018.03.25
3순위	S 저축은행	2018. 03. 30	1억 원	
4순위	서초세무서	2018. 05. 25	3천만 원	법정기일 2018.03.25

1차 권리분석은 눈에 보이는 대로 시간의 순서에 의한 단순권리분석이다.

위 상가건물이 공매에 나와서 3억 원에 낙찰되었다고 가정해 보고 배당표를 작성해 보면 이해가 빠르다.

[2차 권리분석/낙찰가 3억 원]

배분순위	내 용	최종 권리일자	배분요구액	배분금액	배분잔액
1순위	서초세무서	2018. 03. 25	5천만 원	5천만 원	2.5억 원
2순위	K은행	2018. 03. 25	2억 원	2억 원	5천만 원
3순위	임차인	2018. 03. 26	3천만 원	3천만 원	2천만 원
4순위	S저축은행	2018. 03. 30	1억 원	2천만 원	0

❖ 포인트

　이 사례에서 S저축은행은 1억 원의 대출금에서 8천만 원을 고스란히 날리는 안타까운 일이 발생했다. 등기부상 권리에서 2순위라고 안심하고 있던 임차인도 배분순위가 밀리면서 하마터면 문제가 생길 뻔 했다. 임차인은 사업자등록 익일부터 대항력을 가지므로 3월 26일이 권리의 기산일이 된다.

　1차 분석에서 4순위에 머무르던 서초세무서가 당당히 1위가 되면서 조세채권 전액을 회수하였는데 이것이 바로 조세채권의 우선권이다. 즉, K은행과 동순위이지만 안분배당이 아닌 선배당자격을 갖는 것이 바로 그것이다.

　S저축은행은 차주로부터 국세/지방세납세증명서를 징구하여 조세채권의 체납여부를 확인하였지만 납기일인 3월 31일 이전에는 체납이 아니라서 대출적격 상태이다.

조세체납이 없으므로 담보범위내에서 정상대출을 했지만 법정기일의 함정에 빠져 손해를 본 것이다.

② 압류선착주의 【국세기본법 제36조】

【국세기본법 제36조(압류에 의한 우선)】는 국세의 체납처분에 의하여 납세자의 재산을 압류한 경우에 다른 국세·가산금·체납처분비 또는 지방세의 교부청구가 있으면 압류에 관계되는 국세·가산금 또는 체납처분비는 교부청구한 다른 국세·가산금·체납처분비와 지방세에 우선하여 징수한다고 명시하여 압류선착주의를 인정하고 있다. 이 조항은 체납자의 재산에 압류를 먼저 등재하였다는 이유만으로 법정기일이나 당해세 여부를 불문하고 교부청구를 한 다른 조세채권보다 우선권을 부여하는 원칙을 말한다.

압류선착주의의 취지는 다른 조세채권자보다 채무자의 자산상태에 주의를 기울이고 조세징수에 열의를 가지고 있는 징수권자에게 우선권을 부여하려는 것이다. 하지만 물권과의 관계에서도 압류선착주의를 인정하면 국세기본법 제35조와 상충되는 문제가 발생하게 된다. 따라서 대법원판례는 「조세채권과 물권 사이의 우선순위는 법정기일과 담보물권설정일의 선후에 의하여 결정하여 그 매각대금을 배분하고, 압류선착주의에 따라 각 조세채권 사이의 우선순위를 결정하여야 한다.」라고 판시하였다.

부연하면 압류선착주의는 조세채권 사이의 우선순위를 정하는데 적용할 수 있을 뿐 조세채권과 공시를 수반하는 담보물권 사이의 우선순위를 정하는 데 적용할 수 없다. 따라서 담보물권과 조세채권 간에는 법정기일에 근거하여 우선순위를 매겨 배분하고, 조세채권이 둘 이상이라면 압류선착주의에 따라 순위를 결정하여 배분하여야 한다는 것이 판례의 핵심내용이다.

③ 당해세 우선의 원칙
【국세기본법 제35조①항3호 및 지방세기본법 제71조①항3호】

조세채권의 또 다른 특징이 당해세 우선의 원칙인데 이는 공매투자자에게는 중요한 시사점이 있다. 권리신고 한 대항력 있는 임차인보다 배분표의 순위가 더 빠르기 때문에 예기치 않은 인수금액이 생길 수 있어 주의하여야 한다.

당해세란 공매나 경매로 매각 처분되는 부동산 자체에 부과된 조세와 가산금으로서 저당권, 전세권 또는 질권 등의 피담보채권보다 항상 우선하여 배분한다.

당해세 우선원칙의 입법취지를 살펴보자. 국세로서 당해세는 상속세와 증여세, 종합부동산세가 있고, 지방세는 재산세, 종합토지세, 농지세 그리고 자동차세 등이 있다. 당해세는 해당 부동산이 가지는 담세력擔稅力에 기초하여 매겨지는 세금이므로 담보물권의 채권자 입장에서는 그 조세의 가치를 어느 정도 인식하고 예측할 수 있다는 전제에서 출발한다. 사인 간의 경제활동에 있어 거래안전을 도모하는 동시에 조세채권의 안정적 실현이라는 공익적 요청을 적절하게 조화시키는 데 그 입법의 취지가 있다.

예로써 재산세와 종합부동산세가 연간 1천만 원 부과되는 아파트가 있다. 이 물건에 대출을 실행하려는 금융기관이라면 채무자 재산이 공경매 처분될 경우 자신의 채권액보다 선배분대상인 재산세 체납이 있을 수 있고 개략의 금액이 얼마정도라는 예측을 충분히 할 수 있다는 전제로부터 당해세 우선의 원칙이 출발하는 것이다.

이처럼 당해세는 담보물권을 설정하는 자가 장래에 그 재산에 부과될 것으로 예측할 수 있는 것으로 당해 재산의 존재 자체가 가진 세금부담능력을 인정하여 국가와 지자체에 우선권을 주는 조세라고 할 수 있다.

앞서 살펴본 압류선착주의 및 여타의 법정기일이 빠른 조세채권보다도 우선권을 행사하는 바, 공경매의 참여자라면 선순위 임차인의 임차보증금 중에서 최우선변제금을 제외한 나머지 보증금보다 배분순위가 앞서는 당해세의 존재 가능성을 인지하고 있어야 한다. 이와 관련해서는 배분연습파트에서 추가로 알아볼 것이다.

당해세는 배당순위표상 제3순위를 차지하여 법정기일조세채권과 담보물권을 제치고 우선 배당받는다. 이 역시도 배분순위편에서 자세히 다룬다.

2) 조세채권의 법정기일 法定期日

(1) 법정기일의 정의

생명체를 포함한 모든 사물에는 태어나거나 만들어진 날이 있고 이 날짜는 인간의 경제활동에 중요한 기준점이 된다.

　법률상의 권리관계에 있어서도 각 권리의 발생시점이 언제인가라는 기준은 가장 중요한 핵심 중의 하나인데, 이 기준점을 정해 놓아야 권리 간 선후에 따른 질서가 정해지고 경제주체 사이의 분쟁도 해결할 수 있기 때문이다.

　앞서도 설명하였지만 조세채권은 신의성실의 원칙에 따라 납세의무자가 정해진 납기일에 성실하게 납세의무를 이행한다는 전제로부터 출발한다. 그러나 신의성실 원칙을 어기고 조세를 체납하였을 경우 국가 등은 체납자의 조세포탈을 막기 위하여 그 조세의 발생시점으로 돌아가 권리를 확정지을 필요성이 생긴다. 세금을 안 내기 위해 선순위채권을 만들거나 가등기나 가처분과 같은 제한물권을 설정해 놓을 경우, 조세채권의 순서가 뒤로 밀려 국가재정에 악영향을 미칠 수도 있다.

　왜냐하면 조세체납에 의한 압류등재는 세금의 납기일 도과 후 세무당국의 독촉과 최고의 기간을 거쳐 등기부등본에 오르기 때문에 탈세를 꿈꾸는 사람이라면 충분히 발생할 수 있는 일이기 때문이다.

　이런 상황이 발생할 경우 조세채권과 담보물권을 비롯한 여타의 채권과 권리의 선후순서를 따져야 할 필요가 생긴다. 단순히 등기부상에 압류의 등재가 늦었다고 해서 조세채권의 발생시점과 무관하게 후순위권리가 되어버리면 안 되기 때문이다. 이 때 필요한 것이 바로 세법상의 기준일, 바로 법정기일法定期日이다. 법정기일이란 국세, 지방세 및 공과금 등 세금의 존재를 확인할 수 있는 시점 즉 조세채권이 발생한 것으로 볼 수 있는 날짜를 의미한다.

법정기일을 설명하기 위하여 이해하기 쉽게 예를 하나 들어보자. 필자가 강의에서 자주 인용하는 사례인데 이해가 쉬워서 전작에 이어 다시 한 번 인용해 본다.

의료수준이 낮아 영아사망률이 높던 과거에는 자녀가 태어나도 출생신고를 늦추던 시절이 있었다. 생후 1~2년 사이에 잘못될 확률이 높았으니 호적에 늦게 올리는 일이 흠이 되는 시절이 아니었다.

필자도 그런 케이스인데 출생 후 1년이 지나서야 아버지가 출생신고를 하셨고 결과적으로 또래의 친구들보다 호적이 1년 늦다. 우리가족과 필자에게 있어서 실제 주민등록상 날짜는 큰 의미가 없다. 세상에 태어난 실질적인 생일을 기념하고 기억하기 때문이다. 이 경우 실제로 태어난 날과 주민등록부에 올라간 날이 다른데, 이를 법정기일에 대입하여 보면 쉽게 설명이 된다.

세금의 발생일과 체납에 따른 압류의 등재일이 다른 것과 같은 맥락이다. 세금을 납기일에 맞추어 냈다면 조세체납은 없었겠지만 납부하지 못하면 압류의 등기가 등기부등본에 올라가게 되는데, 그 조세의 법정기일은 압류일이 아닌 세금의 발생일로 거슬러 올라가 권리가 부여되는 것이다.

실제 태어난 날	=	법정기일
주민등록부 등재일	=	압류등재일

　예로써 대표적인 물권인 저당권은 등기부등본에 기재된 접수번호와 접수일자가 권리관계를 정하는 기준이 되어 타 채권들과 순위다툼을 하지만 조세채권은 그 태어난 날짜가 언제인지 그 금액이 얼마인지 속내를 들여다보기 전에는 전혀 알 수 없는 존재인 것이다.

　법정기일의 배경이 이렇다보니 겉으로 드러난 사실과 속사정의 차이를 이해하지 못하고 투자한 경우 큰 사고가 발생하고야 만다. 또한 압류재산의 법정기일은 저당권자, 전세권자, 임차권자 또는 가압류권자 등 타 제한물권 설정권자들과 배분에서 우선순위를 다투는 기준이 되니 경매나 공매, 양 절차 모두에서 이보다 중요한 것이 없을 정도이다. 왜냐하면 배분요구한 대항력 있는 선순위임차인이 전액 배분받는 것으로 판단하고 법정기일을 소홀히 생각하여 낙찰받는다면 임차인의 보증금을 일부 또는 전액 인수하게 되어 입찰보증금을 허공에 날리는 안타까운 사연의 주인공이 될 수도 있기 때문이다.

TIP 3

공경매에서 조세채권이 중요한 이유

모름지기 권리분석이란 무엇인가? 물건을 구매했는데 내가 치른 물건값 외에 추가로 돈이 더 든다면 그것이 바로 권리분석 사고이다.

공경매에서 물건값을 더 치르게 되는 경우에는 어떤 것이 있을까? 유치권이나 법정지상권 같은 하자권리는 입찰 참가에서부터 추가비용을 염두에 두고 시작하니 예외로 하자. 가장 흔하고 대표적인 것이 임차보증금의 인수이다.

배분요구한 대항력 있는 임차인이 자신의 보증금 전액을 배분받는 것으로 분석하였으나 그 중 일부 또는 전액을 매수인이 인수하는 경우가 그것이다. 인수할 금액을 정확히 알고 매수하였다면 취득세라도 절약될 텐데 추가금액이 커서 보증금을 날리거나, 최악의 경우 잔금을 치르고 나서 인수금액을 알게 되었다면 금액의 과소를 떠나 큰 충격임에 틀림없을 것이다.

이러한 권리분석 실수를 피하기 위해서 우리는 어떻게 해야 할까? 자, 지금부터는 대항력을 갖춘 선순위 임차인이 배분요구한 경우 전액배분으로 명도확인서와 열쇠를 맞바꿀 수 있다고 100% 확신하면 안 된다. 특히 후순위 압류나 근로복지공단의 가압류가 보이면 보다 신중하게 접근할 필요가 있다.

(2) 조세별 법정기일

공매와 경매에 있어 법정기일은 배분의 우선순위를 정하는 기준이 되므로 입찰 참여자라면 반드시 확인하고 넘어가야 하는 중요 체크포인트이다. 법정기일을 확인할 수 없다거나 조금이라도 의심스럽다면 입찰을 다시 생각하는 것이 좋다.

다음 열거하는 권리는 법정기일 조세채권보다 우선권이 있다.

> ① 법정기일 조세채권보다 먼저 설정된 전세권, 질권 또는 저당권
> ② 「주택임대차보호법」과 「상가건물 임대차보호법」에 따른 대항요건과 확정일자를 갖춘 임차인의 보증금, 근로자 임금채권 등

① 국세의 법정기일 【국세기본법 제35조①항 3호】

> ① 과세표준과 세액의 신고에 의하여 납세의무가 확정되는 국세(중간예납하는 법인세와 예정신고 납부하는 부가가치세를 포함한다)에 있어서 신고한 당해 세액에 대해서는 그 신고일. 단, 자진신고의무가 있는 조세라도 자진신고하지 않는 경우는 납세고지서의 발송일
> - 해당 세목: 양도소득세, 법인세, 부가가치세, 소득세, 특별소비세, 주세, 증권거래세, 교육세, 교통세
> ② 과세표준과 세액을 정부가 결정·경정 또는 수시부과 결정하는 경우에 고지한 당해 세액에 관해서는 그 납세고지서의 발송일
> - 해당 세목: 상속세, 증여세, 종합부동산세
> ③ 원천징수 의무자 또는 납세조합으로부터 징수하는 국세와 인지세

에 있어서는 위 ①~②의 조항에 불구하고 그 납세의무의 확정일
④ 가산금의 경우 그 가산금을 가산하는 고지세액의 납부기한이 지난 날
⑤ 제2차 납세의무자(납세보증인 포함)의 재산에서 국세를 징수하는 경우에는 국세징수법 제12조의 규정에 의한 납부통지서의 발송일
⑥ 양도담보재산에서 국세를 징수하는 경우에는 국세징수법 제13조의 규정에 의한 납부통지서의 발송일
⑦ 【국세징수법 제24조제2항】의 규정에 의하여 납세자의 재산을 압류하는 경우에 그 압류와 관련하여 확정된 세액에 대해서는 위 ①~⑤의 규정에 불구하고 그 압류의 등기 또는 등록일
⑧ 「부가가치세법」제3조의2에 따라 신탁재산에서 부가가치세 등을 징수하는 경우에는 같은 법 제52조의2제1항에 따른 납부통지서의 발송일

② 지방세의 법정기일 【지방세기본법 제71조 제①항 3호】

① 과세표준과 세액의 신고에 의하여 납세의무가 확정되는 지방세의 경우 신고한 해당 세액에 대해서는 그 신고일
  - 해당세목: 취득세, 등록세, 사업소득세
② 과세표준과 세액을 지방자치단체가 결정·경정 또는 수시부과 결정하는 경우에 고지한 해당 세액에 대해서는 납세고지서의 발송일
  - 해당세목: 주민세, 자동차세, 면허세, 재산세, 종합토지세, 도시계획세, 공동시설세, 지역개발세
③ 특별징수의무자로부터 징수하는 지방세의 경우에는 위 ①~②

    의 기일과 관계없이 그 납세의무의 확정일
    ④ 양도담보재산 또는 제2차 납세의무자의 재산에서 지방세를 징수하는 경우에는 납부통지서의 발송일
    ⑤ 「지방세징수법」 제33조제2항에 따라 납세자의 재산을 압류한 경우에 그 압류와 관련하여 확정된 세액에 대해서는 ①~④까지의 기일과 관계없이 그 압류등기일 또는 등록일
    ⑥ 가산금의 경우 그 가산금을 가산하는 고지세액의 납부기한이 지난 날

(3) 조세 상호간의 순위

① **압류선착주의** 【국세기본법 제36조 ①항, 지방세기본법 제73조 ①항】

　압류선착주의押留先着主義는 조세채권의 3대 특징 중의 하나이면서 조세 상호간의 순위를 정하는 기준으로써 의미를 가진다. 조세는 원칙적으로 동순위로 그 사이에 우선관계가 없다고 할 것이지만, 1개의 부동산에 대하여 체납처분의 일환으로 압류 또는 참가압류가 행하여졌을 때 그 압류에 관계되는 조세는 국세나 지방세를 막론하고 교부청구한 다른 조세보다 우선한다.

　【국세기본법 제36조 ①항】은 '국세의 체납처분에 의하여 납세자의 재산을 압류한 경우에 다른 국세, 가산금 체납처분비 또는 지방세의 교부청구가 있는 때에는 압류에 관계되는 국세, 가산금, 체납처분비는 교부청구한 다른 국세, 가산금, 체납처분비와 지방세에 우선하여 징수한다.'라고 규정한다.

【지방세기본법 제73조 ①항】은 '지방자치단체의 징수금의 체납처분에 의하여 납세자의 재산을 압류한 후 다른 지방자치단체의 징수금 또는 국세의 교부청구가 있으면 압류에 관계되는 지방자치단체의 징수금은 교부청구한 다른 지방자치단체의 징수금 또는 국세에 우선하여 징수한다.'라고 규정하여 국세와 지방세 등 조세의 징수에 있어서 이른바 압류선착주의를 채택하고 있다.

그 취지는 다른 조세채권자보다 조세채무자의 자산 상태에 주의를 기울이고 조세 징수에 열의를 가지고 있는 징수권자에게 우선권을 부여하고자 함은 앞에서 살펴본 바와 같다.

② **납세담보가 있는 조세의 우선** 【국세기본법 제37조, 지방세기본법 제74조】

납세담보로 제공된 재산을 매각하였을 때에는 피담보국세와 그에 대한 가산금 및 체납처분비는 압류 여부에 관계없이 매각대금 중에서 다른 국세, 가산금, 체납처분비에 우선하여 징수하며, 이 점은 지방세에 대한 납세담보의 경우에도 마찬가지이다. 또한 납세담보로 제공된 재산에 관하여 경매가 실행될 때 이미 그 재산에 선순위 저당권, 전세권 등이 설정되어 있으면 다음 기준에 따른다.

① 담보재산이 납세의무자의 소유인 경우에는 조세채권의 법정기일이 담보권의 등기일자와 같거나 앞선 경우와 당해세의 경우에는 그 조세채권이 우선하고,
② 담보재산이 제3자의 소유인 경우에는 그 조세채권은 선순위의 담보권보다 항상 후순위이다.

3. 캠코공매의 배분

  조세의 법정기일을 따지는 이유는 조세채권과 사私채권간의 배당우선순위를 따지기 위해서이다. 압류된 부동산상의 제반권리들 사이에 선후를 매겨서 배분금을 그 순서대로 나누어 주는 청산단계를 거치고 나면 체납처분의 한 사이클이 종결된다.
  그러나 청산과정에서 각 채권자들의 이해관계를 불만 없이 조정하지 못한다면 배분금을 두고 배당이의제기나 심지어 배당이의의 소가 제기될 수 있다. 이러한 일이 발생하지 않도록 채권자 간에 번호표를 부여하여 순서를 정하는 일이 배분계산서의 작성인데 캠코나 법원경매계의 입장에서는 이 과정이 전체 환가절차 중에서 가장 까다로운 작업이라고 할 수 있다.
  마찬가지로 입찰에 참여하는 투자자의 입장에서도 내가 납부한 매각대금이 어느 채권자에게 얼마 정도 배분되는지, 손해를 보는 채권자는 없는지에 대한 사전 모의 배분을 해 보는 것이 중요하다. 그 중에서도 임차인이나 소유자, 채무자 등 물건의 점유자에 대한 배분금액은 어느 정도 알고 입찰에 참여하는 것이 반드시 필요하다. 그래야만 명도의 난이도를 파악할 수 있고 명도비용이나 시간이 어느 정도 필요한지에 대한 판단이 서게 되어 입찰가를 결정하는 중요한 기준으로 삼을 수 있기 때문이다.
  이 장에서는 배당의 순위를 알아보고 조세의 법정기일이 배당순위에서 어느 위치에 있는가를 살펴볼 텐데 공매투자자로 성공하고 싶다면 반드시 숙지하여 입찰보증금을 날리는 우를 범하지 않아야 한다.

1) 배분요구

(1) 배분요구의 의의 【법 제68조의2(배분요구 등)】

공매에서의 배분요구란 공매공고로 개시된 압류절차에 참가하여 그 매각대금에서 채권의 변제를 받으려는 법률행위로써 캠코가 정한 배분요구 종기까지 신청하여야 한다.

공매에서는 「채권신고 및 배분요구서」라는 지정서식으로 채권원인증서와 권리자의 자격을 입증하는 서류를 배분요구의 종기일까지 제출함으로써 권리신고에 갈음한다.

(2) 배분요구 채권자

① **배분요구채권과 당연배분채권자** 【법제68조의2(배분요구 등)①항】

공매공고의 등기 전까지 등기되지 아니하거나 등록되지 아니한 다음 각 호의 채권자가 배분을 받으려면 배분요구의 종기까지 캠코에 배분을 요구하여야 한다.

　　① 압류재산에 관계되는 체납액

② 교부청구와 관계되는 체납액·지방세 또는 공과금

③ 압류재산에 관계되는 전세권·질권 또는 저당권에 의하여 담보된 채권

④ 「주택임대차보호법」 또는 「상가건물 임대차보호법」에 따라 우선변제권이 있는 임차보증금 반환채권

⑤ 「근로기준법」 또는 「근로자퇴직급여 보장법」에 따라 우선변제권이 있는 임금, 퇴직금, 재해보상금 및 그 밖에 근로관계로 인한 채권

⑥ 압류재산에 관계되는 가압류채권

⑦ 집행력 있는 정본에 의한 채권

매각으로 소멸되지 아니하는 선순위 전세권을 가진 자가 배분을 받으려면 배분요구의 종기까지 배분을 요구하여야 하고, 배분에 참여하는 것으로 말소된다.

공매공고등기 전에 임차권등기명령에 의하여 임차권등기를 경료한 임차인은 별도로 배당요구를 하지 않더라도 당연히 배당받을 채권자에 속하며, 저당권·압류·가압류보다 먼저 대항력을 갖춘 경우에도 배당요구 없이 배당받을 수 있다는 것이 판례의 입장이다. 또한 배분요구에 따라 매수인이 인수하여야 할 부담이 달라지는 경우, 배분요구를 한 자는 배분요구종기가 지난 뒤에 이를 철회하지 못한다.

캠코는 공매공고의 등기 전에 등기되거나 등록된 위 ①~⑦호의 채권을 가진 채권자로 하여금 채권의 유무, 그 원인 및 액수(원금, 이

자, 비용, 그 밖의 부대채권을 포함한다)를 배분요구의 종기까지 신고하도록 최고하여야 한다. 또한 캠코는 채권신고대상채권자가 그에 따른 신고를 하지 아니할 때에는 등기부 등본 등 공매 집행기록에 있는 증명자료에 따라 해당 채권신고대상채권자의 채권액을 계산한다. 이 경우 해당 채권신고대상채권자는 채권금액을 추가하지 못하도록 하여 권리 위에 잠자는 자를 보호하지 않고 있다.

② 배분요구가 필요한 채권자

집행력 있는 정본을 가진 채권자, 경매개시결정이 등기된 뒤에 가압류를 한 채권자, 민법·상법 기타의 법률에 의하여 우선변제청구권이 있는 채권자는 집행법원에서 이들 권리자의 존재를 배당요구 전까지는 알 수 없기 때문에 반드시 배당요구를 하여야 한다. 이는 【민사집행법 제88조(배당요구)】 조항인데 공매 역시도 이를 준용한다.

공매공고등기 후의 가압류채권자는 배분요구의 종기까지 배분요구를 하여야 하지만, 첫 공매공고등기 전에 가압류를 한 채권자는 배당요구를 하지 않더라도 당연히 배분에 참여할 수 있다. 우선변제청구권이 있는 채권자로서 등기부에 등재되지 않는 권리자인 주택(상가)임차인, 임금채권자, 조세채권자 등은 반드시 배분요구를 하여야 한다. 등기 있는 권리자로서 공경매기입등기 후에 저당권·전세권·임차권 등을 취득한 자도 반드시 배분요구종기까지 배분요구를 하여야 하고, 실무도 이들의 배분요구를 허용하고 있다.

공매와 경매 공히 배분요구에 따라 매수인이 인수하여야 할 부담이 달라지는 경우 배분요구를 한 자는 배분요구의 종기가 지난 뒤에 이를 철회하지 못한다.

2) 배분순위

(1) 제1순위: 집행비용과 비용상환청구권

배분표의 가장 윗자리는 집행비용과 비용상환청구권이 차지한다. 비용상환청구권은 공매목적물에 투입된 필요비와 유익비를 말하는데 현실적으로 배분절차에 참여하여 배당받는 권리라고 보기가 무색할 정도로 실무에서 인정되는 권리는 아니다. 좀 더 자세히 살펴보자.

① 공매집행비용

공매수수료, 감정평가수수료, 인지대, 송달비용 등이 있다.

② 비용상환청구채권

【민법 제367조(제삼취득자의 비용상환청구권)】는 저당물의 제3취득자인 소유자, 지상권자, 전세권자 및 대항력 있는 임차인 등이 그 부동산의 보존, 개량을 위하여 필요비 또는 유익비를 지출한 경우 저당물의 경매대가에서 우선상환받을 수 있다고 하여 비용상환

청구권을 인정한다.

하지만 공경매 실무에서 비용상환청구권이 인정되어 배당절차에 참여하는 경우는 거의 없다. 비용의 지출에 대한 실체적 규명이 어려울 뿐만 아니라 그것이 필요비나 유익비에 해당하는지의 판단도 검증하기 어렵기 때문이다.

공경매의 절차는 조세채권과 사채권의 실행으로 인한 환가절차이기 때문에 이해당사자 사이의 또 다른 분쟁은 별도의 민사소송절차로 다투도록 하고 있음에 주목할 필요가 있다. 부연하자면 필요비와 유익비로 인정받기 위한 공사의 종류를 판단하거나, 그 공사로 인한 부동산가치의 증가나 실익이 존재하는지 여부와 관련하여 캠코나 경매법원이 판단을 내리게 되면 필연적으로 분쟁이 생길 수밖에 없어 절차의 신속성이 훼손되어 채권자의 이익을 침해하는 문제가 발생한다.

공경매의 절차에서 필요·유익비의 성립여부를 입찰자 스스로가 판단하여 낙찰가라는 시장가격으로 결정되도록 하고, 결국은 매수인과 권리주장자 사이에서 명도의 문제로 해결하도록 방관하는 입장이라고 볼 수 있다. 이런 이유로 유치권에 대한 관용주의가 자리 잡게 되고, 허위나 가장유치권으로 밝혀지더라도 당사자 사이에서 문제되지 않으면 별도의 제재를 가하지 않는 것이 현실로 굳어진 것이 아닌가 생각된다.

비용상환청구권과 유치권에 대하여는 두 번째 파트인 실전공매사례 유치권편에서 아주 자세하고 명쾌하게 해설해 놓았으니 여기서는 이 정도로 마무리한다.

(2) 제2순위: 소액임차인의 최우선변제금과 근로자 임금채권, 재해보상금

배분표의 2순위는 사회적 배려가 필요한 경제적 약자를 보호하기 위한 권리가 차지한다. 임차인의 최우선변제금은 공경매의 ABC 수준일 정도로 기본지식이 되었지만 근로자의 임금채권과 재해보상금은 생소한데다가 타채권보다 우선순위를 차지하고 있어 절대로 소홀히 넘길 대상이 아니다.

시중에 나와 있는 어떠한 공경매교재를 펴 보아도 근로자 임금채권과 재해보상금에 대해 자세하고 깊이 있게 설명한 책을 보지 못하였는데, 이는 실무에서 다뤄 본 경험이 없으면 결코 알 수 없는 사안이기 때문이다. 일어날 확률이 단 0.1%에 지나지 않아도 나에게 일어나면 그것은 100%의 확률이다. 모든 투자에 성공하는 것도 중요하지만 한 건의 투자실패를 막는 것도 그에 못지않게 중요하다고 하겠다.

① 내용

【주택임대차보호법 제8조(보증금 중 일정액의 보호)】및 【상가건물임대차보호법 제14조(보증금 중 일정액의 보호)】의 규정에 의

한 소액임차보증금 중 일정액과, 근로기준법 제38조제2항에 규정된 최종 3월분의 임금 및 재해보상금을 2순위로 배당한다. 이들 채권은 상호 동등한 순위로서 채권의 성립시기를 따지지 않으며, 배분금액이 부족할 경우에는 각각의 채권금액을 기준으로 평등하게 안분배당을 한다.

배분표상 제2순위에 해당되는 우선권은 무주택서민과 근로자 등 사회적, 경제적인 배려계층의 주거안정과 최저생활을 보장하고자 하는 공익적 요청에서 조세채권과 일반 담보물권의 효력을 일부 제한하고 우선변제권을 인정해 주는 데 그 취지가 있다.

② 소액임차인의 최우선변제권

가. 주택임대차보호법상의 소액임차인 【주택임대차보호법 제8조】

소액임차인의 최우선변제권은 임차인의 보증금이 주택임대차보호법상의 기준을 충족할 경우 일정금액을 선순위권리자들보다 우선하여 배당해 주는 권리로서 무주택서민의 주거안정을 위하여 만든 제도이다.

주택임차인의 보증금 중 최우선변제금의 합계가 대지가액을 포함하여 주택가액의 1/2을 초과하는 경우에는 1/2 범위 내에서만 우선변제권이 있다.

소액임차인 상호간에는 대항력 취득시기에 구애받지 않고 무조건 동순위이다. 따라서 이들 소액임차보증금을 모두 만족시키지 못할 경우 소액임차인들의 보증금 비율에 따라 안분배당을 한다.

근저당권이나 담보가등기 등 기준이 되는 담보물권이 없는 경우, 소액임차인의 최우선변제금은 임차인의 전입일과 상관없이 해당지역의 현행법 적용한도를 기준으로 산출한다.

나. 상가건물임대차보호법상의 소액임차인 【상가건물임대차보호법 제14조】

상가건물임대차보호법 역시 경제적 약자인 상가임차인을 보호함으로써 임차인들의 안정적인 영업을 도모하고자 제정된 특별법상의 제도이다.

상가의 인도와 사업자등록을 한 경우 그 익일로부터 대항력을 가지며, 보증금의 범위가 소액임차인의 기준에 부합할 경우 최우선변제권을 갖는다. 임차인의 보증금 중 최우선변제금의 합계가 대지가액을 포함하여 상가건물가액의 1/2을 초과하는 경우에는 1/2 범위 내에서만 우선변제권이 있다.

매각대금의 배분시 최우선변제에 해당하는 2인 이상 임차인의 순위는 동순위이며, 매각대금의 1/2을 초과할 경우 각 임차인의 보증금을 비율로 배분하여 안분함은 주택임대차와 동일하다.

③ 근로자의 임금채권과 재해보상금

가. 임금채권 【근로기준법 제38조②항 및 근로자퇴직급여보장법 제12조】

공경매 실무에서 간과하기 쉬운 중요한 부분이 근로자의 임금채권이다. 임금채권 중에서 최우선변제대상 임금채권은 최종 3개월간의 임금과 최종 3년간의 퇴직금으로 하되 지연손해금은 제외한다. 임금채권은 배분요구종기일 이전에 권리신고를 함으로써 배분에 참여할 수 있으며, 별도의 법적권원 없이 간편한 서류만으로도 권리가 인정된다.

입찰자의 입장에서 이러한 최우선변제 임금채권의 우선순위를 놓치게 되면 선순위 임차인의 보증금을 인수하게 될 수 있어 각별한 주의가 요망된다.

임금채권의 우선권이 적용되는 대상재산은 다음과 같다.

① 사용자(고용주)가 개인일 경우 그가 소유하는 모든 재산에 인정됨.
② 법인사업자의 경우 법인소유의 재산만 해당될 뿐이고 법인의 대표나 경영자 등의 개인재산은 해당되지 않음.

또한 사용자나 법인이 당해 재산을 취득하기 전에 설정된 담보권과 임금 등의 체납이 발생하기 전에 제3자에게 양도한 재산에 대하여는 우선변제권을 인정하지 않는다. 【대법원 1994.01.11. 선고 93다30938판결】

나. 재해보상금 【고용보험 및 산업재해보상보험의 보험료징수 등에 관한 법률 제26조】

근로현장에서 산업재해를 입은 근로자에게는 산업재해보상보험법(이하 산재보험이라 함)에 의하여 재해보상금이 지급된다. 근로자를 1인 이상 고용하는 모든 사업장은 고용·산재보험의 당연적용 대상이며, 이 사업장에서 업무상 재해를 당한 근로자는 사업주의 보험 가입여부와 관계없이 산재보상을 받을 수 있다.

근로복지공단은 산재근로자의 치료와 요양, 휴업 및 장해보상 등에 소요되는 금원을 산업재해보상보험법에 의거하여 보상한다. 이를 위해 사업주는 직원에게 발생할 불의의 사고를 대비하여 산재보험에 가입하여야 하는데 영세사업장에서는 비용문제로 직원에 대한 4대보험 가입에 신경 쓰지 않는 경우가 종종 생긴다.

산재보험에 가입하지 않은 상태에서 사고가 발생할 경우 다친 근로자의 치료와 보상을 사업주에게 의존한다면 사회적 약자인 근로자가 제대로 된 보호를 받지 못할 가능성이 크다. 이러한 취지로 상해근로자의 치료와 재활을 돕고 경제적 지원을 위하여 재해보상금 제도가 만들어진 것이다.

산재보험에 가입하지 않은 상태에서 재해사고가 발생하면, 사업주는 고용의 성립일로부터 소급하여 보험료를 납부하여야 하며, 공단이 지급한 보험급여 금액의 100분의 50에 해당하는 금액(단, 사업주가 가입신고를 게을리한 기간 중에 납부하여야 하였던 산재보험료의 5배를 초과할 수 없다)을 추가로 공단에 납부하여야 하는 징벌조항이 있다.

이처럼 근로복지공단의 재해보상금 대지급이 발생하고 징수기간내 보험급여금을 납부하지 않으면 공단은 체납자의 재산을 압류하고 국세체납처분의 예에 따라 캠코에 의뢰하여 매각절차에 들어가게 된다. 이 때의 재해보상금은 공익적 배려에 의한 경제, 사회적 약자에 대한 공공부조의 성격을 띠게 되므로 여타의 조세채권이나 담보물권보다 우선변제권을 주는 것이라고 이해할 수 있겠다.

특별히 유의할 점은 대항력 있는 선순위임차인이 신고된 물건에 입찰하고자 하면 반드시 철저한 확인 후에 입찰하여야만 불측의 피해를 입지 않는다는 점을 명심해야 한다.

다. 공매에서의 시사점

임금채권 등은 배분의 순서에서 공·경매비용에 이어 소액임차인의 최우선변제금과 함께 상위권에 포진해 있다. 소액최우선변제금은 날짜와 지역의 기준이 있어 대략의 금액을 알 수 있고, 실제 배당금액의 1/2 범위를 넘지 않도록 법에 규정되어 있지만 임금채권 등은 상한선이 없다는 점에서 차이가 있다.

공경매에서 대항력 있는 선순위 임차인이 배분요구를 한 경우 임금채권과 재해보상금의 존재가능성을 잘 따져 보아야 한다. 당연히 배분받을 것으로 생각했는데 우선순위의 임금채권 등에 밀리게 되면 선순위임차인의 보증금을 일부 또는 전액까지도 인수하는 경우가 발생한다. 그런데 문제는 입찰참여자의 입장에서 임금채권 등의 존재를 쉽게 파악하기 힘들다는 데 있다. 하지만 어느 정도 윤곽을 잡아낼 수 있는 방법이 있다.

경매에 있어서는 배당요구종기일까지 권리신고한 채권에 대하여 배분하므로 입찰 전에 법원문건처리내역을 잘 살펴보면 그 존재를 어느 정도 확인할 수 있다. 근로복지공단이 압류 또는 가압류채권자라면 반드시 등기부등본에 기재된 채권자의 지사나 부서로 전화를 걸어 그 내역에 대하여 확인하여야 한다. 개인정보가 아니라면 압류내용이 무엇인지, 개략의 금액이 얼마인지 등은 친절하게 알려주니 반드시 입찰 전에 확인하기 바란다.

공매의 경우는 공매재산명세서상의 [배분요구 및 채권신고현황]란을 확인하여 압류 또는 가압류채권자가 근로복지공단일 경우 캠코의 담당자 또는 직접 근로복지공단에 문의하여 정확한 내용을 확인한 후 입찰에 참여하여야 한다. 역시 친절한 안내를 받을 수 있다.

최근에는 근로자가 사업주를 상대로 직접 권리를 행사하기보다는 근로복지공단을 통하여 체당금替當金의 형태로 임금을 수령하는 경우가 많아졌다. 이는 체불임금에 대하여 국가가 대신 지급하는 방식이므로 근로자의 입장에서는 빠른 시일 내에 임금채권을 수령할 수 있고 절차도 간편하기 때문이다.

앞서도 일갈하였지만 임금채권이나 재해보상금이 문제되는 경우는 실무상 확률이 높지는 않으나 자신에게 걸리면 100% 당첨이므로 항상 주의를 기울여야 한다.

필자의 전작에 재해보상금에 대한 징수를 위해 근로복지공단이 압류하여 공매처분한 충남 보령의 아파트를 매수한 사례를 소개하였는데 잠깐 인용해 본다.

분식집을 운영하던 A씨가 산재보험 미가입상태로 배달종업원 B씨를 고용하여 사업을 하던 중 B씨가 교통사고를 당하자, 근로복지공단이 사용자 대신 재해보상금을 지급하고 A씨의 아파트를 압류하여 공매처분한 사건이었다. 교통사고 후 B씨는 사용자가 치료와 보상에 미온적이자 직접 공단에 청구하여 산재보험금을 수령하였고, 이 과정에서 A씨는 집을 압류당하고 매각처분까지 된 것이다.

   법과 규정을 모르면 누구에게나 발생할 수 있는 일이라고 생각된다. 소유자가 거주하였기에 문제가 안 되었지만 만약 선순위 임차인이 있었다면 동同순위 배분권리를 갖게 되므로 예기치 않은 손실이 생길 수도 있는 사건이었다.

TIP 4

용어정리_체당금替當金

　체당금이란 회사의 도산으로 인하여 임금, 휴업수당 및 퇴직금을 지급받지 못하고 퇴사한 근로자에게 국가가 사업주를 대신하여 임금채권보장기금에서 지급하는 최종 3개월분의 임금 또는 휴업수당, 3년분의 퇴직금을 말한다. 회사가 도산하여 사업주의 임금지급능력이 없거나 임금지급능력이 다소 있다고 하더라도 임금을 받기 위해서는 법원의 경매절차를 거쳐야 하는 등의 번거로움이 있기 때문에 근로자가 신속하게 임금채권을 확보하여 생활의 어려움을 덜게 하고자 체당금제도가 도입되었다.

(3) 제3순위: 당해세

① 당해세의 의의

당해세란 경매나 공매의 목적이 되는 부동산 자체에 부과된 조세와 가산금을 의미하는데, 이는 당해 부동산을 소유하고 있다는 사실에 근거하여 부과하는 국세, 지방세 및 그 가산금이며 배분순위에서 제 3순위로 배당된다.

당해세가 법정기일 조세채권과 담보물권 등의 채권보다 우선적으로 배분되는 취지는 [조세채권의 특징]편에서 살펴본 것처럼 조세채권이 국가 재정수입의 확보수단이라는 대전제로부터 출발하기에 인정되는 우선원칙이다. 다음 대법원의 판례를 다시 한 번 음미해보면 그 취지가 이해가 된다.

당해세는 조세채권이 발생한 날짜인 법정기일과 무관하게 당해재산의 존재로부터 발생한 조세이다. 즉, 당해재산을 소유하고 있다는 사실 자체에 담세력을 인정하여 부과하는 조세인 것이다.

자유시장경제체제와 계약자유의 원칙을 훼손하지 않으면서도 조세채권의 우선적 실현을 확보해야하는 두 가지 선택 사이에서 상호간의 이익을 존중하는 절묘한 선택의 절충이 바로 당해세 우선의 원칙임은 앞서 살펴본 대로이다.

이를 위한 전제조건은 담보물권을 취득하려는 자가 자신의 채권에 앞설 수도 있는 우선적 권리에 대한 예측이 가능하여야 한다는 사실이다. 예를 들어 대출은행이 저당권을 설정한 후에 소액임차인이 전입할 가능성에 대비하여 주택에 대한 최우선변제보증금을 공제하는 것처럼 소유자의 당해세 체납이 발생할 가능성을 염두에 두고 물권을 취득하라는 취지인 것이다.

따라서 【국세기본법 제35조 제①항 제3호】 단서에서 말하는 '그 재산에 대하여 부과된 국세'라 함은 담보물권을 취득하는 사람이 장래 그 재산에 대하여 부과될 것을 상당한 정도로 예측할 수 있는 것으로서 오로지 당해 재산을 소유하고 있는 것 자체에 담세력을 인정하여 부과되는 국세만을 의미하는 것으로 이해할 수 있다.

이러한 취지를 이해하고 좀 더 자세히 공부해보자.

TIP 5

당해세 관련 판례

【대법원 2002.2.8 선고, 2001다74018, 판결】

【판결요지】

[2] 지방세법(1995. 12. 6. 법률 제4995호로 개정된 것) 제31조 제2항 제3호는 공시를 수반하는 담보물권과 관련하여 거래의 안전을 보장하려는 사법적私法的 요청과 조세채권의 실현을 확보하려는 공익적 요청을 적절하게 조화시키려는 데 그 입법의 취지가 있으므로, 당해세가 담보물권에 의하여 담보되는 채권에 우선한다고 하더라도 이로써 담보물권의 본질적 내용까지 침해되어서는 아니 되고, 따라서 같은 법 제31조 제2항 제3호 괄호 안의 단서에서 말하는 '그 재산에 대하여 부과된 지방세'라 함은 담보물권을 취득하는 자가 장래 그 재산에 대하여 부과될 것을 상당한 정도로 예측할 수 있는 것으로서 오로지 당해 재산을 소유하고 있는 것 자체에 담세력을 인정하여 부과되는 지방세만을 의미하는 것으로 보아야 한다.

② 당해세의 종류

가. 국세에서의 당해세

　국세 중에 당해세는 상속세, 증여세 및 종합부동산세이다.

　대개 알기로는 시, 군, 구청에 납부하는 지방세로서의 재산세나 국세인 종합부동산세만을 당해세로 알기 쉬운데 상속세와 증여세도 포함되므로 유의할 필요가 있다. 왜냐하면 재산세나 종부세는 부과금액의 절대액이 크지 않고 물건소재지의 시, 군, 구청이 압류권자인 경우 쉽게 예측이 가능하기 때문이다. 물론 당해세로서의 이 케이스가 실무에서 자주 나타나는 사례는 아니지만 상속세와 증여세는 체납금액이 물건의 가액에 따라 제법 큰 경우도 있어 주의를 기울여야 한다. 그러나 앞서 살펴본 대로 당해세의 취지가 그 재산에 부과될 것으로 상당부분 예측 가능하여야 한다는 전제조건을 충족시켜야 하므로 몇 가지 포인트를 알면 걸러낼 수 있다.

　담보물권의 설정 당시에 이미 해당 부동산의 소유자에게 납세의무가 발생한 상속·증여세는 법정기일과 무관하게 당해세로 인정된다. 그러나 상속·증여세의 본질이 해당 재산에 대한 권리변동을 원인으로 하여 부과하는 조세이므로, 상속이나 증여가 담보물권 설정 이후에 발생하였음에도 불구하고 이를 무조건 당해세로 인정하여 배당에서 우위를 인정한다면 담보물권의 본질적 내용을 침해할 우려가 있으므로 대법원판례는 몇 가지 점에서 이를 제한하고 있다.

다음에 몇 가지 중요한 판결요지를 발췌하여 소개한다.

① 증여세*는 그 재산의 취득자금에 대하여 부과하는 조세로서 증여발생 이전에 설정된 근저당권에 의한 채권보다는 우선하지 못한다.

② 부동산등기부 기재 상 소유권이전의 원인에 상속재산임이 공시되어 있지 아니한 부동산의 경우, 담보물권자가 당해 부동산에 상속세**가 부과되리라는 점을 예측할 수 없으므로 이 경우의 상속세는 당해세에 해당하지 아니한다.

즉, 부동산등기부등본 상 소유권이전의 원인에 '상속'이라는 등기원인이 확인된 경우 상속세의 부과를 예상할 수 있으므로 이 경우에 부과된 상속세는 당해세에 해당한다.

③ 증여의제로 인한 증여세의 경우 그 재산 자체의 증여에 대하여 부과하는 통상적인 증여세와는 과세대상을 달리 하는 것이어서 당해세에 해당하지 아니한다.

부연하면 금전을 증여받아 부동산을 취득한 경우는 해당 부동산을 직접 증여받은 것과는 그 대상이 다르므로 당해세로 보지 않는다.

④ 담보물권 설정 이전에 증여를 원인으로 부과된 증여세는 당해 재산에 관하여 부과된 것이고 담보물권 설정 당시에 증여를 원

---

* 증여세는 증여받은 자(= 수증자, 受贈者)가 증여일이 속하는 달의 말일로부터 3개월 이내에 신고 납부하여야 한다.

** 상속세의 신고기한은 상속개시일이 속하는 달의 말일로부터 6개월 이내이다. 예로써 아버지 생전에 은행대출을 위해 저당권을 신청할 당시에 체납된 세금이 없었다면 아들에게 상속이 이루어진 이후에 부과된 상속세는 당해세가 아니며 이때 상속세는 저당권보다 배분순위가 늦다.

인으로 소유권이전등기가 마쳐져 있었다면 장래에 증여세가 부과될 것을 예측할 수 있었으므로 당해세에 해당한다.

5 담보물권설정자(소유자)가 피담보채권에 우선하여 징수당할 조세의 체납이 없는 상태에서 사망한 경우, 그 상속인에 대하여 부과된 상속세는 당해세가 아니다. 이러한 법리는 그 재산이 수용되어 보상금이 공탁되어 물상대위의 대상이 된 경우도 동일하게 적용된다.

즉, 부동산 소유자가 생전에 거래한 담보물권자의 보호는 사적 자치의 원칙과 거래안전의 자유를 인정하는 자본주의 경제논리의 실현에 다름 아니다.

당해세로써 상속·증여세가 배분에서 우선순위를 차지하는 사례는 필자의 경험상 그리 흔하지 않다. 하지만 충분한 공부가 되어 있어야 만에 하나 생길 수 있는 사고를 예방할 수 있다. 위에서 살펴 본 내용에 대한 대법원 주요판례를 추려보았는데 밑줄 친 부분에 유의하면서 읽어보면 도움이 될 것이다.

TIP 6

상속세와 증여세 중에서
당해세로 인정하지 아니하는 판례

1. 사건명 : 배당이의 [대법원, 1996.3.12, 95다47831]

국세기본법상의 법정기일 전에 설정된 근저당권에 의하여 담보된 채권보다 우선하는, 그 매각재산에 대하여 부과된 국세・가산금은 근저당권이 설정된 재산 자체에 대하여 부과된 국세・가산금이어야 할 것인데, 상속세법의 규정에 의하여 부과된 증여세는 재산의 취득자금을 증여받은 것으로 추정하여 그 재산의 취득자금에 대하여 부과하는 것이어서 국세기본법상의 그 매각재산 자체에 대하여 부과된 국세・가산금이라고 할 수 없으므로 위 법정기일 전에 설정된 근저당권에 의하여 담보된 채권에 우선하지 못한다.

2. 사건명 : 배당이의 [대법원, 2003. 1. 10, 2001다44376]

[1] 국세기본법 제35조 제1항 제3호는 공시를 수반하는 담보물권과 관련하여 거래의 안전을 보장하려는 사법적私法的 요청과 조세채권의 실현을 확보하려는 공익적 요청을 적절하게 조화시키려는 데 그 입법의 취지가 있으므로, 당해세가 담보물권에 의하여 담보되는 채권에 우선한다고 하더라도 이로써 담보물권의 본질적 내용까지 침해되어서는 아니 되고, 따라서 같은 법 제35조 제1항 제3호 단서에서 말하는 '그 재산에 대하여 부과된 국세'라 함은 담보

물권을 취득하는 사람이 장래 그 재산에 대하여 부과될 것을 상당한 정도로 예측할 수 있는 것으로서 오로지 당해 재산을 소유하고 있는 것 자체에 담세력을 인정하여 부과되는 국세만을 의미하는 것으로 보아야 한다.

[2] 부동산등기부 기재상 상속재산임이 공시되어 있지 아니한 부동산의 경우, 담보물권자가 당해 부동산에 상속세가 부과되리라는 점을 예측할 수 없었다는 이유로 상속세가 당해세에 해당하지 아니한다고 한 사례.

나. 지방세에서의 당해세

지방세기본법 제71조(지방세의 우선징수)는 강제집행, 경매 또는 파산절차에 의한 재산의 매각에 있어서 그 재산에 부과된 지방세 또는 가산금은 다른 지방세나 가산금 및 법정기일보다 빠른 전세권, 질권 또는 저당권의 목적이 되는 채권보다 매각대금에서 우선 징수하도록 규정하고 있다.

지방세 중에 당해세는 재산세, 종합토지세, 자동차세, 도시계획세, 공동시설세 및 지방교육세(재산세와 자동차세분에 한한다)로 한다. 부동산의 소재지 관할 시, 군, 구청이 압류권자로 되어 있으면 당해세일 가능성이 높다. 지방세에 해당하는 당해세는 90% 이상이 토지분과 건물분의 재산세인 경우로 체납금액이 크지 않은 특징이 있지만 이로 인해 인수금액이 발생한다면 아무리 작은 금액이라도 손실이므로 주의하여야 한다.

다. 담보물권에 우선하는 당해세의 요건

위에서 국세와 지방세 중 당해세에 해당하는 세목과 대법원판례를 살펴보았는데 이를 크게 두 가지로 정리해볼 수 있다.

ⓐ 담보물권자(=채권자)가 담보물권 설정 당시 예측 가능한 조세일 것

목적 부동산 자체의 담세력에 의한 조세 외에 대법원판례는 부동산등기부등본상에 상속 또는 증여 등의 표시가 있거나 장래에 발생 가능할 것인지에 대하여 예측할 수 있어야 당해세로 인정한다.

ⓑ 담보물권설정자(=소유자)를 납세의무자로 하는 조세일 것

담보물권설정자로부터 부동산을 양수받은 양수인을 납세의무자로 하여 발생한 체납조세는 당해세라 하더라도 선순위담보물권에 우선할 수 없다. 즉, 담보물권 설정 당시의 소유자를 대상으로 발생한 것만을 당해세로 인정할 뿐이고 이를 양수받은 제3자를 대상으로 부과된 당해세는 선순위담보물권보다 우선하지 못하게 하여 거래의 안전을 보장한다.

(4) 제4순위: 조세채권과 담보물권 등

공매는 물론 경매에서도 중요하게 다루어야 하는 권리가 조세채권의 법정기일과 관련한 것이라고 앞에서 여러 차례 강조한 바 있다. 특히 공매의 압류재산에 투자하기 위해서는 배분의 4순위를 차지하는 권리들에 주목하여 타 권리와의 선후순위를 따져보는 능력이 반드시 필요하다.

배당에서 제4순위에 해당하는 권리로는 조세채권, 저당권 및 전세권 등의 담보물권, 확정일자부 임차보증금반환채권과 임차권 등기된 임차보증금반환채권이 있다. 조세채권의 경우 앞서 살펴본 것처럼 법정기일에 의한 시간순서가 권리의 기준일이 되어 위에 열거한 채권들과 배분의 우선순위를 다툰다.

요약하면, 조세채권의 성립기준일은 법정기일이고 저당권, 전세권 등의 물권은 등기접수일이며 주택과 상가임대차보호법상의 확

정일자부임차인은 확정일자일과 전입일 또는 사업자등록일의 익일 중에서 늦은 날이 그 권리발생의 기준일이 된다.

조세채권과 다른 채권과의 우선을 정하는 기준을 정리하면 다음과 같다.

① 특별채권과의 우선관계

앞서 살펴본 제1~3순위 권리들보다는 항상 순서에서 뒤진다.

② 저당권 등의 물권과의 우선관계

조세채권의 법정기일과 담보물권의 등기부상 접수일을 확인하여 빠른 채권이 우선 배분받으며, 동일자의 경우는 조세채권우선의 원칙에 의하여 조세가 먼저 배분 대상이 된다.

③ 확정일자부 임차인과의 우열

주택 및 상가임대차보호법상 임차인의 최우선변제 소액보증금은 배분 제2순위로써 어느 경우이든 당해세를 포함한 조세채권 및 담보물권 등에 우선하여 배분한다. 확정일자를 갖춘 임차보증금에 대하여는 저당권 등에 준하여 조세채권의 법정기일과의 선후를 따져 우선순위를 정하며, 저당권과 확정일자부 임차보증금 두 개의 채권이 같은 날짜에 권리가 발생하였다면 상호 동순위로 처리하여 안분배당을 한다. 그러나 조세채권의 법정기일과 확정일자부 임차보증금의 권리기준일이 같다면 조세채권이 우선배당받는다는 점에 유의하여야 함은 앞에서 설명한 그대로이다.

【국세기본법 제35조제①항3호】에 의하면, 조세채권의 우선원칙을 정하고 그 예외로써 「법정기일 전前」에 설정된 저당권 등

과 조정을 하고 있으므로 엄격하게 동 조항을 해석하면 법정기일 전에 성립한 저당권 등만이 예외적으로 우선하므로, 그에 해당되지 아니한 같은 날의 경우라면 조세채권이 우선한다고 본 것이 바로 위에서 살펴 본 대법원판례가 적시하는 기준이다.

특히나 선순위인 확정일자부임차인과 조세채권의 법정기일이 동일자라서 위 원칙에 따라 조세채권이 우선배당받았다면, 확정일자부임차인의 임차보증금은 낙찰자에게 인수되므로 입찰에 참여할 경우 사고로 이어지는 원인이 되곤 한다.

TIP 7

조세의 법정기일과 근저당설정일자가 같은 날인 경우 조세채권우선의 판례

[대법원, 2000. 10. 27, 2000다44355]

원심판결 이유에 의하면, 원심은 지방세법 제31조[현재는 지방세기본법 제71조로 변경, 이하 동일]는 제1항에서 지방세 우선의 원칙을 규정하고 제2항에서 그 예외를 규정하면서 제3호로 "법정기일 '전에' 설정한 전세권, 질권, 또는 저당권에 의하여 담보된 채권"을 들고 있는바, 이러한 지방세법 제31조 제2항 제3호의 규정 취지는 담보권자가 조세채권의 존부 및 범위를 확인할 수 있고 과세관청 등에 의하여 임의로 변경될 수 없는 특정시점을 법정기일로 삼음으로써 조세우선권을 인정하는 공익목적과 담보권의 보호 사이에 조화를 이루려는 데에 있다 할 것이고, 위 규정의 문리해석('이전(以前)'은 기준시점이 그 범위에 포함되나, '전(前)'은 기준시점이 그 범위에 포함되지 않는다)에 의하면 법정기일 '전前'에 설정된 담보권만이 지방세 우선 원칙의 예외를 이루는 것이고 법정기일과 같은 날에 설정되거나 법정기일 후에 설정된 담보권은 지방세법 제31조 제1항에 의하여 지방세 채권보다 후순위임이 명백하며, 위 규정은 위와 같은 범위 내에서만 담보권자의 이익을 도모하고자 하는 규정으로 볼 수밖에 없으므로, 원고(강동구청)의 취득세 채권 중 자진신고액 금 4,714,600원 부분(취득자는 97.7.22.

취득세와 등록세를 자진신고한 다음 등록세만 납부하고 취득세 금 4,714,600원은 납부하지 아니하여 강동구청이 20%의 가산금을 합한 금 5,616,660원을 부과처분함)은 피고(자산관리공사 : 장기신용은행으로부터 이전받음)의 근저당권(97.7.22.)부 채권에 우선한다 할 것이어서 경매법원이 이를 피고의 근저당권부 채권보다 후순위로 판단하여 배당에서 제외한 것은 부당하다고 판단하였는바, 관련 법규정과 대조하여 살펴보면 위와 같은 원심판단은 수긍이 가고, 거기에 주장과 같은 법리오해의 위법이 없다.

TIP 8

법정기일을 모르고 낙찰받은 사례

2006년 9월에 첫 낙찰된 공매사건으로 호랑이 담배 피던(?) 옛날 사건이다. 지금은 법정기일이 보편적 지식이 되었지만 아직도 잊을 만하면 한 번씩 잔금미납 사건이 생기곤 한다.

관리번호 2006-12049-001사건으로 서울 연희동의 빌라 공매사례이다. 공매물건의 소유자는 약 3억 원의 법인세와 부가가치세를 체납하여 의정부세무서가 공매를 신청하였고 2억 원에 낙찰되었고 공매비용은 300만 원이다.

[등기부등본과 권리신고한 임차인을 대상으로 한 1차 권리분석표]

순위	내용	권리일자	권리금액	비고
1 순위	임차인	2005. 6. 7	150,000,000	2005.6.7 전입/확정일자
2 순위	근저당권	2005. 6. 8	130,000,000	말소기준권리
3 순위	서대문구청 압류	2005. 8. 24	-	당해세 100만 원
4 순위	의정부세무서 압류	2006. 3. 30	300,000,000	법정기일 2005.5.31

지금까지 공부한 배분순위를 가지고 하나씩 정리해보자.

① 1순위 공매비용은 300만 원이고, 2순위 소액임차인과 임금채권은 없다.

② 3순위 당해세가 100만 원이다.

③ 4순위인 조세채권과 확정일자부 임차채권 및 담보물권 등이 권리분석의 핵심이다. 먼저 임차인의 대항력 발생일은 2005년 6월 8일 0시이므로 근저당권자보다 빠른 선순위 세입자이다. 조세채권인 의정부세무서가 문제인데 법정기일이 2005. 5. 31자로 임차인보다 선순위이다. 따라서 조세채권〉임차인〉근저당권의 순서로 권리관계가 정리된다.

이상의 자료로부터 낙찰가 2억 원의 배분표를 작성해보자.

순위	내용	권리일자	권리금액	배분 후 잔액	비고
1순위	비용/당해세	-	4,000,000	196,000,000	
2순위	국세	2005. 5.31	300,000,000	0	법정기일조세
3순위	임차인	2005. 6.8	150,000,000	-	선순위임차인/인수
4순위	근저당권자	2005. 6.8	130,000,000	-	말소기준권리

자, 어떤 결과가 도출되었는가?

선순위임차인이 보증금 전액을 배분받을 것으로 보았으나 법정기일이 빠른 조세채권에 의해 후순위로 밀리고 매수자는 선순위보증금을 고스란히 인수하게 되는 것이다. 법정기일을 오판한 매수자에 의하여 무려 6번씩이나 보증금이 몰수되는 사건이 생긴 이유이다. 아마도 그 당시 경매학원이나 인터넷을 통해 공매를 처음 접한 초보자들이 대거 시장에 진입하여 권리분석 오류로 사고를 친 것이 아닌가 생각된다.

  어쨌든 이 공매사건은 몰수된 입찰보증금만 해도 1억이 넘었는데 초보자들의 수업료 대상치고는 좀 과했다 싶은데 정글의 법칙이 적용되는 이 시장에서 상처 없이 버티는 것이 얼마나 중요한지 보여주는 사례가 아닌가 싶다.

(5) 제5순위: 일반임금채권

제2순위로 변제되는 최종 3개월분 임금과 재해보상금 이외의 임금채권이 이에 해당된다.

(6) 제6순위: 공과금채권

각종 사회보장보험의 보험료채권이 여기에 해당되는데 국민연금보험료, 국민건강보험료 및 산재보험료와 고용보험료 등이 제6순위로 배당된다. 이들 보험료채권은 배분의 가장 마지막 순서인 일반채권에만 우선할 뿐이지만 예외적으로 압류의 등기를 마친 경우에 한하여 근저당 또는 전세권 등 담보물권보다 우선한다.

(7) 제7순위: 일반채권

배분의 가장 마지막 순위에는 일반채권이 자리하고 있는데, 통상의 경우 채무명의를 득한 채권자의 배분실익이 있다고 판단되는 강제경매채권이 해당되고 그 외에는 배분에 참여하기 어려운 것이 일반채권이라고 보면 된다. 공경매의 참여자 입장에서는 일반채권이 배분되거나 배분되지 않거나 상관이 없으므로 크게 신경 쓸 일은 없다.

일반채권에는 강제경매신청채권, 가압류채권(청구채권이 우선채권에 해당하지 아니하는 경우), 근저당에 의한 담보채권 중 채권최고액을 초과하는 금원, 그리고 법원이나 행정관청의 과태료나 벌금 등이 있다.

이들 일반채권은 채권의 성립 시기나 배당요구의 시기에 있어서 시간의 선후에 구애됨이 없이 모두가 동순위로서 안분배당을 받는다.

3) 실전권리분석

우리 속담에 「싼 게 비지떡」이란 말이 있다.

값이 싸면 물건의 품질이 떨어지는 것이 당연한데, 어떤 물건이냐에 따라 반은 맞고 반은 틀리는 말이다. 시대가 바뀌어 요즘엔 저칼로리 비지에 다진 돼지고기, 부추, 쪽파를 넣고 부친 비지떡은 웰빙음식으로 각광받는다.

공매에서라면 그 속담은 더더욱 틀렸다. 똑같은 물건을 시세보다 훨씬 싼 가격에 살 수 있으니 말이다. 하지만 공매로 싸게 사려면 권리분석이라는 조금은 신경 쓰이는 과정을 거쳐야 한다.

이것이 바로 공매투자를 위해 권리분석을 하는 목적이다.

(1) 권리분석의 목적

공경매로 부동산을 매수하기 위해서는 권리분석과 물건분석이라는 두 가지 절차를 거쳐 매수타당성을 검토하게 된다. 공인중개사를 통하여 일반매물을 산다면 중개수수료의 대가로 그러한 분석행위는 필요 없지만 내가 직접 공경매로 매수하려면 나름 까다롭고 복잡한 절차를 거쳐야 한다. 물건분석은 해당부동산 실물 자체에 대한 검토를 말하는데 쉽게 표현하자면 눈에 보이는 겉으로 드러난 하자를 찾아내는 작업을 의미한다.

부동산상의 하자는 비용이 들 수 있지만 원천적인 치유 불가능이란 없다. 하지만 권리분석은 조금 다르다. 잘못 분석하게 되면 소유권 자체를 잃을 수도 있고 임차인의 보증금 일부 혹은 전부를 물어주게 될 수도 있다. 차라리 일반매물을 사는 편이 나을 수도 있다. 그만큼 중요하게 검토할 필요가 있다.

공경매투자를 위한 권리분석을 쉽게 설명하는 이론이 있다. 이른바 「썩은 사과론」이다. 명절 차례상에나 오를 만한 크고 때깔 좋은 최상급 사과는 몸값이 높아 평소엔 선뜻 구매하기 어렵다. 마찬가지로 투자물건 중에서도 좋은 입지에 신축건물이며, 하자를 찾아보기 힘든 물건이라면 경쟁률과 낙찰가가 엄청 높다. 굳이 이런 물건을 공경매에서 찾을 필요는 없다. 하지만 일부 하자가 있는 물건이라면, 더구나 그 하자가 치유 가능한 것이라면 상황은 달라진다. 낮은 경쟁률에 싼 가격메리트를 가지고 있어 투자고수들의 먹잇감 1순위가 되곤 한다. 권리분석이란 이처럼 권리의 하자부분을 체크하여 치유할 수 있는 것인지, 아닌지를 판단하는 고도의 분석행위를 의미한다.

몇 가지 측면에서 권리분석의 부연설명을 덧붙이자면,

① 낙찰 이후 추가로 말소되지 않는 권리나 인수할 금액이 있는가?

> ▶ 선순위가등기 · 가처분 · 전세권 등이 있는지, 선순위임차인
> 의 보증금 일부나 전부를 인수하는지?
② 부동산의 사용 · 수익에 하자는 없는가?
> ▶ 인도명령 · 명도소송의 난이도, 매각이나 임차가 수월할 것인지?
③ 기대수익률은 어느 정도인가?
> ▶ 투자금 · 대출금의 기회비용 대비 수익성이 얼마인지?

하는 정도로 요약된다.

그 중에서 가장 중요하면서도 놓치지 말아야 할 것이 바로 추가로 인수하는 금액이 있는가라는 것이다. 예를 들면 최신형 핸드폰을 구매했는데 나중에 보니 충전기와 이어폰을 추가비용을 내고 따로 구입하라는 것과 다를 바 없다. 그런데 그 추가비용이 본체가격과 비교하여 터무니없이 비싸다면 누가 그런 핸드폰을 사겠는가?

공경매에서 유치권이나 법정지상권을 논외로 하면, 추가 인수금액이 생기는 가장 흔한 경우는 전입일자나 사업자등록일자가 빠른 선순위임차인이 존재하는 사안에서 발생한다.

선순위 대항력 있는 임차인 또는 선순위 전세권과 같이 임차인이 있는 물건이 그것이다. 따라서 임차인이 존재하는 물건의 권리분석에는 신중을 기하여야 하며, 가능하면 예상배분표를 작성하여 배분금액과 인수금액 또는 임차인이 떼이는 금액까지도 꼼꼼하게 계산해보는 것이 좋다.

전액 배분받는 임차인이라면 명도에 신경 쓸 부분이 없어 신속한 물건회수가 가능하지만 예상치 못한 추가 인수금이 생긴다면 커

다란 손실이 생길 수 있다. 또한 배분에서 임차인의 보증금 전부 또는 일부가 제외되기라도 한다면 명도저항에 부딪힐 수도 있다.

이러한 부분을 염두에 두면서 이하에서 배분과 관련한 연습문제를 공부하여 보고, 캠코압류재산에서 발생할 수 있는 조세채권과 임차보증금, 말소기준권리와 조세채권의 관계 등을 살펴보기로 하자.

(2) 임차인 권리분석

공경매의 권리분석에서 중요한 포인트는 낙찰가격 말고 추가로 부담할 금액이 있는가라는 점이다. 권리분석 단계에서 임차인이 보증금 전액을 배분받을 것으로 판단하였으나 조세채권 등에 의해 순위가 뒤로 밀린다면 예기치 않게 보증금을 인수하게 되는 손실이 발생할 수 있다. 입찰 참가 전에 반드시 확인하고 넘어가야 할 임차인에 대한 권리분석을 알아본다.

① 대항력

법률이 규정하는 대항력의 정의는 다음과 같다.

> 【주택임대차보호법 제3조(대항력 등)】
>
> ① 임대차는 그 등기가 없는 경우에도 임차인이 <u>주택의 인도와 주민등록을 마친 때</u>에는 그 다음 날부터 제삼자에 대하여 효력이 생긴다. 이 경우 전입신고를 한 때에 주민등록이 된 것으로 본다.

【상가건물임대차보호법 제3조(대항력 등)】

① 임대차는 그 등기가 없는 경우에도 <u>임차인이 건물의 인도와</u> 「부가가치세법」 제8조, 「소득세법」 제168조 또는 「법인세법」 제111조에 따른 <u>사업자등록을 신청하면 그 다음 날부터</u> 제3자에 대하여 효력이 생긴다.

주택임대차보호법(이하 주임법이라 한다)과 상가임대차보호법(이하 상임법이라 한다) 제3조는 임차인의 대항력을 규정하고 있다. 여기서 주택(상가)의 인도와 주민등록(사업자등록)을 대항요건이라 하고 대항요건을 갖춘 임차인은 그 익일 0시를 기하여 대항력을 갖는다.

예로써,

① 3월 1일 주민등록(사업자등록)을 하고
② 3월 2일 이사를 하여 점유를 개시하였다면

대항력은 3월 3일 0시에 발생한다. 주민등록(사업자등록)과 주택(상가)의 인도, 두 가지 조건을 모두 충족한 날의 다음날 0시가 대항력 기산일이다.

대항력을 가진 임차인은 매매나 공경매로 소유권을 취득한 매수자나 담보물권자, 용익물권자 등 제삼자에 대하여 임차권을 주장하여 계약만료 시까지 점유와 사용·수익권을 주장할 수 있고 기한만료 후 보증금을 돌려받을 수 있다.

② 우선변제권과 확정일자

가. 우선변제권

주택인도 및 주민등록이라는 대항요건과 임대차계약서상의 확정일자를 갖춘 주택임차인은 공경매 시 임대인 소유의 대지를 포함한 임차주택의 환가대금에서 후순위권리자나 그 밖의 채권자보다 우선하여 보증금을 변제받을 권리가 있다.【주임법 제3조의2, 제②항】

건물인도와 사업자등록이라는 대항요건을 갖추고 관할 세무서장으로부터 임대차계약서상의 확정일자를 받은 임차인은 공경매 시 임대인 소유의 대지를 포함한 임차건물의 환가대금에서 후순위권리자나 그 밖의 채권자보다 우선하여 보증금을 변제받을 권리가 있다.【상임법 제5조, 제②항】

우선변제권이란 공경매로 인하여 해당부동산이 매각처분될 경우 임차보증금을 후순위권리자보다 우선하여 변제받을 수 있는 권리를 의미한다. 확정일자 순위에 따른 우선변제효력은 특별법으로 인정하는 사회적 약자에 대한 특별한 보호권리로 이해하면 된다. 앞서 살펴본 대항력의 요건을 갖추고 임대차계약서에 확정일자를 부여받으면 곧바로 우선변제권이 발생한다. 확정일자를 먼저 받고 주민등록(사업자등록)과 인도를 나중에 하였다면 역시 그 익일이 우선변제권 발생일이 됨은 대항력 법리에 의해 자명하다.

나. 확정일자

대항력을 갖춘 확정일자부 임차인은 공경매시 후순위권리보다 우선하여 배분받을 수 있다. 이때 배분요구를 하였다면 임대차계약의 종료 의사표시로써 임대차는 종료되고, 미배당금액이 있다면 매수자가 인수하여야 한다. 만약 위 임차인이 배분요구를 하지 않았다면 잔여기간에 대한 거주의사표시이므로 계약기간 종료 후에 보증금을 돌려받고 이사하면 된다.

공매사건에서 문제가 심심치 않게 발생하는 경우가 바로 대항력을 갖춘 임차인이 배분요구를 하였을 때이다. 매수자의 입장에서는 보증금을 전액 배분받을 것으로 판단하였으나 예상과 달리 배분에서 일부 또는 전부의 보증금이 누락되면서 인수되는 경우가 바로 그것이다. 따라서 입찰자의 입장에서는 선순위 대항력을 가진 배분요구임차인이 존재하는 공경매사건을 특히 유의하여야 하는데 이후 배분표 작성연습을 통해 공부해볼 것이다.

우선변제권의 발생시점과 관련하여 몇 가지 중요 포인트를 알아보자.

> ① 임차인이 임대차계약서에 확정일자를 갖춘 당일 또는 그 후에 주택의 인도와 주민등록을 마친 경우 임차인의 우선변제권은 주택의 인도와 주민등록을 마친 익일 0시에 발생한다.
> ② 건물의 인도와 주민등록을 마친 다음날 설정된 저당권과의 관계에서는 임차인이 우선한다. 우선변제권 효력발생은 0시이고 저당권은 등기소 업무가 시작되는 9시이기 때문이다.
> ③ 임차인이 대항요건을 갖추고 나서 확정일자를 받은 경우에는 확정일자일에 우선변제권이 발생한다. 이때 임차인이 확정일자를

받은 날에 저당권이 설정된 경우, 임차인과 저당권자는 동순위로 안분배당 받는다. 따라서 이 경우 임차인이 배분받지 못한 보증금이 있다면 인수하여야 하므로 주의가 요망된다.

④ 대항력과 확정일자를 갖춘 임차인이 여러 명 있고 이들이 모두 저당권자에 우선하는 경우에는 각 임차인별로 우선변제권을 인정하되, 상호간에는 권리의 순서대로 우열관계를 정한다.

⑤ 확정일자를 갖춘 임차인에 앞서는 선순위가압류권자가 있는 경우, 가압류권자에게 우선권을 주장할 수 없고 평등배분을 받는다. 확정일자부임차권을 물권으로 보아 평등배분하는 우선권을 부여한다.

⑥ 확정일자를 갖춘 후 보증금을 인상한 경우 인상한 보증금에 대하여는 새로 확정일자를 갖춰야 그 때부터 우선변제권이 발생한다.

⑦ 임차권등기명령에 따른 임차권등기나 【민법 621조(임대차의 등기)】에 의한 임대차등기가 경료되면 등기한 때로부터 임차인은 대항력과 우선변제권을 취득한다. 다만 임차권등기 이전에 이미 대항력 또는 우선변제권을 취득한 경우에는 그 대항력 또는 우선변제권이 그대로 유지되며, 임차권등기 이후에는 대항요건을 상실하더라도 이미 취득한 대항력과 우선변제권을 상실하지 아니한다.

③ 최우선변제권

최우선변제권이란 공경매 처분되는 임차인의 보증금 중 일정액을 권리의 순서와 상관없이 최우선적으로 배분 받을 수 있는 특별법상 권리를 의미한다. 다만 주택 및 상가임대차보호법은 매각가격의 1/2 범위 내에서 최우선변제를 인정함으로써 담보물권자를 포함한 여타 채권자를 보호한다.

가. 최우선변제의 요건

① 보증금이 법률에 정한 소정의 금액에 해당할 것
② 공매기입등기 또는 경매개시결정등기 이전에 대항력을 갖출 것
③ 배분요구종기일까지 배분요구를 하고 대항력을 유지할 것

소액임차인도 반드시 배분요구의 종기까지 배분요구를 하여야 배당받을 수 있는 채권자이므로, 공경매절차에서 배분요구를 하지 않고 있다가 후에 배분받은 채권자를 상대로 부당이득반환청구를 하는 것은 허용되지 않는다.

나. 최우선변제 기준금액

주택과 상가의 최우선변제금액의 기준은 법률시행 이래 여러 차례 개정을 반복해 왔다. 본 저에서는 지면관계 상 현행 적용되는 최우선한도에 대하여 살펴보기로 한다.

2018년 1월 26일부터 시행되는 주택과 상가에 공통으로 적용되는 최우선변제 기준표이다.

[주택 및 상가임대차보호법 상 최우선변제금기준]

기준시점	지 역	적용범위	보증금 범위	최우선변제금
2018. 01. 26. ~	서울특별시	6억 1천만 원 이하	6,500만 원 이하	2,200만원
	과밀억제권역*	5억 원 이하	5,500만 원 이하	1,900만원
	부산광역시 (기장군 제외)	5억 원 이하	3,800만 원 이하	1,300만원
	부산광역시 (기장군)	5억 원 이하	3,000만 원 이하	1,000만원
	광역시,** 안산시, 용인시, 김포시, 광주시	3억 9천만 원 이하	3,800만 원 이하	1,300만원
	세종시, 파주시, 화성시	3억 9천만 원 이하	3,000만 원 이하	1,000만원
	그 밖의 지역	2억 7천만 원 이하	3,000만 원 이하	1,000만원

다. 주요내용

ⓐ 소액임차인 기준시점

최우선변제 대상 임차인에 해당되는 기준일자는 등기부등본 상

* 서울을 제외한 수도권과밀억제권역
** 수도권과밀억제권역과 군 지역, 부산광역시 제외

의 선순위 담보물권설정일*을 기준으로 판단하고 담보물권이 없다면 계약 당시의 임대차보호법 상 기준을 적용한다.

ⓑ 최우선변제금 한도

소액임차인의 최우선변제대상금액이 낙찰가의 1/2이 초과되는 경우 그 이상 금액에 대하여는 우선변제하지 않는다. 소액임차인이 여러 명인 경우 배당순서는 각자의 권리발생일과는 무관하게 동순위로 소액보증금을 기준으로 안분배분한다.

ⓒ 보증금의 증감 시 기준

임대차계약기간 동안 임차보증금의 증액이나 감액이 발생하는 경우가 있다. 두 가지 경우 모두 기준은 배분신청시점에 제출하는 임대차계약서를 기준으로 소액임차인에 해당하는가를 따진다.

우선변제금의 경우 확정일자제도가 있어 임대인과 임차인 사이에 계약서를 위조하는 담합의 가능성이 없지만, 최우선변제는 계약 당사자간에 통정의 가능성이 크고 경우에 따라서는 채권자가 배분이의소송을 제기하는 사례도 종종 발생한다.

ⓓ 임차권등기 부동산의 최우선변제권

임차권등기명령에 따른 임차권등기나 민법 621조에 의한 임차권

---

*담보물권은 저당, 근저당권 그리고 담보가등기에 국한한다.
 압류나 가압류는 기준에서 제외한다.

등기가 된 주택이나 상가를 임차한 소액임차인은 소액보증금에 대한 최우선변제권이 없다.

ⓔ 공유지분과 최우선변제권

공유지분이 공경매되는 경우, 공동임대인의 채무는 불가분채무로 보는 것이 통설이므로 소액임차인의 여부는 임차보증금 전액을 기준으로 판단하고, 1인의 공유지분에 대한 매각대금에서도 임차보증금 전액을 배분받을 수 있다.

ⓕ 기타

① 하나의 주택에 2인 이상의 임차인이 가정공동생활을 하는 경우에는 이들을 하나의 임차인으로 보아 임차보증금을 합산하여 소액임차인인지 여부를 판단함으로써 무분별한 소액임차인 남용을 제한하여 채권자를 보호한다.

② 주택의 경우 전대차가 적법하고 전대인(임차인) 자신이 소액임차인인 경우 전차인도 소액임차인으로 보지만, 확정일자부임차인의 경우 전차인은 우선변제권을 인정하지 않는다.

③ 확정일자를 갖춘 임차인이 소액임차인의 지위를 겸하는 경우에는 양 지위를 모두 인정하여 배분을 한다. 즉, 먼저 소액임차인으로서 일정액을 우선 배분하고 그래도 남은 보증금이 있는 경우에는 그 금액부분에 대하여 확정일자를 갖춘 임차인으로서의 순위에 따라 배분을 한다.

④ 소액임차인이 배분금을 수령하기 위해서는 매수자로부터 인감증명서가 포함된 명도확인서를 제출하여야 한다.

TIP 9

소액임차인이 사해행위로 배분에서 배제되는 사례

사회적 약자로서 소액임차인의 보호를 위한 법 취지를 악용하여 부당한 이익을 챙기는 사례가 늘고 있다. 선순위 채권이 과다함에도 불구하고 소유자와 중개업자가 결탁하여 선의 혹은 악의의 소액임차인을 내세워 시장질서를 교란하는 행위에 대하여 대법원이 새로운 지침을 내렸다.

소액임차인이 선의일지라도 사해행위로 보호받지 못하게 되니 주의하여야 한다.

【대법원 2005. 5. 13. 선고 2003다50771 판결】

【판결요지】

[1] 주택임대차보호법 제8조의 소액보증금 최우선변제권은 임차목적 주택에 대하여 <u>저당권에 의하여 담보된 채권, 조세 등에 우선하여 변제받을 수 있는 일종의 법정담보물권을 부여한 것이므로,</u> 채무자가 채무초과상태에서 채무자 소유의 유일한 주택에 대하여 위 법조 소정의 임차권을 설정해 준 행위는 <u>채무초과상태에서의 담보제공행위로서 채무자의 총재산의 감소를 초래하는 행위가 되는 것이고, 따라서 그 임차권설정행위는 사해행위취소의 대상이 된다</u>고 할 것이다.

[2] 주택임대차보호법 제8조의 소액보증금 최우선변제권 보호대상인 임차권을 설정해준 행위가 사해행위인 경우, 채무자의 악의는 추정되는 것이고, 수익자인 임차인의 악의 또한 추정된다고 할 것이나, 다만 위 법조 소정의 요건을 갖춘 임차인에 대하여 선행의 담보권자 등에 우선하여 소액보증금을 회수할 수 있도록 한 입법 취지에 비추어 보면, 위 법조 소정의 임차권을 취득하는 자는 자신의 보증금회수에 대하여 상당한 신뢰를 갖게 되고, 따라서 임대인의 채무초과상태 여부를 비롯하여 자신의 임대차계약이 사해행위가 되는지에 대하여 통상적인 거래행위 때보다는 주의를 덜 기울이게 될 것이므로, 수익자인 임차인의 선의를 판단함에 있어서는 실제로 보증금이 지급되었는지, 그 보증금의 액수는 적정한지, 등기부상 다수의 권리제한관계가 있어서 임대인의 채무초과상태를 의심할 만한 사정이 있었는데도 굳이 임대차계약을 체결할 사정이 있었는지, 임대인과 친인척관계 등 특별한 관계는 없는지 등을 종합적으로 고려하여 논리와 경험칙을 통하여 합리적으로 판단하여야 한다.

4. 배분표 작성

　이제 캠코공매이론의 마지막 파트인 권리분석을 통한 배분연습편이다. 사실 투자자의 입장에서 배분까지 공부하는 것은 심화학습단계로 그야말로 화룡점정畵龍點睛의 마침표를 찍는 것과 같다고 할 수 있다.

　여러 차례 강조했지만 공경매의 성공포인트는 얼마만큼 쉽고 빠르게 적은 비용으로 물건의 점유를 이전받느냐에 달려있다고 해도 과언이 아니다. 이를 위해서 배분표를 작성함으로써 명도의 난이도를 평가해보고 그에 따른 소요기간과 비용을 예측할 수 있다.

　필자의 경험으로도 배분표 작성은 까다롭고 골치 아픈 작업임에 틀림없다. 순위배당, 안분배당 그리고 흡수배당에 이르기까지 여러 가지 배분원칙을 적정하게 대입하여 고차원적인 수학문제를 풀어가는 것과 같은 절차를 거치기 때문에 생각처럼 쉽지만은 않다.

　하지만 실제로 배분표를 작성해보아야 하는 건이 생각보다 많지는 않다. 입찰을 결심하고 최선을 다해서 임장활동을 하였고 권리분석을 통해서 물건에 확신을 갖게 되었다면, 배분표 작성을 통해 마지막 분석의 마침표를 찍는 것이 공경매투자의 순서라 할 것이다.

　배분의 기본원리를 살펴보고 가장 대표적인 배분표 작성사례 4가지를 공부해보자.

1) 배분의 3원칙

(1) 순위배분

가장 기본적인 배분방법으로 각 권리 간에 민법·상법, 그 밖의 법률에 정하여진 우선순위에 따라 배분한다.

(2) 안분배분(=평등배분)

주택의 소액보증금과 최종 3개월분 임금 또는 최종 3년간의 퇴직금 및 재해보상금과 같이 각 채권자들의 배분순위가 동순위이거나, 선순위가압류와 확정일자부임차인의 사례처럼 선후를 구별할 수 없는 경우에는 각 채권자들의 채권액에 따라 안분하여 배분한다.

(3) 흡수배분(=안분 후 흡수배분)

배분 받을 채권자들 사이에 배분순위가 고정되지 아니하여 채권자들 사이의 선후관계가 상대에 따라 변동되거나 모순이 되는 경우가 생길 수 있다. 이 때는 1차로 각 채권자의 채권액에 비례하여 안분을 하고, 각각 자신의 채권액 중 1단계에서 안분받지 못한 부족금액을 충족할 때까지 자신보다 순위가 뒤지는 채권자의 안분액으로부터 흡수하여 배분하여야 하는 배분원칙을 의미한다. 판례로 확립된 배분원칙으로 실무에 적용되고 있는 방법이다.

흡수배분에는 몇 가지 주의할 점이 있다.

> ① 채권자가 다수인 경우에는 선순위 채권자부터 먼저 흡수하고
> ② 흡수당하는 채권자가 다수인 경우에는 최하위 순위자로부터 순서대로 흡수하며
> ③ 흡수당하는 채권자들이 동순위인 경우에는 안분하여 흡수한다.

예제를 통하여 설명하면 쉽게 이해하는 데 도움이 된다.

2) 배분연습

앞에서 설명한 배분원칙에 조세채권의 법정기일과 저당권 및 임차권 등의 권리순서를 적용하여 배분표를 작성해볼 수 있다. 가장 대표적인 사례를 통하여 현장에서 바로 적용할 수 있는 배분연습문제를 엄선하였다.

(1) 배분 3원칙에 따른 기초연습문제

[Q1] 매각대금 1억 원 일 경우, 다음을 배분하시오.

① 가압류 2017. 03. 01 K은행, 6천만 원
② 근저당 2017. 05. 01 B상사, 3천만 원
③ 가압류 2017. 07. 01 S은행, 3천만 원

채권인 가압류와 물권인 근저당이 섞여있는 사례로, 안분 & 흡수배분의 방법으로 배분표를 작성하여야 하는 문제이다.

① 안분배분

채권인 가압류가 물권보다 앞서므로 1차로 안분한다.

① K은행: 가압류 = 배분금 × (채권액 ÷ 전체 채권)
= 1억 × (6천 ÷ 1.2억) = 5,000만 원
② B상사: 근저당 = 배분금 × (채권액 ÷ 전체 채권)
= 1억 × (3천 ÷ 1.2억) = 2,500만 원
③ S은행: 가압류 = 배분금 × (채권액 ÷ 전체 채권)
= 1억 × (3천 ÷ 1.2억) = 2,500만 원

② 흡수배분

물권우선의 원칙에 의하여 B상사의 근저당이 후순위인 S은행의 가압류배당금으로부터 자신의 부족한 채권액 500만 원을 흡수한다.

따라서 최종배분 결과는,

① K은행: 5,000만 원
② B상사: 2,500 + 500 =3,000만 원
③ S은행: 2,500 - 500 =2,000만 원

으로 배분이 종결된다.

[Q2] 서울 소재 상가건물로 매각대금 1억 원일 경우, 다음을 배분하시오.

① 임차인 홍길동 보증금 5천만 원, 월세 50만 원
　사업자등록 2017. 03. 01, 확정일자 2017. 05. 01
② 가압류 2017. 04. 01 K은행, 4천만 원
③ 근저당 2017. 05. 01 B상사, 4천만 원
④ 가압류 2017. 06. 01 S은행, 3천만 원

선순위 임차인이 포함된 문제이다. 말소기준권리가 가압류이므로 역시 안분 & 흡수배분 방법으로 배분표를 작성하여야 한다.

① 1차 안분배분

임차인의 환산보증금은 1억 원으로 최우선변제대상이 아니다.

또한 사업자등록은 선순위이지만 확정일자가 늦어 배분요구를 하였음에도 우선변제권이 없음에 유의하여 배분표를 작성한다.

채권인 K은행의 가압류가 물권보다 앞서므로 1차로 안분한다.

　　　① 홍길동: 임차인 = 배분금 × (채권액 ÷ 전체 채권)
　　　　　　　　　　= 1억 × (5천 ÷ 1.6억) = 3,125만 원
　　　② K은행: 가압류 = 배분금 × (채권액 ÷ 전체 채권)
　　　　　　　　　　= 1억 × (4천 ÷ 1.6억) = 2,500만 원
　　　③ B상사: 근저당 = 배분금 × (채권액 ÷ 전체 채권)
　　　　　　　　　　= 1억 × (4천 ÷ 1.6억) = 2,500만 원

④ S은행: 가압류 = 배분금 × (채권액 ÷ 전체 채권)
= 1억 × (3천 ÷ 1.6억) = 1,875만 원

② 2차 흡수배분

홍길동의 확정일자와 B상사의 근저당설정일이 동일자이므로 흡수순위 역시 동순위이다. 1차 안분 후 권리순서가 빠른 임차인과 B상사가 S은행의 가압류배당금으로부터 자신의 부족한 채권액을 안분하여 흡수한다. 홍길동과 B상사가 배분받지 못한 채권총액은 3,375만 원(= 1,875 + 1,500)이고 흡수배분대상금액은 S은행의 배분금 1,875만 원이다.

따라서 흡수배분 결과는 아래와 같다.

① 홍길동: 흡수배분대상금 × (채권액 ÷ 전체 채권)
= 1,875 × (1,875 ÷ 3,375) = 1,042만 원
② B상사: 흡수배분대상금 × (채권액 ÷ 전체 채권)
= 1,875 × (1,500 ÷ 3,375) = 833만 원

③ 3차 최종결과

안분과 흡수배분을 거쳐 최종배분표를 작성하면 아래와 같다.

① 홍길동: 3,125 + 1,042 = 4,167만 원,
부족분 833만 원은 매수인이 인수한다.
② K은행: 2,500만 원

③ B상사: 2,500 + 833 = 3,333만 원

④ S은행: 전액 흡수되어 배분액 0으로 종결

본 사례로 보면 선순위 임차인이 얼마를 배분받는지, 낙찰받았을 경우 얼마를 인수하는지 정확한 계산이 나온다. 적정한 입찰금액을 산정하여 경쟁력을 높이고 명도의 난이도를 따져보기 위해서 선순위 임차인이 있거나, 후순위라도 임차인이 어느 정도의 배분금을 수령하는지 계산해 보는 것이 얼마나 중요한 작업인지 설명이 되지 않는가?

(2) 조세채권을 포함하는 연습문제

[Q1] 매각대금 1억 원일 경우, 다음을 배당하시오.

① 근저당권 2017. 09. 05 K은행 1억 원

② 압류 2017. 12. 25 서초세무서 2천만 원 (법정기일 2017. 07. 25)

④ 교부청구, 종로구청 당해세 2백만 원

가장 기초적인 법정기일 문제이다.

등기부등본에 등재된 서초세무서의 압류일은 2017. 12. 25이지만 이 조세채권의 법정기일은 근저당보다 앞선 2017. 07. 25이므로 우선배분 대상이다. 교부청구한 당해세는 심지어 등기부상에 압류로 등재조차 되어 있지 않지만 당해세 우선의 원칙에 의하여 역시 우선배분 대상이다.

배분표를 작성하면 아래와 같다.

　　① 1순위 종로구청 당해세 200만 원
　　② 2순위 서초세무서 법정기일 조세채권 2,000만 원
　　③ 3순위 근저당채권 7,800만 원으로 종결

K은행은 등기부상에 1순위를 차지하고도 조세채권의 우선순위에 밀려 손실을 보게 되었다.

[Q2] 서울 소재 주택으로 매각대금 1억 원일 경우, 다음을 배당하시오.

① 근저당 2017. 03. 01 B상사, 4천만 원
② 임차인 전입 2017. 04. 01 홍길동, 5천만 원(확정일자 2017. 05. 01)
③ 가압류 2017. 04. 01 K은행, 4천만 원
④ 교부청구, 종로세무서 1천만 원(법정기일 2017. 03. 25)
⑤ 압류 2017. 07. 01 서초세무서, 3천만 원(법정기일 2017. 04. 25)

가장 흔하게 나타나는 배분케이스의 하나로, 저당권 설정된 주택에 임차인이 입주하였다가 매각되는 상황이다. 임차인이 후순위라서 인수의 문제는 발생하지 않지만 보증금을 얼마나 배분받는지 확인해 보는 것은 명도의 난이도 평가를 위해 필요한 절차라고 할 수 있다.

① 1차 순위 및 안분배분

말소기준권리가 근저당권으로써 임차인이 최우선변제 대상인지 검토하고, 각 채권자들의 우선순위를 따져 배분표를 작성한다.

> 1 홍길동: 근저당설정일인 2017. 03. 01의 소액임차인 대상기준인 보증금 1억 원 이하, 3,400만 원 최우선변제 대상이므로 3,400만 원을 최우선배분
> 2 B상사: 선순위 근저당권에 기하여 4,000만 원 전액 배분
> 3 종로세무서: 법정기일이 2017. 03. 25로 빨라서 1,000만 원 전액 배분
> 4 홍길동과 K은행, 그리고 서초세무서는 매각대금 1억 원에서 기 배분한 금액(1억 - 홍길동 3,400 - B상사 4,000 - 종로세무서 1,000)을 뺀 잔여액 1,600만 원을 가지고 남은 전체채권(홍길동 1,600 + K은행 4,000 + 서초세무서 3,000) 대비 각자의 채권액으로 안분배분한다.
>   - 홍길동: 배분잔액 × (채권액 ÷ 전체 채권)
>   = 1.6천 × (1.4천 ÷ 8.4천) = 267만 원
>   - K은행: 배분잔액 × (채권액 ÷ 전체 채권)
>   = 1.6천 × (4천 ÷ 8.4천) = 762만 원
>   - 서초세무서: 배분잔액 × (채권액 ÷ 전체 채권)
>   = 1.6천 × (3천 ÷ 8.4천) = 571만 원

임차인 홍길동은 자신의 임차보증금 5천만 원 중에서 최우선변제금(3,400만 원)과 안분배분금(267만 원)을 뺀 1,333만 원을 떼이게 되어 이사

비를 둘러싼 약간의 명도 신경전이 예상된다.

② 2차 흡수배분

가. 압류선착주의에 의한 흡수

앞서 설명한 조세채권의 특징 중에 압류선착주의가 해당되는 부분이 있다. 매수자의 입장에서 고려대상은 아니지만 캠코공매를 이해하기 위하여 공부해보자.

본 사례에서 종로세무서 법정기일은 서초세무서보다 빠르지만 교부청구 하였기에 압류선착주의 원칙에 의하여 자신의 배분금을 흡수당하게 된다. 이는 적극적인 조세채권 확보의지를 가지고 체납자의 재산에 선제적 조치를 취한 국가 등에게 우선권을 부여하기 위한 제도적 장치라고 앞에서 설명한바 있다.

> ① 서초세무서: 571만 원 + 1,000만 원 = 1,571만 원
> ② 종로세무서: 1,000만 원 - 1,000만 원 = 0원

압류선착주의원칙에 따라 종로세무서는 자신의 채권을 전액 흡수당한다.

나. 조세채권우선의 원칙에 의한 흡수

법정기일이 2017. 04. 25인 서초세무서의 조세채권은 비록 후순위이지만 일반채권인 K은행의 가압류채권 배분금에서 자신의 부족액을

흡수하게 된다.

    ① 서초세무서: 1,571만 원 + 762만 원 = 2,333만 원
    ② K은행: 762만원 - 762만 원 = 0원

③ 3차 최종결과

이상의 배분을 거쳐 최종배분 결과는 아래와 같다.

    ① 홍길동: 3,667만 원을 배분받고 부족액 1,333만 원은 떼이게 된다.
    ② B상사: 4,000만 원 전액 배분
    ③ 서초세무서: 571만 원 + 1,000만 원 + 762만 원 = 2,333만 원

본 사례에서 후순위임차인인 홍길동이 배분으로 얼마를 수령하는지와 떼이는 금액은 얼마인지 정확한 금액을 계산할 수 있다. 또한 임차인이 배분금을 수령하기 위해서는 매수인이 명도확인서를 발급해 주어야 함으로써 명도협상에서 유리한 점과 불리한 점이 공존한다는 사실도 확인할 수 있다. 이런 이유로 배분표 작성을 통해서 임차인을 포함한 채권자들의 배분금액을 개략적으로나마 계산해보는 것은 그 나름대로 충분한 가치가 있는 작업인 것이다.

(3) 배분표 작성의 시사점

몇 가지 배분연습문제를 통해 배분표를 작성해보았다.

사실 입찰하고자 하는 물건의 배분표를 정밀하게 작성해 본다는 것은 쉽지 않은 일이다. 왜냐하면 부동산상의 채권자들이 배분요구일 현재 얼마의 채권을 가지고 있는지, 더 정확하게는 매각대금 납부 후 배분표작성일 직전에 최종 청구한 채권액이 얼마인지 입찰참여자가 알 수 있는 방법은 현실적으로 없기 때문이다.

하지만 그럼에도 불구하고, 입찰하고자 하는 물건의 가상배분표 작성은 그 나름의 의미가 충분히 있다. 특히나 선순위 임차인이 존재하거나 후순위 임차인이라 하더라도 권리의 순서가 빨라서 일부라도 배분금을 수령할 가능성이 있을 것으로 판단되면 주어진 정보를 최대한 활용하여 배분표를 작성해볼 필요가 있다.

캠코공매의 경우 압류재산명세서를 보면 각 채권자의 표시와 함께 [법정기일], [배분요구채권액]과 [배분요구일자가 명시되어 있어 부분적이나마 계산이 가능하고, 별도의 표시가 없는 근저당권이나 가압류채권은 설정일자를 감안하여 채권액을 적절하게 보정하여 계산해볼 수 있다.

배분표 작성의 장점이 하나 더 있다. 주어진 자료를 가지고 퍼즐을 맞추어 가듯 배분표를 작성하다 보면 그 물건의 입찰에서 반드시 알아야 할 중요한 포인트를 찾을 수 있게 된다. 자신이 답을 찾기 어렵거나 미심쩍은 부분이 있다면 캠코 담당자에게 문의할 수 있다. 모의배분표를 작성하다 보면 이 경우 어떤 내용을 질문해야 하는지, 입찰을 위해 반드시 알아야 할 것이 무엇인지가 명확해 진다. 즉, 문제의 핵심을 파악할 수 있다는 점이다. 담당자와의 통화에서도 문제의 답이 나오지 않으면 함부로 입찰에 참여하지 말아야 함은 물론이다.

어쨌든 모의배분표 작성이라는 절차는 낙찰에 이르는 또 하나의 추가 관문을 거치는 것이므로 의미 있는 작업이라 할 수 있으며 고수의 경지로 들어서기 위해서 반드시 거쳐야 할 통과의례라 할 수 있다.

Essay 1

아카풀코*의 어부漁夫

  며칠 전 큰 M&A 계약을 성공적으로 끝낸 나는 아카풀코 최고급 호텔의 식당에서 느긋하게 식사를 하면서 태평양으로 저무는 낙조를 바라보고 있다.

  20대 젊은 나이에 제련소 인부로 시작해서 지금은 미국 내에서 다섯 손가락 안에 드는 큰 철강회사의 회장이 되기까지 힘든 인생역정이 굵게 패인 주름에 묻어난다.

  커피 한 잔에 과거의 기억이 주마등처럼 뇌리를 스칠 즈음, 오후에 선착장에서 만난 까를로스와의 약속을 떠올리며 호텔을 나선다.

  까를로스는 아카풀코 토박이로 조상 대대로 고기를 잡아 생계를 잇는 어부다.

  할아버지와 아버지가 물려주신 작은 배로 고향의 황금어장을 지키며 조상들이 그래온 것처럼 아들, 손자와 함께 어부로 산다.

  어시장 앞의 선술집에는 초저녁인데도 왁자지껄한 음악과 소음으로 떠들썩하다. 그들 특유의 낙천적 기질에 맛있는 음식과 술이 어우러져 식당 안은 열기가 후끈했고 무대 위 악사들은 멕시칸 전

---

* 태평양에 접한 아카풀코는 멕시코 최고의 휴양지 중 하나이다. 긴 해안선과 해안절벽이 눈부신 곳으로 세계인의 사랑을 받고 있다.

통음악으로 흥을 돋우고 있다.

　나와 까를로스는 60대 중반의 비슷한 나이다. 거친 일을 해온 뱃사람인 까를로스가 나이는 더 들어 보여도 근육질의 팔뚝과 어깨, 남성미 넘치는 몸매만큼은 젊은이 저리 가라 할 정도다.

　"이보게, 까를로스! 그 나이에 아직도 고깃배를 타다니 힘들지 않나?"

　"물론 힘은 들지. 하지만 이 일은 代를 이어 해온 가업이네. 바다에 나가는 것은 언제나 흥미진진할 뿐 아니라 우리 가족의 생계까지 해결해 준다네."

　"물고기는 많이 잡히나?"

　"이곳은 한류와 난류가 교차하는 곳이라 그야말로 황금어장이네. 그물만 던지면 물고기가 끝없이 걸려 나오지."

　데낄라 잔을 부딪치며 우리는 대화를 이어갔다.

　"까를로스, 내가 좋은 사업을 하나 제안하지. 한 번 들어보겠나?"

　그는 사람 좋아 보이는 큰 눈을 껌뻑이며 관심을 보인다.

　"우선 지금 가진 배를 팔고 은행대출을 받아서 더 큰 배를 사게나. 물론 그물도 더 큰 것으로 바꾸고."

　"흠~ 그리고 나서는?"

　"그렇게 하면 자네는 지금보다 훨씬 더 많은 고기를 잡게 될 거야. 돈이 쏟아져 들어올 테니 다음에는 배를 두 척, 세 척으로 늘려가게나."

"오호, 그런 다음엔?"

까를로스는 관심이 있다는 듯 내 앞으로 의자를 당겨 앉는다.

"어획량이 늘어나게 되면 이번에는 통조림 공장을 세우게나. 생선은 유통기간이 짧으니 오래도록 보관이 어렵지. 가공식품을 만들면 전 세계로 수출을 할 수 있어 더 큰 돈을 벌 수 있지."

"그럴 수도 있겠군. 그런 다음에는 무엇을 하면 되지?"

"그렇게 되면 자네는 엄청난 돈을 벌 수 있게 되고, 아카풀코 해변이 한 눈에 내려다보이는 최고급 호텔의 스위트룸과 멋진 레스토랑에서 여유롭게 데낄라를 즐길 수 있게 될 걸세."

원샷으로 데낄라를 한 잔 들이킨 까를로스가 호탕하게 웃는다.

"하하하~~ 이보게 친구!! 나는 이미 40년 전부터 이 아름다운 해변에서 멋진 낙조를 즐기면서 친구들과 데낄라를 마시고 있다네. 내가 왜 신경 쓰이게 남에게 돈을 빌려 배를 사고 공장을 짓는 일을 해야 하지?"

순간 나는 말을 잊었다.

그 오랜 시간을 힘들게 돌고 돌아 이 해변의 노을을 즐기고 있는 나 자신이 왠지 애처롭다는 생각이 들었기 때문이다.

KAN
KAN
KAN

PART 2
실전 공매 사례

「구슬이 서 말이라도 꿰어야 보배」라는 우리 속담이 있다. 아무리 좋은 자원이나 재능이 있어도 쓸모 있게 다듬어 가치 있는 결과물을 만들어 내야 최고라는 의미이다. 그런 의미에서 PART 1에서 공부한 이론을 바탕으로 실전에서 사용할 수 있는 기술을 얻는 방법으로 실전 사례를 엮었다. 누구나 시행착오를 겪으면서 성장한다. 실패가 두려워서 그 어떤 행동도 하지 않으면 적어도 잃지는 않겠지만 얻는 것 역시 없다.

  대개의 공경매투자자들은 대박의 큰 꿈을 꾸면서 이 시장에 들어온다. 그러나 이곳은 누구나 생각하는 그런 쉬운 시장이 아니다. 진입장벽이 낮아 누구나 쉽게 참여하지만 모두가 성공하지는 못한다. 필자가 생각하기에는 계속된 성공투자의 경험이 없기 때문이다. 운 좋게 한두 번은 수익을 냈지만 이후 후속타의 경험을 쌓지 못한 것이 그 이유이다. 물론 더 좋은 직업, 더 큰 수익이 나는 일을 찾아 떠났다면 박수 받겠지만 단순히 투자실패의 아픔을 간직한 채

떠났다면 참으로 안타까운 일이 아닐 수 없다.

  요즘 길을 지나다 보면 간판을 교체하고 내부 인테리어를 새로 하는 자영업 상가를 많이 본다. 창업 후 5년 이내 폐업률이 80%에 이른다는 뉴스가 전혀 이상하지 않을 정도로 우리 주변에서 너무 흔하게 일어나는 일이다. 필자 역시도 공매로 매수한 동두천의 상가에서 동생과 같이 PC방을 냈다가 정확히 15개월 만에 두 손 들고 폐업했던 쓰라린 경험이 있다. 내 상가에 임대료 없이 장사하는데 망하기야 하겠나 하는 안일한 생각으로 프랜차이즈 PC방을 창업했으나 잘못된 시장조사와 장사 경험 미숙으로 돈 버리고 몸 버리는 우를 범하고 만 것이다. 동두천 상가는 필자의 전작에 낙찰사례*로 소개하였는데 법정지상권 성립 여지가 있는 건물만을 선매수하고 후에 토지지분을 인수한 투자성공사례였다. 그러나 예기치 않은 공실이 1년 이상 계속되자 창업이라는 무리수를 두었다가 사고 친 케이스였다.

  하지만 이 책을 손에 쥔 독자라면 위험천만한 폐업률 80%에 도전하지 마시고 천하의 블루오션인 캠코공매시장에서 평생직업을 찾기를 진심으로 바란다.

  직장은 늘 매여 있어야 한다. 1년 365일 매일같이 단조로운 일상의 반복이며 상하, 좌우 눈치 보거나 신경 써야 할 것이 한두 가지

---

* 졸저 P.179, 경기도 동두천의 대지권미등기상가 낙찰사례.

가 아니다. 그나마도 정년까지 일한다면 그 정도의 피곤함쯤은 감사하겠지만 철밥통 직장이 아닌 한 언감생심焉敢生心이다. 아니 철밥통이라 하더라도 60세 전후면 퇴직이니 긴 인생에서 그 이후도 걱정이 아닐 수 없다.

돌이켜 보면 사회에 첫 발을 내딛은 이래 10년의 정규직과 5년의 비정규직을 오가며 마음 편하게 직장생활을 했던 기억은 아무런 걱정 없던 미혼의 신입사원 시절 한 5년 정도가 아니었나 생각된다. 그러나 이 직업은 그렇지 않다. 일하고 싶을 때 원하는 장소에서 일하고, 쉬고 싶을 때 쉬며, 남 신경 안 쓰고 자유롭게 살 수 있다. 사업이 일정한 궤도에 오르기만 하면 그야말로 은퇴해도 된다. 매월 임대료라는 월급이 나오도록 투자설계를 해 놓으면 더 이상 세상의 신경 쓰이는 일과는 결별해도 되니까 말이다.

이 책에서는 필자가 몸소 체험한 다양한 장르의 캠코공매 투자 성공사례를 가감 없이 소개하고 성공투자를 위해 반드시 알아야 하는 주요 포인트를 콕 집어 제시한다. 그간 캠코압류재산의 공매에 관심이 없었거나, 관심은 있지만 쉽게 다가가지 못하던 독자께 눈높이에 맞춘 재미난 사례와 쉬운 해설로 다가가고자 한다. 필자가 PART 1에서 설명해 드린 이론적 토대 위에 실전경험사례로 탑을 쌓는다면 절대 허물어지지 않는 이론과 실전의 돌탑이 될 것이다.

이번 PART에서는 필자의 투자사례 중에서 공경매투자의 핫이슈인 유치권과 공유지분투자, 그리고 월세 받는 상가투자를 중심으로 먼저 법률적 기초를 알아보고 실전사례를 살펴보고자 한다. 유치권과 공유지분 파트의 이론 부분은 책속의 책이라 할 정도로 민법과 민사소송법, 민사집행법 등 제반법률을 살피고 주요 판례를 섭렵하였다. 이 책을 가까이에 두고 관련 투자에 참고하면 많은 도움이 될 것이다. 본 저書가 공매파트를 주로 다루고 있지만, 그 법률적 기초는 경매로부터 출발한다. 따라서 모든 법률적 해석과 실전사례에 공매와 경매의 경계구분이 따로 없도록 보편적 기준을 가지고 서술하였으므로 경매투자자의 입장에서도 좋은 참고서가 될 수 있다.

첫 번째는 유치권留置權 투자이다. 경험상 유치권이 설정된 물건은 가장 성공적인 투자이익을 안겨준 최고의 투자처였고 앞으로도 그럴 것이다. 왜냐하면 아직도 공경매시장에는 유치권에 거부반응을 일으키는 초심자들이 거의 대부분이고 몇 되지 않는 고수들만이 참여하는 그들만의 리그이기 때문이다. 하지만 이 책을 접하는 여러분께서는 절대로 부정적인 생각을 버리고 적극적인 마인드로 당당히 입찰에 참여하시기 바란다.

이 장에서는 유치권에 대한 충분한 법률지식과 판례를 알아보고 이를 토대로 허위, 가장유치권을 감별하는 방법을 소개한다. 그리고 가장유치권을 깨기 위한 절차로써 점유이전금지가처분과 명도소송의 방법 역시 자세히 소개한다. 이 책에서 공개하는 방식대로 접근하면 가장유치권을 깨고 엄청난 수익률의 주인공이 될 수 있다.

두 번째로는 지분持分 투자물건에 대한 이야기이다. 공매의 특성

상 지분물건이 엄청나게 쏟아지는데 이는 경매시장과의 특별한 차이점이라 할 수 있다. 경매의 경우 경제주체들 사이의 채권채무관계에 기초한 경제활동의 결과로 진행되지만, 공매는 국가와 지방자치단체 등의 세금징수업무의 결과로 진행되는 출발선의 차이에 기인한다.

다시 말해 대부분의 경매물건은 경제적 가치가 있는 부동산에 물권 또는 채권을 설정함으로써 출발하지만, 공매 처분은 국가의 행정전산망을 통하여 체납자 소유의 모든 부동산을 찾아내어 집행하는 공권력 집행의 일환이므로 경제적 가치가 적은 물건들이 많이 출회되는 차이점이 있다. 그러다보니 건물을 포함하여 전, 답, 임야는 물론 도로, 구거, 유지 등 지목을 가리지 않고 모든 종류의 자투리 지분이 넘쳐난다. 심지어는 체납자 본인도 모르는 부동산이 캠코공매에 부쳐지는 웃지 못할 경우가 생기기도 한다. 상가건물 99.98% 지분물건의 낙찰사례와 공매와 경매로 각각 50%씩 취득한 재미있지만 한편으로는 안타까운 두 가지 사례를 통하여 지분물건 투자의 진수를 소개한다.

세 번째로는 수익성 상가물건에 대한 투자이다. 우스갯소리로 '조물주 위에 건물주'라는 말이 있다. 건물주라고 해서 처음부터 거창한 규모의 빌딩이나 근린상가, 또는 근린주택과 같은 크고 값비싼 물건일 필요는 없다. 근린상가의 구분소유 한 개 호수라도 입지와 교통이 좋고 상권이 잘 형성된 곳에 위치한다면 오래도록 알토란같은 임차료를 받을 수 있고 상가의 가격이 올라 자본이득도 함께 얻을 수 있다.

경제적 자유를 얻으려면 남들보다 조금 더 노력하고 한 발 앞서 나가야 한다. 그러기 위해서는 수입원을 다변화할 필요가 있다. 평균수명은 계속 늘어나고 노후자금 수요가 커진다고 보면 조금이라도 젊을 때 준비해야 하는데, 이를 위해서 부동산 임대소득은 좋은 수입경로가 될 수 있다. 지금 당장이 아니라도 3년, 5년 후를 목표로 종잣돈을 모으고 투자처를 모색하는 노력을 게을리하면 안 된다. 그런 차원에서 다년간의 투자경험을 통해 체득한 좋은 상권 고르는 법과 임차인 등 점유자의 명도 및 협상방법 등을 책의 곳곳에 제시하여 지루하지 않게 이론과 실무의 교량 역할을 하도록 설명하였다. 그 외 기타사례로는 스포츠회원권과 콘도회원권 투자사례를 소개한다.

이 책에 소개하는 필자의 투자방식이 모두 정답은 아니다. 답이 정해져 있는 수학문제가 아니기 때문이다. 하지만 각각의 케이스별로 접근방식에 포인트를 두고 음미해보기 바란다. 누구나 인생을 살면서 크고 작은 문제에 부딪히는데 적극적으로 문제에 맞서 해결할 것인지 어렵고 귀찮다고 덮어 버릴 것인지는 전적으로 당신의 선택이다. 이 길에 뛰어들었다면 내 앞에 주어진 고난이도 문제에 맞서 용기 있게 도전하는 자만이 큰 열매를 따게 될 것이다.

자, 이제 이 책을 펼치고 있다는 사실만으로 여러분도 성공의 대열에 충분히 한 자리 차지할 자격이 있다. 행동하는 자만이 성취할 수 있고 「용기 있는 자만이 미인美人을 차지할 자격이 있다」는 사실을 기억하시라.

유치권의 법적 성격과 투자 사례

　공경매에 있어 유치권은 법정지상권과 쌍벽을 이루는 대표적 하자권리이다. 유치권은 물권이지만 등기나 등록이 필요하지 않은 권리로써 일정한 요건만 갖추면 법률상 당연히 성립하는 법정담보물건이다. 압류의 효력이 발생하는 공매개시결정등기(경매의 경우 경매개시결정등기)가 경료되기 전에 점유를 개시한 유치권자는 매수인에게 대항력을 갖는다. 이 경우 유치권자는 공매매각절차에서 자신의 채권을 주장할 수도 있지만, 공시의 의무가 없기 때문에 유치권의 성립요건만 갖추면 매각절차가 종료된 이후에 매수자에게 주장하여도 대항력을 인정받을 수 있다.

　하지만 실무에서 경험해본 바로는 대부분의 경우 유치권자가 그 사실을 권리신고하거나 해당 부동산에 유치권존재사실을 공시하는 것이 일반적이어서 매각 이후에 유치권의 존재를 알게 되는 경우는 거의 없었다. 왜냐하면 유치권의 90% 이상이 허위 또는 가장유치권이기에 고의적으로 낙찰가를 떨어뜨려 저가매수의 기회로 악용하거나, 최대한 매각기일을 늦춰 경제적 이득을 보려고 하기 때문이다. 따라서 이들 소유자나 점유자 등은 권리신고나 시건장치, 현수막 설치와 같은 나름의 공시를 게을리할 이유가 전혀 없으며, 심지어 아파트 현관문에 용접을 해 놓은 경우도 있었다.

이것은 유치권 신고와 관련하여 현행 제도와 법률이 그 진위여부에 대한 책임소재를 별도로 규정하고 있지 않아서 생기는 부작용에 다름 아니다. 특히나 가장 공정하고 정의로워야 할 법원과 판사가 집행하는 경매절차에 있어 유치권에 대한 어떠한 검증이나 조사도 하지 않는 것은 아이러니가 아닐 수 없다. 하물며 사후에 허위, 가장유치권으로 밝혀졌을 경우라도 당사자 사이의 문제로 간주하여 아무런 책임을 묻지 않는 것이 현실이다. 이러한 현실은 곧 현행 제도가 허위, 가장유치권을 양산하는 데 일조하는 방관자적 위치에 있음을 대변한다.

다시 말하자면 미비한 법과 제도가 허위유치권을 조장*하여 저

---

* 유치권 개선방안 [경매야 놀자 P.245, 강은현 저, 2009, 매일경제신문사]
경매분야의 이론가인 강은현씨는 유치권을 배당대상권리에 포함시켜 진정한 권리자만을 보호하자는 주장을 편다. 유치권권리신고서를 필수서류로 법원열람서류에 비치하여 입찰자에게 공개하도록 강제하여 투명한 정보공개를 주장한다. 현재의 무분별한 유치권신청제도에 일정부분 제한을 가하여 허위유치권을 걸러내자는 제안으로 일면 설득력이 있다. 그러나 유치권에서 기회를 찾으려는 전문가의 입장에서 보면 시각이 조금 다를 수도 있겠다.

가낙찰에 따른 채권자의 채권회수에 손실을 발생시키고 불필요한 법적 분쟁을 방임하는 측면이 발생한다. 이런 이유로 등기·등록이나 공시의 의무가 없는 법률상 권리라는 특징 때문에 유치권이 법정지상권과 더불어 특수권리로 양대 산맥을 이루는 이유인 것이다. 따라서 공매입찰참가자는 캠코가 제공하는 공매재산명세서와 감정평가서를 면밀하게 검토하고, 임장활동을 통하여 만에 하나 발생할지 모르는 유치권의 존부를 신중하게 검토하여야 한다.

그러나 동전에도 양면이 있듯이 바꿔 생각하면 이러한 하자물건이 투자자들에겐 곧 대박의 지름길이 된다. 법과 제도가 미비하다고 탓하고만 있을 것인가, 아니면 적극적으로 허위사실을 밝혀서 큰 수익을 얻을 것인가는 전적으로 당신의 몫이다. 가장유치권을 판별해내는 권리분석능력을 키우고 그 하자를 제거하고 나면 그야말로 알토란같은 달콤한 수익이 기다리고 있기 때문이다.

이 장에서 두 번째 사례로 소개하는 대구 범어동상가를 통해서 유치권의 존재가 낙찰가에 미치는 영향을 극명하게 확인해볼 수 있다. 두 달의 시차를 두고 낙찰된 같은 면적의 연접한 상가인데 유치권이 설정되었다는 이유로 낙찰가격이 2억 6,800만 원이나 차이가 났다. 많은 공경매투자자가 유치권 신청물건을 패스시킬 때 고수들은 저가매수를 통해 유치권을 무력화시키고 엄청난 대박을 터뜨리고 있는 것이다.

이 장에서는 먼저 유치권의 법률적 성격을 살펴보고 유치권을 타파하기 위한 실무상의 쟁점을 중심으로 실전에서 바로 사용할 수 있는 핵심사항에 대하여 설명할 것이다. 그런 후에 실전공매낙찰사례를 통하여 법적 조치와 협상 등의 방법으로 유치권을 타파하는 방법에 대하여 설명하고자 한다.

1. 유치권의 법률상 성격

1) 유치권留置權이란

　유치권이란 타인의 물건이나 유가증권을 점유하는 자가 그 물건 또는 유가증권에 관하여 생긴 채권의 변제를 받을 때까지 그 목적물을 유치하여 채무자의 변제를 간접적으로 강제하는 법정담보물건을 말한다.

　우리 민법은 유치권에 대하여 제2편「물권」의 제7장「유치권」에서 제320조(유치권의 내용)부터 제328조(점유상실과 유치권소멸)까지 9개의 조항으로 규정하고 있다.

　유치권은 계약에 의하여 발생하는 권리가 아닌 일정한 법률적 요건을 갖추면 당연히 발생하는 법정담보물권이며 법률상 배타적 권리로써 인정된다. 물권편에 나오는 제한물권은 용익물권用益物權인 지상권, 지역권, 전세권과 담보물권擔保物權인 유치권, 저당권, 질권으로 나뉜다.

　대개의 권리가 물권적 합의인 계약과 공시의 방법인 등기, 등록을 통하여 성립하지만 유치권은 등기, 등록이 아닌 점유의 방법으로써 공시가 인정되는 물권이다. 부동산에 대한 권리에 등기의 방법 대신 점유만으로 물권을 인정하다 보니 쟁점에 대하여 소송의 방법으로 문제를 해결해야 하는 단점이 있어 아무나 쉽게 접근하지 못하는 것이다. 이것이 바로 유치권만의 특별한 법률적 성격이다.

2) 유치권의 성립요건

유치권은 당사자 사이의 약정에 의하여 발생하는 권리가 아니므로 법률은 유치권의 성립을 엄격하게 제한하고 있다. 여기서 설명하는 성립요건에 부합하지 않으면 유치권을 인정하지 않으므로 그 허점을 파고들어야만 유치권을 깰 수 있다.

유치권은 아래 4가지 조건을 모두 갖출 때 성립한다.

① 채권이 유치목적물에 관하여 발생할 것
② 피담보채권이 존재하고 변제기가 도래할 것
③ 타인의 물건 또는 유가증권을 점유할 것
④ 당사자 사이에 유치권배제특약이 없을 것

위 요건에 대하여 하나하나 법률과 판례가 인정하거나 부인하는 사례를 중심으로 풀어가보자.

3) 유치권의 피담보채권과 변제기

본격적으로 유치권을 설명하기에 앞서 필요비와 유익비에 대한 설명부터 시작해 보기로 하자. 상가의 임차인이 임차목적물에 필요비와 유익비를 지출한 경우 역시 유치목적물에 관한 채권이므로 당연히 유치권이 인정된다. 하지만 공경매실무에서 그 권리를 인정받는 경우는 거의 없다.

그렇기 때문에 매수인에게 유치권을 주장하여 손실을 조금이라도 보전받으려는 심리가 강하다고 하겠다. 필요비와 유익비 개념을 명확하게 이해하여야 임차인의 무리한 요구에 대응할 논리를 정립할 수 있다.

【대법원 1988.04.25. 선고 87다카 458판결】

임차인이 임차목적물에 대하여 가지는 유익비상환청구권은 임대차계약이 종료한 때에 행사할 수 있는 것이며, 이때 임차인은 유익비상환청구권에 대해서 유치권을 행사할 수 있고 유치권을 행사한 임차인은 임대인으로부터의 명도청구도 거절할 수 있는 것이므로 임차인인 원고가 위와 같은 유치권을 행사하고 있다고 보아야 할 이 사건에 있어서 임차목적물의 명도 없이 유익비 상환청구를 할 수 없다는 취지의 논지 또한 이유 없다.

유치권이 인정되는 필요비와 유익비에는 어떤 것이 있을까?

(1) 필요비

민법 제626조 (임차인의 상환청구권) ① 임차인이 임차물의 보존에 관한 필요비를 지출한 때에는 임대인에 대하여 그 상환을 청구할 수 있다.

필요비는 부동산의 보존관리를 위하여 지출되는 비용을 의미한다. 전기나 가스시설의 하자, 수도관의 누수 등의 하자를 치유하기 위하여 임차인이 지급한 비용을 말한다. 당장 영업을 해야 하는 상가 임차인의 입장에서는 임대인의 동의하에 우선 자기의 비용으로 수리하는 경우가 많이 발생한다. 이때 그 비용의 반환을 임대인 또는 새로운 소유자(공경매의 매수인을 포함하는 제3자)에게 청구할 수 있고 지급되지 않을 경우 부동산의 반환을 거부할 수 있다.

필요비는 임대차계약 종료 전이라도 청구가 가능하다.

(2) 유익비

> 민법 제626조 (임차인의 상환청구권) ② 임차인이 유익비를 지출한 경우에는 임대인은 임대차종료시에 그 가액의 증가가 현존한 때에 한하여 임차인이 지출한 금액이나 그 증가액을 상환하여야 한다. 이 경우에 법원은 임대인의 청구에 의하여 상당한 상환기간을 허여할 수 있다.

유익비는 부동산의 객관적 가치를 증가시키는 데 소요된 비용만을 인정하고 그 경우라도 가치가 현존하는 경우만 인정된다. 그러나 객관적인 가치의 증가라는 다소 애매한 표현에서 보이는 것처럼 논란의 소지가 많아 실무에서는 인정되지 않는 경우가 많다.

유익비는 임대차계약이 종료된 후에만 청구가 가능하다.

(3) 유치권과 필요 · 유익비의 관계

　임차인의 필요비와 유익비 주장은 매수인에게 유치권의 형태로 주장하는 것이 일반적이다. 대부분의 상가임차인은 자신의 영업에 사용하기 위하여 상가에 필요한 시설을 설치하거나 유지 · 보수에 필요한 공사를 하게 되는데 아무런 문제없이 사용하다가 임차부동산이 공경매 처분되는 경우 유치권을 주장하면서 매수인에게 어깃장을 놓는게 관행처럼 되어 버린 것이 요즘의 현실이다.

　유치권과 임차인의 필요비, 유익비는 비슷하면서도 다른 점이 있다. 필요비와 유익비는 공경매의 배당절차에 참여하여 제1순위 집행비용 다음 순위에 이름을 올린다. 인정받을 수만 있다면 어떠한 권리보다 우선하지만 실무에서 배당받기는 쉽지 않다. 임차인 또한 이런 사실을 잘 알고 있기에 매수자와의 협상에서 유리한 고지를 점하기 위해 유치권 주장을 하는 것이다. 따라서 주택이나 상가의 임차인이 임차목적물에 유치권을 주장하는 것은 필요비와 유익비로 배당에서 인정받지 못할 경우 매수인에게 이사비라도 더 받아내기 위한 안타까운 몸부림이라고 보아도 무방하다.

　아래의 판례는 임차인이 자신의 영업이나 주거에 필요한 시설을 설치한 경우라도 원상복구약정이 있다면 비용상환청구권이 없다고 본 판례이다. 이로써 유치권 형태 중에 많은 부분을 차지하던 임차인의 필요 · 유익비 관련 유치권 주장이 부인되어 투자자들에게 선택의 폭을 넓혀 주었다.

【대법원 1975.04.22. 선고 73다 2010판결】

건물의 임차인이 임대차관계 종료시에는 건물을 원상으로 복구하여 임대인에게 명도하기로 약정한 것은 건물에 지출한 각종 유익비 또는 필요비의 상환청구권을 미리 포기하기로 한 취지의 특약이라고 볼 수 있어 임차인은 유치권을 주장할 수 없다.

그렇다면 유치권이 성립되는 공사비는 없는 것인가? 대법원판례가 인정하는 진정한 유치권은 그 유명한 「건설유치권」* 하나 밖에 없다고 보아도 무방하다.

건설유치권은 공경매의 매수자가 인수하는 권리이므로 주요 대법원판례와 함께 보다 자세하게 공부해보자.

(4) 건설유치권 建設留置權

진성유치권으로서 건설유치권을 확인하는 방법은 그다지 어렵지 않다.

유치권 신청자가 해당 부동산의 시행, 시공에 관련된 건설회사라거나 하도급업체 또는 직간접적인 공사 관련업체의 경우는 건설유치권이라 보고 심층 조사해 본다. 유치권신청자가 법인회사나 개인

---

* 법률용어로써 「건설유치권」이라는 단어는 존재하지 않는다. 이 단어는 유치권의 한 종류를 의미하는 것이 아니라 허위나 가장유치권이 아닌 진짜 유치권이라는 의미를 좀 더 쉽게 전달하기 위해 만들어진 보조용어로 이해하면 될 것이다.

사업자로서 ○○건설, △△창호, □□전기 등 상호만으로도 건축과 관련되어 있다면 진성유치권일 가능성이 높다.

물론 임장활동으로 현장과 주변을 탐문하고 캠코의 유치권신청 서류를 열람하는 등의 철저한 사전조사는 필수조건이다.

【대법원 1967.11.28. 선고 66다 21111 판결】

기초공사, 벽체공사, 옥상스라브공사만이 완공된 건물에 전세금을 지급하고 입주한 후 소유자와 간에 위 건물을 매수하기로 합의하여 자기 자금으로 미완성부분을 완성한 자는 위 건물에 들인 금액 상당의 변제를 받을 때까지 위 건물의 제3취득자에 대하여 유치권을 행사할 수 있다.

▶ 1962년 11월 서울 숭인동에 신축중인 공장건물에 입주하려던 A씨는 전세금 25만 원에 더하여 미완성 부분을 자기의 자금 507,000원으로 완성시킨 후, 후일 본 건물을 매수하기로 하였다. 소유자 H씨는 소유권보존등기 후 A씨와의 계약을 불이행하고 소외 L씨에게 이전하였다가 경락된 사건이다. 이 사건에서 A씨는 매수인에게 유치권자로서 명도에 불응하여 자신의 채권을 주장할 수 있다는 논지의 판결이다.

위 대법원판례는 지금으로부터 반세기 전 확립된 건설유치권의 출발점이 된 그야말로 고색창연한 판례이다.

본 판례는 유치권이 경매에서 매수인에게 대항력을 가지려면,

첫째, 자신의 자금을 직접 투입하여 건물을 완성하고(채권과 목적물
의 견련성)

둘째, 본인이 직접 거주하며(점유)

셋째, 채무자가 대금청산 요청에 불응(채권의 변제기 도래)

하는 등의 조건을 갖추고 있다면 설령 그 건물이 경매 처분되어 제3취득자가 매수하더라도 점유자는 유치권을 갖는다는 판결이다. 유치권 성립의 기준을 명확히 정립한 점에서 허위가장의 유치권으로부터 해방될 수 있게 해준 역사적인 판례라고 볼 수 있다. 이로부터 시작하여 판례로 확립된 유치권은 해당부동산의 직접적인 건설공사와 관련한 비용만을 인정하도록 일관된 입장을 견지해왔다.

조금 더 자세하게 살펴보자.

(5) 판례로 보는 건설유치권 사례

① 공사대금채권 - 피담보채권과 견련관계

【대법원 1995.09.15. 선고 95다16202 판결】

주택건물의 신축공사를 한 수급인이 그 건물을 점유하고 있고 또 그 건물에 관하여 생긴 공사금채권이 있다면, 수급인은 그 채권을 변제 받을 때까지 건물을 유치할 권리가 있다고 할 것이고, 이러한 유치권은 수급인이 점유를 상실하거나 피담보채무가 변제되는 등 특단의 사정이 없는 한 소멸되지 않는다.

▶ 모든 공사비채권을 유치권으로 인정하는 것은 아니다. 건축공사의 대상이 주건물의 부속물인 종물 개념이라면 인정되지 않는다. 유의할 점은 토목, 기초, 골조, 창호 등의 공사라면 인정되나 위 공사에 <u>자재를 납품한 건축자재대금이라면 유치권이 부인</u>된다. 전원주택이나 공동주택의 대지를 개발하기 위한 기초파일공사나 형질변경을 위한 토목공사의 경우도 유치권으로 인정된다.

② 압류의 효력발생 후 점유 – 경매개시결정 후 신청된 유치권의 부인

【대법원 2009.1.15. 선고, 2008다70763, 판결】

부동산 경매절차에서의 매수인은 민사집행법 제91조 제5항에 따라 유치권자에게 그 유치권으로 담보하는 채권을 변제할 책임이 있는 것이 원칙이나, 채무자 소유의 건물 등 부동산에 경매개시결정의 기입등기가 경료되어 압류의 효력이 발생한 후에 채무자가 위 부동산에 관한 공사대금 채권자에게 그 점유를 이전함으로써 그로 하여금 유치권을 취득하게 한 경우, 그와 같은 점유의 이전은 목적물의 교환가치를 감소시킬 우려가 있는 처분행위에 해당하여 민사집행법 제92조 제1항, 제83조 제4항에 따른 압류의 처분금지 효에 저촉되므로 점유자로서는 위 유치권을 내세워 그 부동산에 관한 경매절차의 매수인에게 대항할 수 없다. 그러나 이러한 법리는 경매로 인한 압류의 효력이 발생하기 전에 유치권을 취득한 경우에는 적용되지 아니하고, 유치권 취득시기가 근저당권설정 후라거나 유치권 취득 전에 설정된 근저당권에 기하여 경매절차가 개시되었다고 하여 달리 볼 것은 아니다.

▶ 유치권이 인정되는 점유시점에 관한 기준을 정한 판례이다.

해당부동산에 경매개시결정등기가 경료 된 이후 점유를 취득한 자의 유치권은 인정하지 않음으로써 목적부동산의 교환가치를 훼손하지 못하도록 기준을 정립하였다.

예로써 유치권 인정시점의 명쾌한 기준이 없이 유치권을 폭 넓게 인정한다면 해당부동산의 낙찰가가 크게 낮아져 이를 예상하지 못한 물권자 등의 보호에 소홀하게 되어 시장질서를 흐트러뜨릴 위험이 발생할 것이기 때문이다.

이는 저당권을 비롯한 물권을 보호하여 사적자치의 원칙을 지키고자 하는 동시에 유치권자에게 점유의 시점에 대한 명확한 기준을 제시하여 무분별한 유치권의 난립을 방지하고자 하는 법률적 근거를 마련한 것이다. 즉, 경매 진행이 예상되거나 경매개시결정이 난 경우 시행되는 공사에 대하여 유치권을 부인함으로써 시장참여자들에게 경종을 울린 판례라 하겠다.

③ 유치권의 불가분성 – 주택 하나를 점유하며 유치권 전액을 주장

【대법원 2007.09.07. 선고 2005다 16942 판결】

[1] 민법 제320조 제1항에서 '그 물건에 관하여 생긴 채권'은 유치권 제도 본래의 취지인 공평의 원칙에 특별히 반하지 않는 한 채권이 목적물 자체로부터 발생한 경우는 물론이고 채권이 목적물의 반환청구권과 동일한 법률관계나 사실관계로부터 발생한 경우도 포함하고, 한편 민법 제321조는 "유치권자는 채권 전부의 변제를 받을 때까지 유치물 전부에 대하여 그 권리를 행사할 수 있다"고 규정하고 있으므로, 유치물은 그 각 부분으로써 피담보채권의 전

부를 담보하며, 이와 같은 유치권의 불가분성은 그 목적물이 분할 가능하거나 수개의 물건인 경우에도 적용된다.

[2] 다세대주택의 창호 등의 공사를 완성한 하수급인이 공사대금채권 잔액을 변제받기 위하여 위 다세대주택 중 한 세대를 점유하여 유치권을 행사하는 경우, 그 유치권은 위 한 세대에 대하여 시행한 공사대금만이 아니라 다세대주택 전체에 대하여 시행한 공사대금채권의 잔액 전부를 피담보채권으로 하여 성립한다고 본 사례.

▶ 본 판례에는 두 가지 중요한 포인트가 있다. 첫 번째로는 <u>유치권의 불가분성을 확립</u>한 판례인 동시에, 두 번째는 <u>하도급업체의 공사대금에도 유치권을 인정</u>하고 있는 점이다. 원청, 하청이 중요한 것이 아니라 자기의 자금으로 공사를 하고 그 채권의 회수를 위해 적법한 점유를 하면 유치권이 인정된다.

총 56세대를 건설하는 서울 은평구 다세대주택의 창호공사 하청업체 K사는 157,387,000원의 미수금이 발생하자 자신의 공사대금채권을 위하여 총8세대에 대하여 유치권을 행사한다는 의사표시를 하고, 그 중 1세대만을 점유하였다. 원심은 K사의 점유가 1세대인 점을 들어 총미수금 중 한 개호의 공사비인 3,542,263원의 채권만을 인정하였다. 그러나 <u>대법원은 채권과 목적물과의 견련관계 및 유치권의 불가분성에 관한 법리에 비추어 공사대금의 나머지 부분에 대하여도 유치권을 인정하고 파기환송하였다.</u>

이것이 <u>유치권의 법적성격중 하나인 불가분성</u>인 것이다. 유치권의 존재를 알고 입찰에 참여하더라도 전체 채권 대비 점유세대의 비율만큼 채권이 발생할 것으로 잘못 판단하여 응찰하는 우를 범해서는 안 될 것이다.

이와 관련한 사례로 2008년 6월 시공사인 건설회사가 유치권을 주장하는 서울 양평동의 오피스텔 공매사건을 소개한다.

관리번호는 2008-03372-001이다. W건설이 서울 양평동 오목교 인근에 120세대 규모의 주거용 오피스텔을 건설하고 공사대금을 못 받자 약 15억 원의 채권을 담보하기 위하여 한 세대의 오피스텔을 점유하고 유치권을 신청하였다. 시공사의 건설유치권일 경우 대부분은 관리사무소의 간접점유형태로 유지되며 준공이후 계속 공실상태로 방치되는 경우가 많다. 유치권자인 건설사는 점유기간 동안 관리비를 납부하고 관리사무소는 점유보조자의 역할을 한다.

당연히 세대 현관문에는 《유치권 행사중》이는 안내문이 걸려 있는데 이런 경우는 건설회사의 담당자와 면담하여 유치권 해결 조건을 협상하면 의외로 수월하게 해결될 수도 있다. 건설사 역시도 그 많은 채권을 한두 개 호수의 점유로 전액 회수하기 불가능하다는 것을 잘 알고 있기에 적정선에서 협의를 통하여 해결하기를 원하기 때문이다.

유치권의 불가분성을 간과한 어느 투자자가 감정가의 59%인 146,252,000원에 단독 낙찰을 받았다. 그 분도 전체 유치권 금액 중에서 한 세대에 해당하는 금액만 부담하면 되는 것으로 쉽게 판단하였을 것이다. 그러나 유치권 법리의 오해로 잔금을 미납하고 1,250만 원의 아까운 보증금을 날리게 되었다.

결국 이 물건은 다음 해에 재공매되어 1억 2,600만 원에 낙찰되었다. 추측컨대 이 분은 유치권자와 적정한 금액으로 타협을 이끌어 낸 후 낙찰을 받았을 것이다.

그 당시 필자도 이 물건에 관심을 가지고 임장하였던 기억이 새롭다.

④ 사회통념상 건물로 볼 수 없는 지상정착물

【대법원 2008.05.30. 2007마98 결정】

건물의 신축공사를 도급받은 수급인이 사회통념상 독립한 건물이라고 볼 수 없는 정착물을 토지에 설치한 상태에서 공사가 중단된 경우에 위 정착물은 토지의 부합물에 불과하여 이러한 정착물에 대하여 유치권을 행사할 수 없는 것이고, 또한 공사중단 시까지 발생한 공사금채권은 토지에 관하여 생긴 것이 아니므로 위 공사금채권에 기하여 토지에 대하여 유치권을 행사할 수도 없는 것이다. 기록에 의하면, 재항고인은 토지소유자와의 사이에 이 사건 토지 위에 공장을 신축하기로 하는 내용의 도급계약을 체결하고 기초공사를 진행하면서 사회통념상 독립한 건물이라고 볼 수 없는 구조물을 설치한 상태에서 이 사건 토지에 대한 경매절차가 진행됨으로 인하여 공사가 중단되었음을 알 수 있는 바, 이러한 경우 위 구조물은 토지의 부합물에 불과하여 이에 대하여 유치권을 행사할 수 없다고 할 것이고, 공사중단시까지 토지소유자에 대하여 발생한 공사금 채권은 공장 건물의 신축에 관하여 발생한 것일 뿐, 위 토지에 관하여 생긴 것이 아니므로 위 공사금 채권에 기하여 이 사건 토지에 대하여 유치권을 행사할 수도 없다고 할 것이다.

▶ 일반인의 상식으로 판단해 볼 때 <u>터파기 기초공사가 진행되고 외관이 독립된 구조물의 형태를 갖추지 못한 상태에서 토지의 매수인에게 공사대금을 조건으로 유치권을 주장하는 것은 인정받지 못한다</u>는 판례이다. 즉, 이 경우는 건물이라기보다 토지상의 부합물에 불과하다고 본 것이다. 이러한 논리로 사회통념상 지붕과 기둥, 벽이 세워져 건물의 외관을 갖추었다면 유치권이 인정된다. 그러나 건설유치권에 관하여는 한 두 개의 판례가 각각의 개별사안을 모두 아우를 수는 없으므로 실제 공경매의 입찰을 위하여 유치권의 존부를 따지는 것은 말처럼 쉬운 문제는 아니다. 건설유치권과 관련해서는 추가적으로 법률전문가의 도움을 받는 것이 가장 현명한 방법이라 생각된다.

⑤ 기타 유치권 주요사례

가. 매각불허가 사례

【대법원 2007.5.15. 선고 2007마128결정】

부동산 임의경매절차에서 유치권이 존재하지 않는 것으로 알고 매수신청을 하여 최고가매수신고인으로 정하여졌음에도 이후 매각결정기일까지 사이에 유치권의 신고가 있고, 그 유치권이 성립할 여지가 없음이 명백하지 아니한 경우, 집행법원은 매각불허가를 하여야 한다.

▶ 경매법원의 물건명세서나 현황보고서를 신뢰한 매수자를 보호하고, 유치권의 존재사실을 정확하게 적시하지 않은 법원의 책임

을 중대하게 인정한 판례이다.

경매절차에서의 매수인이 매수가격 결정의 기초로 삼은 현황조사보고서나 매각물건명세서 등에서 드러나지 않는 유치권의 부담을 그대로 인수하게 되어 경매절차의 공정성과 신뢰를 현저히 훼손하게 된다. 따라서 선의의 매수자 보호는 당연하므로 매각불허가하는 것이 마땅하다는 취지의 판결이다.

나. 유치권에 우선하는 대지소유자의 권리

【대법원 1989. 2. 14. 선고 87다카3073 판결】

가. 건물철거는 그 소유권의 종국적 처분에 해당하는 사실행위이므로 원칙으로는 그 소유자에게만 그 철거처분권이 있으나 미등기건물을 그 소유권의 원시취득자로부터 양도받아 점유 중에 있는 자는 비록 소유권취득등기를 하지 못하였다고 하더라도 그 권리의 범위 내에서는 점유 중인 건물을 법률상 또는 사실상 처분할 수 있는 지위에 있으므로 그 건물의 존재로 불법점유를 당하고 있는 토지소유자는 위와 같은 건물점유자에게 그 철거를 구할 수 있다.

나. 가항의 건물점유자가 건물의 원시취득자에게 그 건물에 관한 유치권이 있다고 하더라도 그 건물의 존재와 점유가 토지소유자에게 불법행위가 되고 있다면 그 유치권으로 토지소유자에게 대항할 수 없다.

▶ 건물의 존재로 인해 자신의 토지 상 권리가 침해되고 있다면 지상건물의 유치권자는 이로써 대지소유자에게 대항할 수 없다고 한 판

례이다. 즉, 건물의 소유자에게 발생한 유치권으로 토지소유자에게 권리주장을 할 수 없다고 판시하여 <u>유치권을 배제하고 공경매에서 토지의 매수자는 건물의 철거를 구할 수 있다.</u>

다. 채무자 승낙 없는 유치권자의 사용

【대법원 2002. 11. 27. 자 2002마3516 결정】

유치권의 성립요건인 유치권자의 점유는 직접점유이든 간접점유이든 관계없지만, 유치권자는 채무자의 승낙이 없는 이상 그 목적물을 타에 임대할 수 있는 처분권한이 없으므로(민법 제324조 제2항 참조), 유치권자의 그러한 임대행위는 소유자의 처분권한을 침해하는 것으로서 소유자에게 그 임대의 효력을 주장할 수 없고, 따라서 소유자의 동의 없이 유치권자로부터 유치권의 목적물을 임차한 자의 점유는 구 민사소송법(2002. 1. 26. 법률 제6626호로 전문개정되기 전의 것) 제647조 제1항 단서에서 규정하는 '경락인에게 대항할 수 있는 권원'에 기한 것이라고 볼 수 없다.

▶ 민법 유치권편에 명시된 대표적인 유치권 소멸조항이다. 유치권자는 <u>선량한 관리자의 주의로 유치물을 점유하여야 하며 유치물의 보존에 필요한 최소한의 사용을 할 수 있을 뿐, 소유자나 채무자의 승낙 없이 사용해서는 안 된다.</u> 이를 위반할 경우 손해배상의 책임을 지우며 유치권의 소멸청구권은 형성권으로써 일방적인 의사표시로 소멸된다. 입찰에 참여하기 전에 충분한 사전조사를 통하여 유치권자로부터 점유를 이전 받은 임차인이 있는지도 면밀하게 확인할 필요가 있다.

(6) 유치권의 양도양수

유치권도 물권이기에 엄격한 절차를 거쳐 양도양수할 수 있다. 유치권의 양도양수를 쉽게 인정하면 매수인의 지위가 크게 흔들리고 이를 악용한 가장유치권을 양산할 수 있기 때문이다. 간혹 유치권 양수자가 유치권 신고하는 경우가 있는데 그 성립여부를 판단하기 어려울 수 있다.

유치권의 피담보채권을 양도*하기 위해서는 반드시 양도인(유치권자)이 채무자에게 통지하거나, 채무자가 승낙해야 한다. 채무자에게 하는 양도통지나 그 승낙이 확정일자가 있는 증서에 따르지 않을 경우 채무자 이외의 제삼자에게 대항하지 못한다.

실무에서의 채권양도 통지는 먼저 채권양도양수계약서를 작성하고 법률사무소의 공증을 받아 그 사본과 함께 양수인이 점유를 승계한 사실을 내용증명우편으로 통지하는 것이 일반적인 절차이다. 주의할 사항은 만약 도급계약서상에 채권양도를 금지하는 특약이 있다면 양도할 수 없다.

유치권을 양도함에 있어서 또 한 가지 중요한 것은 양도인이 피담보채권액의 잔금지급일인 양도일까지 점유를 계속해야 하고, 양도일 이후에는 양수인이 적법하게 점유를 승계해 계속 점유해야 한다. 공경매 낙찰 후 악의적인 점유자들의 채권양도양수를 막기 위

*【민법 제499조(채권의 양도성)】 및 【민법 제450조(지명채권 양도의 대항요건)】 참조

해서는 명도소송 전 단계로 점유이전금지가처분이 반드시 필요한데 이와 관련해서는 뒤에서 자세히 설명할 것이다.

4) 점유에 대한 고찰

유치권의 성립요건에서 핵심포인트는 점유이다. 법에 정해진 점유의 조건을 완벽하게 갖추어야만 유치권이 성립할 수 있으므로 투자자의 입장에서는 점유의 하자부분을 잘 따져보아야 한다.

(1) 점유의 의미

대법원판례는 점유를 다음과 같이 정의한다.

> 【대법원 1996.08.23. 선고 95다 8713판결】
> 점유라고 함은 물건이 사회통념상 그 사람의 사실적 지배에 속한다고 보여지는 객관적 관계에 있는 것을 말하고 사실상의 지배가 있다고 하기 위하여는 반드시 물건을 물리적, 현실적으로 지배하는 것만을 의미하는 것이 아니고 물건과 사람과의 시간적, 공간적 관계와 본권관계, 타인지배의 배제가능성 등을 고려하여 사회관념에 따라 합목적적으로 판단하여야 한다.

본 판례를 행간의 의미까지 음미하면 점유를 조금은 쉽게 이해할 수 있다. 판례는 사회구성원의 일반적 상식을 뛰어넘지 않는 선에서 사실적이고 객관적인 지배라고 인정할 수 있다면 점유를 폭넓게 인정한다. 이는 점유의 관점을 엄격한 잣대에 맞추어 해석할 경우 이를 위해 지불해야 할 사회적 비용과 경제적 손실이 크기 때문이다. 예를 들면 영세규모의 사업자가 공사대금채권을 받기 위해 오랜 기간 동안 엄격한 점유의 요건을 갖추기란 시간과 비용의 측면에서 견딜 수 없고 법이 사회적 약자를 보호하지 못하는 불평등을 초래할 수도 있기 때문이다.

유치권을 주장하는 점유자는 점유를 온전하게 계속적으로 유지하여야 하며 제3자에게 점유를 승계시켜서 대위할 권리도 없다. 불법행위에 의한 점유의 침탈은 유치권자가 점유물반환청구권을 행사하여 다시 찾아오면 소멸되지 않는다. 점유는 유치권 성립에 큰 축을 차지하므로 그와 관련한 판례도 엄청나게 많다. 각각의 케이스별로 판례가 엇갈리므로 한 마디로 정의하기엔 어려운 문제이지만 사회통념에 기초하여 합목적적으로 판단하면 될 것이다.

(2) 점유의 형태

① 점유의 인정

유치권자의 점유는 직접점유든 간접점유든 상관없다. 통상의 경우 시건장치를 하여 출입을 통제하고 현수막이나 안내문을 부착하여 유치권의 존재를 알린다. 담장을 치고 경비원을 두거나 CCTV 설치, 경비시스템업체에 관리를 의뢰하기도 한다. 구분건물이라면 관리사무소를 통한 간접점유도 많이 사용한다. 특히 간접점유의 경우 그 형태가 다양하여 점유로 인정할 수 있을 것인지 논란의 여지가 많다. 그러나 앞에서 살펴 본대로 사회통념에 따라 사실적이고 객관적인 지배라고 인정되기만 하면 점유는 폭 넓게 용인된다.

② 점유의 부인

적법한 점유로 인정받기 위해서는 압류의 효력발생 이전에 점유를 개시한 유치권자만이 매수인에게 대항할 수 있다. 다시 말해 공경매개시결정등기가 등기부상에 등재된 이후의 점유자는 유치권이 부인된다. 유치권자의 간접점유 주장 중에 물건의 소유자인 채무자에 의한 점유는 인정되지 않는다.* 유치권은 목적물을 유치함으로써 채무자의 변제를 간접적으로 강제하는 권리이기 때문이다.

유치권의 목적물을 소유자 동의 없이 임대할 경우에도 정당한 점유로 인정받지 못한다.** 유치권자가 임차인을 통하여 점유를 주장하는 것도 당연히 부인된다.

---

* 해당판례 [대법원 2008.04.11. 선고 2007다 27236판결] 참조
** 민법 제324조(유치권자의 선관의무) 제②항
　②유치권자는 채무자의 승낙 없이 유치물의 사용, 대여 또는 담보제공을 하지 못한다. 그러나 유치물의 보존에 필요한 사용은 그러하지 아니하다.

(3) 점유의 논점

유치권 설정물건 입찰에 참여하기 전에 검토할 사항으로 점유의 성립 가능성을 세심하게 살펴보아야 한다. 판례가 간접점유도 폭넓게 인정하고 있으므로 쉽게 판단하여 점유의 성립을 오판하게 되면 예기치 못한 상황이 발생할 수 있음에 유의하자.

5) 유치권의 실무상 논점

지금까지 유치권의 법률적 성격과 판례 등을 살펴보았다.
유치권이 설정된 물건에 투자하면서 직접 체험한 몇 가지 공통된 유형을 살펴보고 그 주장에 대한 반박 포인트를 알아보자.

(1) 유치권 주장의 유형

경매와 공매는 국가공권력이 심판이 되어 국가와 사인간의 경제활동에 대한 채권채무를 조정하는 행위이다. 법을 집행하는 법원에서 허위·가장 유치권이 난무하는 것은 심판으로서 경기를 공정하게 조율하겠다는 의지를 저버린 무책임한 행위라 생각한다. 법원이 그럴진대 캠코공매는 더 말할 필요가 없다.

허위 유치권을 신청하여 공경매의 진행을 방해하고 선순위채권자에게 경제적 불이익을 입히는 일은 정의롭지 못한 일인데 우리

법원은 너무나 관대하다. 공정한 게임의 룰을 제정하고 지키도록 하자는 목소리가 커지고 있다. 그러나 모든 일에는 빛과 그늘이 있다. 필자는 허위·가장유치권을 깨서 큰 이익을 얻었고 앞으로도 그럴 것이다. 누군가는 두려워서 피하는 일에 위기와 기회가 함께 있기 때문이다.

이제 발상의 전환이 필요하다. 유치권을 넘어서면 독자 여러분도 큰 성공을 얻을 것으로 확신한다. 그렇다면 실무에서 유치권을 주장하는 사람은 누구인가?

① **소유자**

실무에서 가장 흔하게 만나는 가장, 허위의 유치권자가 소유자이다. 제3의 인물을 내세워 공사비 채권을 신고하는 경우가 대부분이다. 공매의 진행을 지연시키고 매수자에게 이사비를 추가 청구하기 위한 목적으로 신청한다. 유치권 권리신고서 한 장으로 얻는 것은 많지만 잃을 것이 없기에 신청자가 많다.

② **임차인**

주택이나 상가의 임차인은 자신의 임차보증금이나 권리금이 날아가는 경우 대부분 유치권 신청의 유혹에 빠지기 쉽다. 주택임대차보호법이 있지만 여러 이유로 보증금을 전부 또는 일부 날리게 되는 경우 법과 제도를 원망하면서 주변의 잘못된 조언으로 가장유치권을 신청하게 된다.

　상가의 임차인은 주택임차인보다 보증금을 날릴 확률이 더 높고 영업권리금이라는 변수까지 더해져 그 유혹이 더 크다. 게다가 공매에 나온 상가를 조금이라도 더 싸게 자신이 매수하고 싶다면 유치권은 그 욕망으로 가는 계단이 되기에 부족함이 없다. 허위·가장의 유치권을 설정하여도 그로인한 책임소재에서 자유로운 현행 법체계 하에 그런 생각을 하지 않는다면 오히려 그게 이상할 정도이다.

　임차인이 유치권의 성격으로 보호 받으려면 필요비와 유익비의 요건을 갖추면 된다. 그러기 위해서는 배분요구종기일까지 배분요구를 하고 필요비와 유익비에 해당하는 비용의 성격을 입증해야 한다. 하지만 공경매를 통틀어 필요비와 유익비로 인정되어 배분을 받는 경우는 거의 없는 것이 현실이다. 이는 임차인이 소유자와 맺는 임대차계약서에 기인하는데 표준계약서에는 임차인의 원상복구의무조항을 두어 필요·유익비의 개입 여지를 차단하기 때문이다.

③ 공사업자

　실무에서 인정되는 건설유치권은 매수인이 인수한다. 입찰 참여 검토단계에서 진성유치권이라 판단되면 인수예상금액만큼 감액된 후에 입찰에 참여한다. 감정평가서와 공매재산명세서를 꼼꼼히 검토하고 현장에 출장하여 관계자를 면담하고 주변을 탐문해 보면 유치권의 진위가 대략 밝혀진다. 물론 그 진위가 확실하지 않다고 생각되면 입찰을 포기하거나 유치권 금액을 물어주어도 될만큼 입찰가격이 떨어진 후에 참여하는 것이 정답이다.

유치권 성립요건을 갖춘 건설유치권자는 압류의 효력이 발생하기 전에 점유를 하고 있다면 그 권리가 인정된다. 즉, 공경매개시결정등기 이후에 점유한 유치권자는 물건의 교환가치를 감소시켜 선순위채권자의 이익을 해치므로 매수자에게 대항할 수 없다고 한 판례는 앞서 살펴본 그대로이다.

(2) 유치권 타파의 기술

이상으로 유치권의 법률상 성격과 판례의 입장, 유의사항을 실무에 적용할 정도의 수준에서 검토해 보았다. 이제는 낙찰 이후에 어떻게 유치권을 타파하고 깔끔하게 명도절차를 마무리 하는지에 대한 실무절차만 남았다. 유치권이 신청된 물건을 낙찰받았다면 잔금납부 전에 다시 한 번 현장을 방문하여 매수자임을 표시하고 유치권의 성립여부에 대한 2차 검토에 나서야 한다.

유치권자도 매수자와 마주하면 두 가지의 마음자세가 된다. 첫번째, 매수자가 물렁하거나 만만하게 보이면 자신이 정당한 권리자임을 주장하면서 협상의 여지없이 고자세로 나오거나, 두 번째, 매수자가 단호하고 확실하게 법적으로 권한이 없음을 주지시킨다면 명도협상에서 이사비 정도 더 챙기기 위한 전략으로 전환하거나 둘 중 하나이다.

그 물건의 유치권은 100% 허위, 가장유치권이라는 판단으로 매수하였으므로 사전에 설정해 놓은 시나리오 대로 진행한다. 잔금을 납부하고 나면 다시 한 번 유치권자를 만나서 협상을 시작함과 동시에 내용증명 발송과 점유이전금지가처분, 그리고 명도소송을 신청한다.

유치권자와의 협상과는 별개로 무조건 이 두 가지 법적절차를 동시에 진행시켜야 나중에 협상이 깨지더라도 강제집행을 할 시간을 아낄 수 있다. 협상이 순조롭게 될 것 같아서 번거로운 법적절차를 생략해도 되겠지 하는 마음 약한 생각은 절대 갖지 않는 것이 좋다. 사람을 믿는 것이 나쁜 일은 아니지만 마지막에 출입문 키를 받아 드는 데까지 어떤 변수가 생길지 아무도 모르기 때문이다.

큰 금액을 투자하여 부동산을 매수하고 명도가 늦어져 임대료 수입을 놓치고 대출이자와 관리비 등 통제할 수 없는 기회비용이 발생한다면 아무리 낮은 가격에 매수했어도 결국은 실패한 투자가 되고 만다. 이로 인해 정신적 스트레스까지 받는다면 잘못된 선택을 한 것이라고 볼 수밖에 없다.

6) 허위유치권자에 대한 법적조치

막무가내식 허위유치권자로 인해 피해를 입었다면 민·형사소송을 통해서 강력한 방법으로 퇴거시키거나 손해를 구제 받는 방법을 검토하여야 한다. 허위유치권이 성행하는 이유 중의 하나는 대개의 사건이 민사소송으로 처리되어 당사자 간에 적당히 양보하거나 법원에 의하여 조정으로 마무리되는 데 있다. 매수자 입장에서도 유치권이 설정된 덕분에 낮은 가격으로 매수하였으니 적정선에서 마무리하는 것이 좋겠다는 판단도 한 몫을 한다.

하지만 투자자 입장에서 유치권에 대한 합의나 조정은 최후의 히든카드로 남겨 두어야 한다. 분쟁 초기에 불법사실이나 증거를 확보하고 민사소송 외에 형사소송까지 염두에 두고 대응하는 것이 조속한 문제해결에 도움이 된다.

과거 판례에서는 유치권자의 공사대금 부풀리기나 법률이 인정하지 않는 손해를 청구하는 경우에도 유치권이 존재한다는 이유만으로 불법적 이득을 얻기 위한 소송사기 의도가 있는 것으로 보지 않았다. 그러나 최근 들어 허위가장유치권이 득세하는 현실을 반영하여 판례의 해석이 뒤집히는 추세이다.

즉, 허위유치권은 사법부의 공정한 경매업무를 해치고 채권자, 임차인 그리고 근저당권자와 매수인 등 이해당사자에게 심각한 손해를 끼치는 행위로 보아 유죄 판결이 선고되고 있는 것이다.

또한 유치권경매를 신청한 건설사가 공사대금을 부풀려 부당이득을 챙기려 한 것에 대하여도 법원의 배당행위를 기망하려는 의도로 보아 소송사기죄를 적용하여 엄격하게 다루고 있다.

다시 한 번 강조하지만 공경매의 투자자는 「호구虎口」가 아니다.

보다 정확한 법률과 판례의 이해를 통하여 적극 대처할 필요가 있고 그래야만 정글의 법칙이 통하는 이 현장에서 롱런long-run할 수 있다는 사실을 잊지 말아야 한다.

이제 다음 장에서는 필자의 실전 유치권투자사례를 통하여 유치권자와의 협상방식과 법률적 대응방식에 대하여 소개하고자 한다.

TIP10

허위유치권 관련 법률과 판례

1 위계(僞計) 또는 위력(威力)에 의한 경매방해죄

【형법 제315조(경매, 입찰의 방해)】

위계 또는 위력의 방법으로 경매 또는 입찰의 공정을 해한 자는 2년 이하의 징역 또는 700만 원 이하의 벌금에 처한다.

2 부동산강제집행효용의 침해

【형법 제140조의 2(부동산강제집행효용침해)】

강제집행으로 명도 또는 인도된 부동산에 침입하거나 기타 방법으로 강제집행의 효용을 해한 자는 5년 이하의 징역 또는 700만 원 이하의 벌금에 처한다.

3 사기죄

【제347조(사기)】

① 사람을 기망하여 재물의 교부를 받거나 재산상의 이익을 취득한 자는 10년 이하의 징역 또는 2천만 원 이하의 벌금에 처한다.
② 전항의 방법으로 제삼자로 하여금 재물의 교부를 받게 하거나 재산상의 이익을 취득하게 한 때에도 전항의 형과 같다.

④ 사문서위조죄

【제231조(사문서 등의 위조·변조)】

행사할 목적으로 권리·의무 또는 사실증명에 관한 타인의 문서 또는 도화를 위조 또는 변조한 자는 5년 이하의 징역 또는 1천만원 이하의 벌금에 처한다.

⑤ 【대법원 2012. 11. 15. 선고 2012도9603 판결】

[사기미수·위증]

유치권에 의한 경매를 신청한 유치권자는 일반채권자와 마찬가지로 피담보채권액에 기초하여 배당을 받게 되는 결과, 피담보채권인 공사대금 채권을 실제와 달리 허위로 크게 부풀려 유치권에 의한 경매를 신청할 경우 정당한 채권액에 의하여 경매를 신청한 경우보다 더 많은 배당금을 받을 수도 있으므로, 이는 법원을 기망하여 배당이라는 법원의 처분행위에 의하여 재산상 이익을 취득하려는 행위로서, 불능범에 해당한다고 볼 수 없고, 소송사기죄의 실행의 착수에 해당한다.

2. 유치권 투자사례

　유치권이 설정된 물건에 투자한 경험을 바탕으로 두 개의 성공 사례를 소개한다. 투자를 결정하고 응찰하기 전에 몇 가지 사항을 검토하여야 한다. 대개의 경우 유치권이 설정된 물건은 대출*받는 데 약간의 제약이 있다. 물론 본인의 자금만으로 투자할 경우라면 대출 걱정할 필요가 없을 것이다.

　유치권 물건은 제2금융권에서 주로 대출이 실행되는데 금리가 제1금융권보다는 약간 높지만 큰 차이는 아니다. 물건의 상황에 따라 대출금액은 낙찰가의 최대 80%까지 받을 수도 있고, 환가가 용이하지 않은 물건은 대출이 안 되거나 유치권 설정금액만큼 차감하여 실행되기도 한다.

　대출이 필요하다면 입찰하기 전부터 치밀한 계획을 세워서 입찰에 임해야 한다. 가능하면 대출기관에 실행가능금액과 금리, 상환조건 등을 컨펌해 놓고 응찰해야 뒷탈이 없다. 낙찰 받고 잔금납부까지 길지 않은 기간 동안 자금계획이 꼬이면 잔금미납의 불상사가 생길 수 있기 때문이다. 공매의 경우 낙찰일로부터 30일에 최고기

---

*필자는 경기도 부천의 도움드림법률사무소를 통해 대출거래를 하는데 거래기간이 벌써 10년이 넘었다. 합동변호사사무소라서 더 신뢰할 수 있다. 수도권 전철1호선 송내역 앞에 위치한다. 연락처는 포털의 검색창에서 쉽게 확인할 수 있다. 유치권, 법정지상권 그리고 지분물건에 이르기까지 대출실행되니 필요할 때 문을 두드려 보면 좋다.

간 10일을 더해 40일만에 잔금납부가 안 되면 입찰보증금이 몰수되므로 주의를 요한다.

1) 경기도 남양주 D프라자 상가

(1) 물건의 개요

경기도 남양주시 금곡동에 소재한 근린상가 건물의 4개 호수가 공매에 나왔다. 공매권자는 남양주시청으로 취득세나 당해세에 해당되는 지방세체납으로 공매에 부쳐지는 물건이었다. 유치권이 신고 된 물건이라서 처음에는 관심대상에 넣지 않았는데 지켜보노라니 하염없이 유찰되어 최저가가 40%까지 떨어졌다. 보통은 물건고를 때 별로 필요하지 않지만 가격이 너무 싸서 구매하는 경우가 있다. 더구나 유명 메이커에 품질까지 마음에 든다면 그 물건을 사지 않을 사람이 있을까?

이 물건이 바로 질 좋고 가격 싼 바로 그런 물건이었다. 유치권이라는 하자가 있었지만 치유할 수 있는 것인지 심층조사가 필요했다. 남양주시 금곡동의 아파트 밀집지역내에 위치한 5층짜리 근린상가의 2층에 자리하고 있는 이 물건은 헬스클럽으로 이용 중이었다. 상가로 쓰는 물건의 입찰은 주거용이나 사무실 등 쉽게 열고 들어가서 확인할 수 없는 물건보다 현장조사가 용이한 장점이 있다.

그저 손님이나 고객의 한 사람으로 환영받으면서 내가 알고 싶은 것을 다 확인할 수 있기 때문이다. 상가 운영자가 소유자라면 조금 조심스러울 수 있지만 임차인이라면 바쁜 시간대를 피해서 방문하면 정말 입찰에 도움이 되는 알짜 정보를 힘들이지 않고 긁어모을 수 있다.

서울 서초동의 변호사사무실에서 근무하는 친구 J의 퇴근시간에 맞춰 둘이서 현장으로 향했다. 친구 둘이서 함께 운동할 계획으로 헬스클럽 알아보러 가는 컨셉이다. J는 실내의 구석구석을 돌아보고 나름 운영상태를 체크한다. 휘트니스센터의 경우 부대시설과 운동기구의 관리상태가 매우 중요하다. 최신식 시설과 장비가 아니라도 고장 없이 잘 관리되고 있으며 클럽 내 청결상태도 우수하다면 회원들의 충성도가 높다.

그 사이 나는 트레이너에게 알고 싶은 정보를 질문한다. 등록회원 숫자, 월·분기·연 단위 등록비용과 현재 운영상태(공매에 나왔으므로 혹시 영업을 타인에게 양도할 생각이 있는지, 저가할인 공세로 단 기간에 회원을 모으고 돈만 챙겨 도주하려는지 등에 포인트를 두고 티 나지 않게)를 세심하게 물어 본다. 헬스클럽은 장치사업이라서 인테리어비용이 많이 들고 고가의 운동장비가 필요한 고비용사업의 하나이다. 임차로 운영하는 중에 예기치 않은 건물의 공경매는 임차인에게 치명적인 경우가 많아서 탐문에 주의를 기울여야 한다. 헬스클럽의 경우 가장 중요한 것은 등록회원 숫자인데 주요 수입원이며 충성도 높은 오래된 고객이 많으면 안정적 수입이 보장되기 때문이다. 영업권리금 산정에 있어서도 등록회원 숫자가 기준이 된다. 운동하려는 회원의 입장이라면 그 숫자가 너무 많으면 좋을 것이 없다. 런닝머신의 차례도 기다려야 하고 샤워부스 차례도 기다려야 할 수 있기 때문이다.

신규 회원을 유치하려면 기다리지 않고 쾌적한 분위기에서 여유 있게 운동할 수 있다는 점을 강조해야 하기 때문에 일정 부분 회원 수를 줄여서 말할 수도 있고, 장사가 잘 되게 보이려고 부풀려 말할 수도 있다. 따라서 어느 업종이든 간에 임차인이나 그 종업원의 말은 그저 참고용 정도로 활용하고, 최종 판단은 본인이 객관적인 사실이라 볼 수 있을 만큼 충분한 조사를 거쳐서 내리는 것이 정답이다.

관리사무소를 찾아가서 매월의 관리비 규모와 납부 실태를 문의했다. 전기와 수도의 사용량이 영업현실을 말해주는 가장 구체적이고 확실한 지표라는 점에 착안하여 개략적인 파악을 해볼 수 있다. 구분상가의 입찰참여결정을 하는 데 있어서는 관리사무소를 통한 탐문이 가장 정확하고 알짜정보를 간편하게 얻을 수 있다. 건물 내 부동산중개업소도 반드시 방문대상이다. 그들은 건물에서 일어나는 어지간한 상황정보는 거의 다 알고 있다고 해도 과언이 아니다.

혹시 중개업자도 이 물건에 관심을 가지고 있어 나와 경쟁관계에 있지 않을까 하는 생각을 하는 독자가 있다면 이 책을 읽는 순간 그런 생각은 떨쳐버리시길 바란다. 필자의 경험 상 중개업자와 공매물건을 놓고 경쟁한 것은 채 10%도 안 된다. 같은 상권에서 장사하면서 늘 얼굴 보는 사람들끼리 매수자와 명도대상자로 마주하는 것이 껄끄러운 일이기도 하거니와, 입찰에 참여한다 하더라도 그 상가를 너무 잘 알아서 외부의 투자자보다 입찰가를 높게 써내는 경우는 거의 없기 때문이다. 그들은 다만 공경매물건을 문의하는 다수의 전화나 방문객이 귀찮을 뿐 다른 이유는 없다고 보아도 무방하다.

최소 수억 원대를 투자하는 입장에서 어느 하나라도 중요하지 않은 정보는 없다. 한 곳에서 문전박대를 당하면 두 번째, 세 번째 중개업소를 방문하라! 관리사무소와 중개업소를 방문해서 해당 상가의 임차인과 업종에 대한 충분한 정보를 얻고 나서 입찰에 참여하여야 한다. 필요충분한 정보 없이 낙찰 받고나서 후회하는 것보다는 입찰에 참여하지 않는 것이 훨씬 이득이라는 것을 깨닫고 나면 그땐 너무 늦는다. 투자물건에 대한 확신이 없다거나, 무엇인가 2% 부족하다면 아쉽더라도 과감히 입찰을 포기하는 것이 현명한 선택이라는 것을 일부러 경험할 필요는 없다.

2003년 12월 준공된 이 상가는 입주하고 첫 5년간은 대량 공실사태로 어려움을 겪었고 건물주의 손 바뀜도 많았지만 이제 서서히 안정화 단계에 들어서고 있었다. 헬스클럽의 상태는 나름 괜찮았다. 임차인에 대한 주위의 평판도 괜찮았고 시설이나 장비의 관리상태도 양호하다. 무엇보다도 등록회원 수가 충분하게 유지되어 영업의 수익성이 높다는 점이 입찰 참여 의욕에 불을 댕겼다.

이젠 유치권에 대한 진위여부 파악의 차례이다. 캠코 조세정리부에 방문하여 유치권신청서와 제반서류를 열람하고 필요한 내용을 메모했다. 서류를 복사할 수는 없어도 담당자 앞에서 열람과 메모는 가능하다. 그런데 유치권 신청자의 이름이 임차인 중 한 명과 유사했다. 아마도 자매인 듯하다. 유치권 신고서의 내용은 예상한 대로 임차인의 내부시설공사로 인한 유익비상환청구권이었다. 임대차계약서 역시도 부동산중개업자 없이 쌍방계약으로 작성되었다.

합리적인 의심을 불러일으킬 만하고 보다 심층적인 조사가 필요하다. 캠코에서 임대차계약서를 열람한 후에 두 번째 임장 시에 그 건물에서 가장 눈에 띄는 코너자리에 위치한 부동산사무소에 들렀다. 이미 공매가 40%에서도 유찰되었으니 관심을 가진 많은 사람들이 부동산 문턱을 들락거렸을 것이다. 상가 시세를 파악한다며 말을 돌리다가는 눈치 빠른 부동산 사장에게 문전박대 당하기 십상이다. 이럴 때는 단도직입적으로 물어보는 것이 최고다.

"사장님, 안녕하세요? 2층에 공매 나온 헬스클럽에 관심 있어서 왔습니다."

다년간의 중개업소 방문 경험 상, 아무래도 중개업소에 여성분이 계시면 조금 수월한데 무뚝뚝한 중년 남성이라면 왠지 시작이 순조롭지 않은 경우가 많다.

"음~~~, 그래요?"

역시 예상한 대로이다. 원하는 정보를 얻기 위해서는 좀 참을 필요가 있다.

"사장님이 중개해주지 않으셨던데, 제가 매수하면 임차인 구하기가 어떨까요?"

바닥 면적이 꽤나 넓은 그 상가는 큰 공실 없이 그럭저럭 임차가 되고 있어 매물장에 오르기만 하면 아쉬운 대로 중개가 될 만한 물건이다.

"이 상가의 시공회사 관계자가 운영하는 거라 우리가 중개 못한 겁니다."

귀가 번쩍 트일만한 새로운 정보다. 모름지기 정보란 언제 어디서 불쑥 튀어 나올지 모른다. 의미 없이 툭 던진 한 마디라도 정보라고 인식하는 순간 값어치가 생긴다. 부동산중개업소를 통해 거래되지 않은 사실을 언급하자 중개업자의 직업 본능이 발동한 것 같다.

"문제가 있는 것 같던데 낙찰받아오면 중개해 드릴게요. 공실이 많이 빠져서 임대는 그런대로 나갑니다."

(2) 탐문과 추리를 통한 유치권 검토

감정가의 40%에서 유찰되고 금요일 첫 방문을 시작으로 다음 입찰마감일까지 수 차례 더 현장을 찾았다. 첫 유치권 물건에 도전장을 내민 데다가 물건의 면적이 크고 감정가격도 그간의 입찰경험과는 차원이 달랐기에 내가 가진 모든 역량을 전부 동원해서 신중을 기했다. 여러 번의 현장방문과 탐문내용을 종합해보고 가장유치권이라는 최종 결론에 도달했다.

당시 메모한 추리내용은 아래와 같다.

> 1 임차인 신고한 세 사람은 부부와 남편의 남동생이고 유치권자는 부부 중 아내의 여동생으로서 관련된 4명은 가족관계로 얽혀 있다.
> 임차인 세 사람은 휘트니스운영권과 매점운영권 그리고 옷, 수건을 포함한 락카운영권 등으로 나누어 각자 사업자등록을 내고 시설을 공동운영 중이다. 소액임차인 자격을 갖추고 있어 보증금 배분을 받는 바람에 명도확인서 발급 대상이다.
> 2 시공사인 (주)F개발 대표의 아내인 정△△는 상가가 미분양으로 남게 되자 체육과 출신으로서 헬스트레이너로 일하던 형부와 언니에게 상가에서 직접 헬스클럽을 운영할 것을 제안했다.
> 3 임차인들은 일단 상가 월세를 내지 않아도 되니 여러 곳에서 자금을 끌어다 우선 헬스클럽을 차렸다.
> 4 그러던 중 (주)F개발이 인천에서 벌인 사업이 어려워지며 상가의 소유권을 원○○에게 신탁양도하면서 사건이 꼬이게 되었고 결국은 인테리어 투자금이라도 건지려는 몸부림으로 유치권을 신청하게 되었다.

유치권의 사실관계는 유치권권리신고서에서 임차인이 스스로 주장한 것처럼 「유익비상환청구권」인 만큼 정당한 권원을 충족하면 배분금에서 수령하면 되겠지만, 앞의 이론편에서 살펴본 대로 유익비가 배분권리로 인정받기란 현실적으로 불가능하다. 상가의 임차인으로서 자신의 영업편익을 위하여 설치한 시설이기 때문이다. 만약 매수자에게 대항하기 위해서라면 건설유치권의 형태로 논리를 펴야 하는데 임차인이라서 그 주장도 설득력이 없다.

감정가의 35%까지 떨어져 금회 차 최저가가 303,100,000원이다.

유치권은 권원이 없지만 임차인의 명도저항은 상당히 있을 것으로 판단했다. 전 회차 금액 40%에 근접한 3억 3,600만 원을 적어냈다. 감정가의 38.8%였다. 최저가에 물경 3,300만 원을 더 썼다. 반드시 낙찰받고 싶은 마음이 강했고 그 정도의 투자가치 이상인 물건이라 판단했다.

다음날 조마조마한 심정으로 입찰결과를 기다렸다. 이 순간의 기분은 마치 아들 녀석 대학입시결과를 기다리는 마음처럼 긴장되곤 한다. 개찰결과 필자 외 1명이 더 참여했고 1,225만 원 차이로 낙찰을 따냈다. 감정가로 따지자면 1.4%p의 박빙이라 할 만한 차이였다. 그날 축하주 사는 자리에서 함께 임장했던 친구 J는 아반떼 한 대 떡 사먹었다는 농을 걸었지만 그 선택은 높은 수익률로 보답해주었다.

TIP11

상가매수공식 1_임대차현황 파악

캠코가 제공하는 압류재산명세서에 나온 임차인 현황조사 내용을 액면 그대로 믿으면 안 된다. 현황조사에는 두 종류의 내용이 나온다.

먼저 캠코의 조사담당자가 세무서에서 해당 물건지의 『상가건물임대차현황서』를 발급받아 임차인이 확정일자를 받기 위해 신고한 등록사항을 점유관계란에 적는다. 이 서류는 소유자가 된 이후에는 등기부등본과 신분증에 의하여 본인임을 확인한 후 세무서 민원실에서 발급받을 수 있지만 입찰 참여 전에는 「압류재산공매재산명세」에 의존할 수밖에 없다.

상가의 임차인도 주택임차인과 마찬가지로 자신의 권리를 지키기 위하여 영업장 소재지 관할세무서에 사업자등록을 하고 임대차계약서에 확정일자를 받는다. 세무서는 임차인이 신고한 계약서에 의거하여 전산에 입력하고 관리하게 되는데, 세무서가 직권으로 그 임대차계약의 진위를 파악하지 않기 때문에 신고 된 임차인의 보증금과 월세를 그대로 믿어서는 안 된다는 것이다. 즉, 임대인과 임차인의 통정에 의한 위계의 소지가 상존하므로 참고용으로만 판단해야 한다.

두 번째는 압류재산명세서의「위치 및 부근현황」란에 캠코 조사 담당자가 작성한 점유관계를 살펴보아야 한다. 세무서에 등록된 내용이 아닌 현장조사확인내용을 기록한 것인데 이것 역시 참고자료로만 활용해야 한다. 압류재산명세서에 대한 자세한 설명은 〈상가 매수공식 2〉에서 자세히 다룬다.

경매의 경우【민사집행법 제121조(매각허가결정에 대한 이의신청사유)】의 '7.경매절차에 그 밖의 중대한 잘못이 있을 때'라는 조항을 근거로 물건명세서의 하자를 이유로 매각불허가 신청을 청구할 수 있다. 그러나 공매에 매각불허가조항은 별도로 없다. 위 점유관계란에 잘못된 내용을 근거로도 그러한 주장을 할 수 없음에 유의하여 철저한 탐문조사로 실체적 진실을 확인한 후 입찰에 참여할 필요가 있다.

(3) 유치권 전쟁의 서막

유치권이 설정된 물건이지만 낙찰가의 약 70% 정도를 대출받아 곧바로 잔금을 납부하였다. 잔금납부 전에 준비해 둔 낙찰안내문*을 임차인에게 발송하면서, 동시에 점유이전금지가처분신청서와 명도소장을 의정부지방법원에 제출하였다.

낙찰안내 내용증명이 임차인에게 도착한 것을 확인하고 현장방문을 갔다. 이젠 점령군 자격으로 임차인을 만나는 것이다. 이미 충분한 사전조사와 주변 탐문으로 만반의 준비를 마친 상태이다. 그들이 어떻게 나올 것인지 구상을 끝내고 현장에서 마주했다.

"안녕하세요? 이번 캠코공매에서 상가를 매수한 사람입니다."

"유치권 신고된 것 알고 사신거죠? 그거 물어주면 바로 빼 드리고 아니면 한 발자국도 못 움직입니다."

관장실로 안내되었다. 벽면엔 해병대 훈련 사진, 태권도 시범 사진과 근육질 몸매를 과시하는 임차인의 사진이 걸려 있다. 삼십대 중반쯤 나이에 운동으로 다져진 다부진 몸매의 소유자다.

"사장님!! 영업을 위한 인테리어 공사비는 유치권 대상이 아닌데 아직 모르시나요?

저희와 잘 협의하면 적정한 이사비는 드리겠습니다."

---

* 각종 서식은 직접 만들어 사용하는 것이 좋다. 인터넷에 올라온 자료를 참고하여 자신만의 고유양식으로 만들어 놓으면 사업의 큰 자산이 된다.

"아, 몰라~ 몰라~ 우리는 그런 거 모르겠고 나중에 법대로 하시던가.. 어쨌든 우리는 3억 5천 다 안 주면 절대 못 나가니까 그렇게 아시고 그만 가세요. 남의 영업장에 와서 자꾸 방해하지 마시고."

"알겠습니다. 법대로 하자면 어쩔 수 없지요. 혹시 연락하실 일이 있으면 전화주세요."

명함 한 장을 내려놓고 떠밀리듯 상가를 나왔다. 점령군으로 갔지만 잡상인 취급받은 셈인데 앞으로 헤쳐 갈 일이 걱정된다. 이때 누구나 생각하는 것이 있다.

'아, 좀 쉽게 나가주면 안되겠니? 아니면 나와 재계약하면 더 좋고.'

그러나 꿈 깨시라!!

'싼 가격에 산 것으로도 모자라 손도 안 대고 코 푸시겠다? 그렇게는 안 되지.'

점유자는 그렇게 말하고 있다. 다시 한 번 관리사무소와 중개업소에 들러 상가의 소유자가 되었음을 알리고 돌아왔다. 앞으로 펼쳐질 쉽지 않은 소송전을 생각하니 머리가 지끈 하다. 그러나 게임의 칼자루는 매수자인 내가 쥐고 있으니 걱정할 필요는 없다. 평정심을 잃지 말고 조급해지면 안 된다.

명도소송은 채무자에게 소장의 송달이 필수요건이라서 첫 기일이 잡히려면 통상은 2~3달이 걸린다. 법을 잘 아는 사람이라면 교묘하게 송달을 거부하거나 기일연기, 증인이나 증거신청 등의 방법을 동원하여 소송의 진행을 상당히 늦출 수 있어 매수자에게 큰 피해를 준다.

하지만 가압류나 가처분과 같은 비송사건非訟事件은 법원이 합목적적 재량에 의하여 사인간의 다툼에 대하여 신속하고 탄력 있게 처리할 수 있도록 하기 위하여 변론주의를 배제하고 직권주의에 의한 결정의 형태로 판결을 내리는 사법절차이다. 당연히 기판력이 없고 취소·변경 가능하다.

변론주의를 채택하지 않음으로써 송달의 절차가 필요 없다. 대신에 채권자의 무분별한 청구를 막기 위해 공탁이라는 피해구제제도를 둔다. 따라서 점유이전금지가처분도 송달이라는 별도의 절차가 없다. 공탁금이라는 피해구제제도가 있어 이유 없는 가처분으로 채무자가 손해를 보았다면 공탁금으로 그 손해를 보상받을 수 있으므로 신속하게 절차가 마무리된다.

공매의 매수인은 반드시 점유이전금지가처분을 신청하여 집행을 받아 놓으면 이후에 진행되는 명도소송사건과 협상에서 엄청나게 유리한 위치에 설수 있다. 왜냐하면 법원 집행관의 결정문 집행은 대부분의 채무자를 심리적 공황상태로 만든다. 눈에 잘 보이는 곳에 부착된 가처분고시문은 점유자에게 이렇게 말하고 있다.

'당신은 이 상가의 점유권원이 없으며, 이제 곧 퇴출될 것입니다.'

하지만 무엇보다도 스스로가 아무런 권원이 없음을 알기에 가처분결정으로 퇴출의 위기감은 점점 더 커지는 것이다.

2010년 9월 30일 가처분신청서 접수 보름 만에 결정이 났고, 집행관의 스케줄에 맞추어 10월 12일 오전 11시에 전격적으로 가처분집행이 현장에서 실행되었다. 집행은 10분도 채 걸리지 않았다. 가처분고시문*을 관장실 벽면에 붙였다.

집행관은 부착물을 허가 없이 떼거나 붙인 장소를 임의로 옮기면 형사처벌 된다는 사실을 다시 한 번 고지하고 디지털카메라로 관장실 부착 벽면의 사진을 찍은 후 떠났다. 그나마 채무자는 영업장 체면을 위해 사람들 눈에 잘 안 띄는 장소에 붙여주는 집행관의 배려에 감사해야 한다.

집행대상물건에 사람이 없거나 문이 잠겨 있으면 열쇠공 출장을 요청해야 하지만 헬스클럽이라는 업장 특성상 폐문부재 상황은 없으므로 가처분집행이 용이한 것은 상업용 건물의 이점이기도 하다. 게다가 실내에 상가 이용자들이 있으므로 큰 소리 나거나 불편한 상황이 연출될 일도 없다. 집행관이 나가고 잠시 어색한 시간이 흐를 즈음 내가 먼저 운을 뗐다.

* 「점유이전금지가처분결정 고시문」

고 시

사 건   2010 카단 58○○ 부동산점유이전금지가처분

채 권 자   김 영 호
　　　　　　서울 서초구 서초동

채 무 자   1. 박 ○ ○
　　　　　　경기도 남양주시 금곡동 S프라자 제 200호
　　　　　　2. 정 ○ ○
　　　　　　경기도 남양주시 금곡동 S프라자 제 200호

집 행 권 원   2010 카단 58○○ 부동산점유이전금지가처분결정

　위 집행권원에 기한 채권자 김영호의 위임에 의하여 별지표시 부동산에 대하여 채무자의 점유를 해제하고 집행관이 이를 보관합니다.
　그러나 이 부동산의 현상을 변경하지 않을 것을 조건으로 채무자가 사용할 수 있습니다.
　채무자는 별지표시 부동산에 대하여 그 점유를 타인에게 이전하거나 또는 점유명의를 변경하지 못합니다.
　누구든지 집행관의 허가 없이 이 고지를 손상 또는 은닉하거나 기타의 방법으로 그 효용을 해하는 때에는 벌을 받을 수 있습니다.

2010. 10. 12
의 정 부 지 방 법 원
집 행 관   홍 길 동 (인)

"관장님!! 임차인의 유치권 주장은 법원이 받아주지 않습니다. 서로 조금씩 양보해서 이사비 받고 나가든지, 아니면 계속 임차하실 생각은 없으신가요?"

"흐~음. 집행관 데려와서 심기를 불편하게 하더니 또 그 소립니까? 유치권 금액 물어주면 당장 비워 드릴게요."

여전히 유치권을 주장하고 있지만 목소리의 톤은 지난 번보다 풀이 많이 죽어있다.

"아직도 같은 주장이시네요. 명도소송 제기해 놓았으니 재판을 거쳐 판사가 물어주라고 하면 얼마든지 지급해드리겠습니다. 곧 소장이 날아갈 테니까 법정에서 만납시다."

서로의 주장이 여전히 평행선을 긋는 상황에서 더 이상의 논쟁은 감정만 상하게 할 뿐이다. 성공적인 집행을 마친 것에 만족하고 돌아섰다.

3년 만에 수억 원의 투자금을 고스란히 날리게 될지도 모르는 임차인의 입장에서 최선의 선택은 무엇일까? 역지사지易地思之의 관점에서 생각해보자. 현 임차인이 자신의 손실을 최소화하는 몇 가지 시나리오를 구상해 보자.

① 유치권소송에서 승소한다.
▶ 이는 곧 추가인수금 3억 5천만 원을 필자가 떠안는 것이지만, 피고가 소송에서 이길 가능성은 거의 제로이다.
② 협상을 통해서 월세를 최대한 낮추고 유리한 조건으로 재계약한다.

▶ 영업은 그런대로 유지되니 더 열심히 해서 많은 수익을 내면 되지만 그간 험한 상황을 거치며 의욕을 잃었다.

③ 제3자에게 권리금을 받고 넘긴다.
▶ 건물주가 되지도 못하고 손해만 커서 의욕상실 상태인데 차라리 권리금이라도 많이 받을 수 있다면 이번 기회에 손 떼는 것도 고려해볼 만하다.

④ 일명 『배째라 작전』으로 나가다가 ③의 방법을 병행 구사한다.
▶ 소송에서 최대한 시간끌기전략으로 매수인을 괴롭히고 그 과정에서 이사비를 잔뜩 받아내면서, 권리금을 받아서 손실을 최소화하는 전략을 쓴다.

만약 당신이 임차인이라면 어떤 방법이 최선일까? 계속해서 영업을 하고자 하면 두 번째 선택을 할 것이고, 그렇지 않다면 네 번째 방법이 좋아 보인다. 반대로 매수인의 입장에서는 임차조건을 약간 양보하는 선에서 두 번째 재임차의 방안이 최선이고, 아니라면 세 번째 새로 들어오는 임차인과의 계약이 차선일 것이다.

공경매투자자에게는 역지사지의 입장 바꿔 생각해보는 시나리오전략이 반드시 필요하다. 나와 상대방의 이해관계가 첨예하게 대립하고 있으므로 서로에게 최선 또는 차선의 방법을 찾아 조금씩 양보해서 윈윈win-win하는 전략으로 접근할 필요가 있다. 상대를 최대한 배려하면서 도와준다는 생각으로 양보하는 모습을 보이면 의외로 협상의 실마리가 쉽게 풀린다. 이것이 그간의 경험에서 얻은 결론이고 특히나 캠코공매투자자가 가져야 할 덕목이다. 다시 말하지만 싸게 샀으니 이익을 조금 더 나눈다는 마인드가 필요하다.

한 여름에 시작된 사건이 낙엽 지는 가을을 지나 찬바람 부는 11월로 넘어가고 있다. 예상한 것처럼 명도소송의 진행이 소장의 송달에서 늦어지고 있다. 일반송달이 아닌 야간특별송달을 통해서 가까스로 송달이 완료되었다. 송달은 시간과의 싸움일 뿐 결국은 공시송달의 방법을 통해서라도 원고가 이기는 게임이다. 시간이 지체될수록 기회비용 손실이 아깝지만 작은 손실에 연연하며 조급해할 필요는 없다.

자, 이젠 느긋하게 첫 재판기일만 기다리면 된다. 변론기일소환장이 올 때까지 유치권의 필요유익비 관련 판례를 공부하면서 임차인에게 함께 공부하자고 숙제를 내준다. 임차인의 영업을 위한 필요유익비는 유치권의 대상이 아니라는 대법원판례와 법적 절차에 따른 안내문을 유치권자에게 보냈다. 관리사무소에도 체납관리비의 징수를 촉구하는 내용증명을 발송하였다. 공용부분의 관리비는 특별승계인인 매수자가 인수한다는 것은 삼척동자도 아는 공경매의 대표상식이 되었지만 이 경우처럼 현재도 정상적인 영업을 하고 있는 경우라면 판례에 무임승차하려는 태도에 경종을 울릴 필요는 충분히 있다.

시간의 흐름은 어느새 겨울의 문턱인 12월이다. 기다림의 하루하루가 지나는 중에 유치권자, 아니 정확히는 유치권주장자인 임차인이 전화를 했다. 몇 차례의 내 전화를 피하던 터라 반갑기까지하다.

'으~음, 무슨 심정의 변화가 있는 것일까?'

한 걸음에 달려갔다.

"소송을 취하해 주세요. 새로운 임차인이 올 겁니다. 임차시세는 다른 상가보다는 조금만 싸게 해주시고요."

내가 생각한 세 번째 시나리오가 현실로 나타나는 순간이다.

"아, 상가를 넘기시게요? 어려운 사정을 제가 아니까 임차료는 조금 낮게 해드릴게요. 하지만 관리비는 깨끗하게 정리해주시는 조건으로 양보해드리겠습니다."

예상외로 일찍 사건이 마무리되었다. 명도비용 지출도 없었고, 체납관리비 역시 임차인이 해결하였기에 필자는 별도의 추가비용 없이 깔끔하게 명도문제를 해결하였다. 양보라면 새로운 임차인과의 계약에서 월세를 조정해주는 선에서 협상을 마무리 지었으니 여러모로 만족스런 결과이다. 임차인과의 협상결렬로 상당한 시간이 필요한 법정공방을 예상했으나 막상 기대하지 않았던 부분에서 실마리가 풀리면서 이보다 더 좋을 수 없는 결론으로 사건이 종결되었다.

TIP12

점유이전금지가처분신청

공매에 있어 점유이전금지가처분(이하 점이가)신청은 만병통치약이라 할 만하다. 일단 집행관과 동행해서 가처분신청이 집행되면 한 마디로 '게임오버'다. 그 만큼 채무자를 옴짝달싹 못하게 만드는 효과가 있다. 법률지식을 어느 정도 가진 악의의 채무자는 명도소송을 무력화하는 방법을 잘 알고 있다. 소송의 지연이나 연기와 같은 시간끌기 작전도 자유자재로 구사할 수 있다.

이러한 불법점유자를 상대하기 위해 반드시 필요한 것이 점이가인 것이다.

점이가는 목적물의 본 집행까지 채무자(임차인 또는 점유자)가 목적물의 현 상태를 그대로 유지하고 점유명의를 변경하거나 점유를 이전하지 못하도록 강제하는 역할을 한다. 명도소송을 통해 집행권원을 얻더라도 점유대상이 바뀌어 버리면 전 점유자를 대상으로 받은 집행권원이 무용지물이 되어 버리기 때문이다.

만약 점이가집행 이후 악의적으로 점유를 이전하더라도 바뀐 점유자를 상대로 별도의 소송절차 없이 원판결의 승계집행문을 부여받아 현재의 점유자를 퇴거 시킬 수 있으므로 매수자의 입장에서는 매우 유용한 압박무기가 되는 것이다.

[주의할 점]

점이가 신청 시 목적 부동산을 명백하게 특정해야 한다. 따라서 부동산의 일부가 목적물이거나 명확한 경계의 확인이 필요한 경우에는 도면, 사진 등으로 계쟁부분을 특정해야 한다.

가처분 신청서는 다음의 순서로 작성한다.

    ① 당사자(대리인이 있는 경우 대리인 포함)
    ② 목적물의 가액, 피보전권리 및 목적물의 표시
    ③ 신청의 취지
    ④ 신청의 이유
    ⑤ 관할법원
    ⑥ 소명방법
    ⑦ 작성한 날짜 기재
    ⑧ 당사자 또는 대리인의 기명날인 또는 서명

여기서 조금 생소한 부분이 『2. 목적물의 가액』 산정방법이다. 가액의 기준은 다음의 방법으로 쉽게 산정할 수 있다.

① 대한법률구조공단 홈페이지(www.klac.or.kr)에 접속한다.
② 초화면의 소송비용자동계산 클릭

③ 기타사건 비용계산 클릭
④ 건물소가산정 클릭

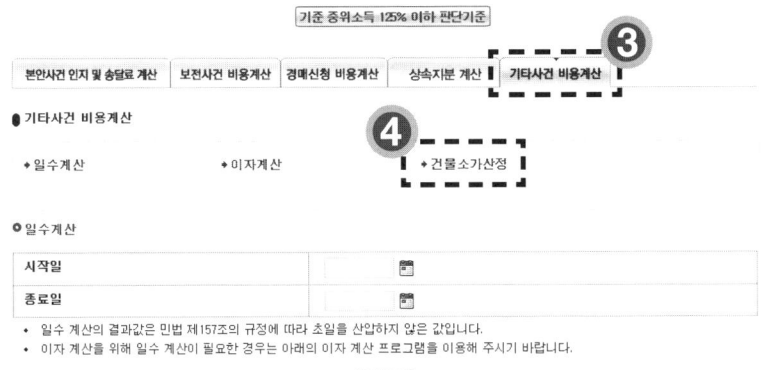

⑤ 해당란에 건물의 현상에 맞는 항목을 선택
⑥ 가감산특례는 '가감산율 대상없음' 체크
⑦ 권리 및 소의 종류는 두 번째 항목 '물건가액만 산정' 체크하면 입력 종료

끝으로 계산하기를 누르면 소송물가액이 산정되고 이 금액이 목적물가액이다.

[진행 프로세스]

① 명도소송과 함께 점유이전금지가처분을 부동산소재지 관할법원에 신청한다.
② 점이가 결정 & 점이가 집행
③ 명도소송 승소
④ 강제집행

그런데 여기서 중요한 사실이 하나 있다. 그 동안 공매투자에서 수많은 낙찰을 받고 명도를 치러봤지만 강제집행까지 간 적은 한 번도 없었다. 물론 운이 좋거나 점유자가 착해서 그럴 수도 있겠지만 서로 조금씩 양보하고 예의를 지켰기 때문에 가능한 일이었다.

TIP13

공매 명도의 제1원칙

오마하의 현인 「워런 버핏Warren Buffett」의 명언 하나를 소개한다.

> 투자의 제1원칙 : 절대 돈을 잃지 말라.
> 투자의 제2원칙 : 첫 번째 원칙을 잊지 말라.

공경매의 투자자들에게도 귀감이 될 만한 소중한 말씀이다. 하나 더 추가하자면 공경매의 매수자는 갑甲이라는 사실을 가슴에 새길 필요가 있다. 점유자는 그가 누구일지라도 명도대상으로 보고 당당하게 접근하여야 한다.

매수자는 정당한 권원의 등기부상 소유자이며 모든 법적 서류의 채권자이자 법적분쟁의 원고라는 점을 인식하고 대화와 협상이 안 통하면 엄격한 법집행을 불사한다는 자세를 견지해야만 지루한 공방을 이겨낼 수 있다. 버핏 선생에게 전수받은 필자의 명도원칙을 이 책의 독자에게만 공개한다.

> 명도의 제1원칙 : 절대 갑甲의 자세를 견지하라.
> 명도의 제2원칙 : 첫 번째 원칙을 잊지 말라.

TIP14

송달의 기술

　명도소송에 있어 가장 중요한 부분은 역시 송달이라고 할 수 있다. 소송의 쟁점이 명확하고 다툼의 소지가 적어 송달만 적시에 이루어지면 1~2차 변론기일만으로 원고가 승소판결을 얻어내는 것은 어려운 일이 아니다. 하지만 피고가 고의로 송달을 거부하면 여간 번거로운 문제가 아니다. 1차로 주소보정명령을 받고 피고의 주민등록초본을 발급받아 새로운 주소지로 2차 송달신청을 한다. 그럼에도 불구하고 또 다시 송달불능이 되면 3차로 집행관에 의한 특별송달을 신청한다.

　통상 주소지에 거주하고는 있으나 주간에 부재중일 경우 신청하는데 대개의 경우라면 야간 또는 휴일특별송달 단계에서 송달이 이루어진다. 본 건의 경우 역시 피고 중 1명에게는 야간특별송달로 종결되었다. 그러나 집행관 송달마저도 불능되면 송달의 마지막 보루인 공시송달을 신청하는데 일반송달과 특별송달을 거쳐야만 이 단계에서 마무리 지을 수 있다. 공시송달은 원고가 과실 없이 피고의 주소지를 알지 못하는 경우 원고의 신청에 의해 법원게시판에 피고에게 송달할 서류를 교부하겠다는 뜻을 기재하여 게재함으로써 송달에 갈음하는 절차를 말한다. 몇 번의 송달불능과 주소보정,

그리고 특별송달과 공시송달까지 험난한 과정을 거치게 되면 짧으면 2~3개월 최대 5개월까지도 시간이 소요된다.

  소송의 진행과정에서도 피고가 답변서와 준비서면, 증인과 증거서류를 제출하거나 변론기일을 변경하는 등, 소송을 지연시키려는 다양한 시도를 할 경우 예상외로 늦어질 가능성이 있다. 하지만 여타 소송과는 달리 점유권원에 대한 쟁점이 명확하고 분쟁의 소지가 적은 명도소송의 특성 상 재판을 지연시킬 만한 여지가 거의 없다. 따라서 대개의 경우 송달만 신속하게 이루어진다면 승소를 위한 8부 능선을 넘었다고 해도 과언이 아니다.

(4) 결론

이렇게 해서 2010년 8월 11일 낙찰받고, 12월 6일 소송취하서를 제출하는 것으로 근 넉 달간의 대장정이 마무리되었다. 잔금납부일을 기준으로 하면 석 달 만이다. 최소 6개월에서 길게는 1년 이상의 시간을 생각하고 있었는데 예상보다는 싱겁게(?) 끝났다.

운동하는 친구답게 관리비와 공과금까지 깔끔하게 처리하고 퇴거하였고 그가 소개한 새로운 임차인과 계약서를 작성했다. 영업한 지 3년밖에 안된 터라 시설과 장비가 깨끗하고 영업이익이 규모의 경제를 이루고 있다는 장점이 후임자에게 어필했을 것이다. 영업권리금과 시설권리금이 있으니 명분 없는 유치권소송에서 지고 손해를 키우느니 권리금 받고 넘기는 것이 이익이라는 계산이 나왔을 것이다.

사실 이때는 몰랐다. 초보투자자 시절이라 유치권을 주장하는 소송사건도 의외로 쉽게 마무리되어 명도소송이 별거 아닌가 보다라며 우쭐했는데 이후에 벌어진 또 다른 소송에서는 그야말로 KO 일보 직전까지 몰렸다가 겨우 헤어 나오기도 했다. 다툼이 없어 승소가 예상되는 소송사건이라도 그것은 단지 내 생각일 뿐이다. 나쁜 마음을 먹은 상대방이 변호사를 내세워 다양한 소송기술을 가지고 시간 끌기로 나오면 얼마나 힘든 결과가 나올지 당시에는 상상도 못했고 그저 내가 잘해서 쉽게 끝난 줄 알았다.

솔직히 고백하자면, 당시에는 몰랐던 두 가지 변수가 필자에게 행운을 가져다 준 사례이다.

첫 번째는 권리금이라는 변수이다. 고비용 장치사업인 휘트니스 클럽의 성격 상 회원 수를 감안한 권리금 거래를 통해 사업승계가 가능했기에 해결도 빨랐던 것이다. 권리금 변수를 예상하긴 했지만 필자의 예상보다 금액이 커서 신속한 의사결정이 가능했다.

두 번째 요인은 임차인과 소유자 그리고 대출기관인 저축은행까지 포함한 복잡한 금전관계와 그로 인한 그들 사이의 소송사건에 필자가 어부지리를 한 것이다. 공매사건에서는 이런 내용을 전혀 알 수 없었지만 잔금납부 후 명도소송을 진행하면서 캠코로부터 유치권과 관련한 서류를 교부받아 확인한 결과 이해당사자간에 첨예한 법정공방이 있었음을 알게 되었다. 또한 배분과정에서 임차인들이 최우선변제금 수령을 위한 명도확인서까지 요구하는 상황에서 필자와의 명도소송까지 감당할 명분이 약했던 것으로 보인다. 어쨌거나 다소 의외의 곳에서 사건이 종결되었으니「소 뒷걸음질에 쥐잡은 격」이 아니었나 생각된다.

TIP15

상가매수공식 2_압류재산공매재산명세의 이해

캠코가 제공하는 압류재산공매재산명세서(이하 공매재산명세서)에는 많은 정보가 내포되어 있다. 임차인이 존재하는 경우 이 서류를 통해 확인할 수 있는 내용은 다음과 같다.

　① 임차인의 전입일(사업자등록일)과 확정일자의 날짜
　② 임차보증금과 차임
　③ 배분요구 여부와 배분요구일자
　④ 점유여부와 현재의 이용상황
　⑤ 기타 채권자의 존재여부와 배분요구액 및 배분요구일자 등

하지만 이 공매재산명세서는 참고용일 뿐 100% 신뢰해서는 안 된다. '정확한 임차내역은 별도의 재확인을 요함'이라는 별도의 문구가 이 서류의 내용을 보증하지 않는다는 사실을 대변하고 있으며, 따라서 매각 이후에 본 명세서의 내용을 문제 삼아 매각불허가를 요청할 경우 받아들여지지 않을 수 있기 때문이다. 임차인과 관련한 사항은 현장조사로 얻은 정보와 캠코의 담당직원에게 확인한 내용만을 입찰의 증거자료로 삼아야만 한다는 점을 잊지 말아야 한다.

압류재산 공매재산 명세

처 분 청	동안양세무서	관 리 번 호	2016-11745-006
공매공고일	2017-02-08	배분요구의 종기	2017-03-06
압류재산의 표시	인천광역시 서구 연희동 건물 97.92㎡ 대 지분 29.21㎡	미라클프라자 제6층 제 호	
매각예정가격/입찰기간/개찰일자/매각결정기일		온비드 입찰정보 참조	
공 매 보 증 금		매각예정가격의 100분의 10 이상	

■ 점유관계   [조사일시 : 2017-01-16   /정보출처 : 현황조사서 및 감정평가서]

점유관계	성명	계약일자	전입일자 (사업자등록신청일자)	확정일자	보증금(원)	차임(원)	임차부분
임차인	주식회사	미상	2016-05-16	미상	10,000,000	1,000,000	○○○호

이용현황(감정평가서)	근린생활시설

위치 및 부근현황
(감정평가서)
	□ 본건 개요 및 현황
	 - 본건 인천 서구 연희동 소재, 현황 근린생활시설(상호:)로 이용 중임
	□ 관공서 열람내역
	 - 서인천세무서 : 임차인 주식회사
	□ 점유관계 현황
	 - 본건 방문시 임차인 대면하여 방문취지 및 배분요구 안내함
	 - ○○○ 면담결과 본건 사무실을 보증금 1천만 원/월 1백만 원에 임차하여
	   사용 중이라고 구두진술함
	 - 임차인의 임차금액은 구두진술에 의하여 등록하였으므로
	   정확한 임차내역은 별도 재확인을 요함

■ 배분요구 및 채권신고 현황

번호	권리관계	권리자명	설정일자	설정금액(원)	배분요구채권액(원)	배분요구일
1	교부청구	남원시청		0	7,040	2017-01-06
2	교부청구	의왕시청		0	276,350	2016-12-27
3	교부청구	안양동안구청		0	1,299,070	2017-01-03
4	교부청구	서인천세무서		0	23,291,770	2017-02-10
5	임차인	주식회사		0	0	2017-03-06
6	위임기관	동안양세무서	2015-11-30	0	671,615,910	2016-08-11

2) 대구 범어동 근린상가

(1) 물건의 개요

대구 수성구 범어동의 S호텔 내 3층 상가가 공매에 나왔다. 건축주가 공사대금을 대물로 지급하였는데 이를 취득한 공사업자가 세금을 체납하여 동대구세무서가 공매에 부친 물건이다. 이 물건은 2017년 9월 4일 매각결정을 받고 2018년 1월 15일 현 점유자와 임대차계약을 맺으면서 명도가 종료된 최근의 사건이다.

전철 3호선 수성구민운동장역 인근의 S호텔 3층 근린상가 2개 호수가 약 두 달의 시차를 두고 공매목록에 이름을 올렸다. 각 호수의 면적은 240㎡로써 편의상 먼저 진행되는 호수를 3-A호, 유치권 물건으로 필자의 법인이 매수한 것은 3-B호라 하자.

현황은 구분건물 2칸을 터서 인근의 범어P지역주택조합 모델하우스로 사용 중이다. 대개 아파트의 모델하우스라면 널찍한 주차장을 갖춘 단독 대지에 화려하고 근사하게 짓는 것이 보통인데 조금은 의외의 장소에 꾸며 놓았다는 생각이 들었다. 나중에 알고 보니 일반분양 아파트가 아닌 비교적 소규모세대의 지역주택조합아파트라서 비용절감차원에서 분양지역 인근의 장소를 찾다 보니 주차가 편하고 접근성이 좋은 S호텔에 장소를 잡은 것이다. 대규모 부지에 단독 모델하우스는 유지 관리비용이 많이 들어서 조합원들의 비용으로 운영하기엔 경제성이 떨어지기 때문이다.

2017년 3월 9일 1회차 유찰을 시작으로 감정가의 50%가 되는 6회 차에도 주인을 찾지 못하던 3-A호는 그해 6월 8일 드디어 8회차만에 주인을 찾았다. 감정가 18억 2,900만 원의 48%인 8억 7,800만 원을 써서 단독 응찰에 의한 낙찰이다.

대구는 몇 손가락에 꼽히는 큰 도시이지만 필자에겐 별다른 연고가 없고 3년 전에 테니스동호회 모임으로 한 번 가본 것이 전부일 정도로 낯선 도시이다. 경제신문의 부동산 관련 기사를 통해서 대구광역시에서는 수성구가 학군이 좋고 아파트 가격이 비싼 지역이라는 정도의 지식이 전부이다. 아파트 값은 비싸지만 눈에 띄는 하자도 없는 근린상가의 낙찰가률이 이렇게 낮은 것을 보니 대구의 경기가 좋지는 않은가보다 하는 생각으로 입찰결과를 지켜보았다. 그러던 중에 인접한 3-B호의 공매가 진행되었는데 역시 하염없이 유찰 중이다.

쇼핑을 하다 보면 상품에 관심이 가는 요소는 여러 가지가 있다. 기능, 디자인, 제조회사 등도 중요한 선택기준이지만 가격이 주는 메리트도 그에 못지않다. 당장에 필요하지 않은 물건도 가격이 싸면 사는 경우가 있으니 말이다. 공경매물건을 검색하다가 예상외로 유찰이 많이 된 물건은 꼭 한 번 열어 보게 된다. 하지만 곧 가격이 떨어진 이유를 알게 되는데, 대항력 있는 임차인이 있거나 선순위 가등기, 또는 유치권이나 법정지상권과 같은 하자권리 있는 물건이기 때문이다. 물건정보를 확인해보니 역시나 유치권이 신고되어 있었다. 그러나 함께 쓰고 있는 3-A호는 유치권신고 없이 매각되었는데 이 건에만 신고된 점이 이상해서 자세하게 검토해보기로 하였다.

(2) 유치권 검토

앞의 사례에서 살펴본 것처럼 이 물건에 어떠한 히스토리가 있는지 조사하고 추측해보면서 실마리를 풀어가는 시나리오 기법이 필요하다. 정상 물건인데도 불구하고 감정가의 48%에서 낙찰되고 유치권이 신청된 본 물건은 40%까지 떨어졌다. 유치권은 차치하고도 왜 이렇게나 많이 떨어진 것인지, 입지나 건물에 문제가 있는 것인지, 대구 수성구의 상가수익률이 얼마나 되는지 등 모든 것이 궁금해졌다.

마침 해당물건이 호텔에 자리하고 있어 한 이틀 머리도 식힐 겸 슈페리어룸으로 예약을 했다. 이 물건에 대한 호기심에 더하여 2017년 여름, 대한민국을 뜨겁게 달군 김광석 추모 열기 역시 대구가 날 부르지 않았나 싶기도 하다. 평소에 김광석을 좋아했고 당시 김광석의 죽음을 둘러싼 사회적 관심이 커져 뉴스의 한 페이지를 장식할 때였으니까. 지금도 그의 노래 '서른 즈음에'를 들으며 글을 쓰노라니 「김광석길」에서 느꼈던 감회가 뜨거웠던 도시의 폭염과 함께 코끝을 찡하게 했던 기억이 새롭다.

이 일의 큰 장점은 이런 것이다. 직장과 출근에 얽매이지 않아도 되니 관심 있고 호기심 있는 일에 얼마든지 시간을 할애할 수 있다는 점이다.

잠시 초점이 흐려졌다. 모델하우스는 깔끔하게 단장되어 있었고 32평형과 25평형의 두 개 평형과 고객상담 공간으로 꾸며져 있다. 유치권을 주장하는 표식이나 현수막은 찾아볼 수 없다. 분양대행업체의 직원들만 자리를 지키고 있는데 아파트에 관심 있는 사람처럼 여기저기 어슬렁거리다 관리자급으로 보이는 직원에게 인사를 건넨다.

"안녕하세요? 조합원 모집이 많이 되었나요?"

"아~ 네. 거의 모집이 마무리되어 갑니다. 빨리 결정하시는 게 좋아요!!"

분양대행업자의 한결같은 대답이자 공통 언어다.

"선생님, 사실은 이 상가의 공매에 관심이 있어 왔습니다. 유치권이 신고되어 있던데 권리자가 조합인가요, 시공회사인가요?"

"저는 분양대행사 직원이라 잘 모릅니다. 이 분께 전화해보시겠습니까?"

나의 질문에 김이 빠진 듯 묻지도 않은 전화번호 하나를 건넸다. 분양대상자가 아닌 사람과 시간 낭비할 필요가 없는 그의 입장에선 실내의 다른 사람과 상담하는 것이 영양가 있다고 판단하였나 보다. 어쨌든 건물의 상태를 꼼꼼히 확인했고 중요한 정보를 가진 사람의 연락처를 받았으니 분양팜플릿을 챙기는 것으로 오늘의 업무는 종료다.

대구를 왜 '대프리카'라고 하는지 알만할 정도의 찌는 듯한 날씨다. 아마도 올여름의 더위라면 그곳 사람들은 엄청난 땀을 흘렸을 것이다. 8월 18일이니 말복도 지나 서울은 더위가 조금 누그러졌는데 여기는 아직 한창 덥다. 호텔 룸으로 올라와서 받아온 번호로 전화를 걸었다. 그 분은 시행을 맡은 K건설의 대표로 중후한 저음에 나이가 지긋하신 분이다. 중간 담당자를 거치지 않고 곧바로 회사 대표를 통화한 것도 운이 좋았는데 내가 사전에 파악한 사실에 궁금한 내용을 천천히 질문하고 친절하게 답을 받았으니 이 물건과 인연이 되지 않을까 생각이 들었다.

이미 3-A호가 두 달 전에 낙찰되어 그쪽 매수자와 계약 관련 논의를 하고 있으며, 지역주택조합사업의 경우 사업완료까지 약 3년 이상의 시간이 필요하다는 점, 사업기간동안 모델하우스의 유지가 필요한 점 등 전화통화만으로 유용한 정보를 책임 있는 자리에 있는 분으로부터 들을 수 있었다. 아마도 필자가 첫 문의자였고 K건설의 입장에서도 누가 매수하든 자신들이 원하는 조건으로 빨리 매듭짓고자 하는 의도가 강한 것으로 느껴진다.

매각물건명세서에 기재된 내용과 K건설 대표에게 들은 정보를 바탕으로 이제까지의 히스토리를 추정해 본다. 포털사이트에서 범어P지역주택조합을 검색하자 2014년 처음 조합설립 이후 부진한 사업진행으로 시공사와 사업주체가 바뀌는 우여곡절이 있었다.

① 2014년 경 주택조합 전문 S건설을 시공사로 범어P지역주택조합을 설립

- ② 시행사 S사가 본 건물을 임차하여 모델하우스(이하 M/H)로 꾸미기로 함
- ③ 건물주 김○○은 본래 건축업자로서 대물로 본 건물을 취득하였으며, 시행사인 S사에 임대해 주면서 M/H 건축하도급을 받음
- ④ 건물주 김○○이 대표인 M건설산업이 M/H를 제작 인도하였으나 주택사업의 표류로 시행사가 K건설로 넘어감
- ⑤ 이 과정에서 K건설과 범어P지역주택조합은 이전 시행사인 S사와 M/H에 대한 전대차계약을 체결함
- ⑥ 사업이 어려워진 건물주의 국세체납으로 동대구세무서가 본 건물을 공매에 넘김
- ⑦ M건설산업이 M/H 공사대금 미수령분을 대상으로 공매개시결정 이후 뒤늦게 4억 2천만 원의 유치권을 신고함
- ⑧ 시행권을 인수한 K건설은 M/H공사대금 일부를 보전해주기로 하는 선에서 M건설산업과 협의를 마침 [→ 잔금을 치른 후 알게 되었지만 K건설이 M건설산업과 채권양수도계약서를 작성하였는바, 유치권의 원인이 된 채권채무관계가 소멸되었음]

대략적인 진행사항이 이렇게 요약된다. 유치권 신청자인 M건설산업은 건물소유자인 김○○가 대표인 M/H의 인테리어 제작사로서 임차인이었던 전前 시행사 S사를 상대로 유치권을 신고한 것이었다. 채권자는 M건설산업이고 채무자는 S사로서 본 건물의 임차인을 상대로 한 유치권 신청인 셈이다. 이는 필요비나 유익비도 아니고, 건설유치권은 더더욱 아니며 도무지 유치권 성립이 되지 않는 사안이다. 게다가 2017년 4월 7일 공매개시결정이 나고 공매가

한참 진행 중이던 2017년 7월 6일에서야 유치권신청이 접수된 건으로써 여러 면에서 유치권 성립요건을 충족하지 못하고 있다는 결론에 이르렀다. 밤 10시가 되어 가는데도 밖은 무더위의 여운이 가시지 않는다. 대구의 명소라는 서문시장에 나가 시원한 크림생맥주와 꼬치안주로 낯선 곳에서의 하룻밤을 마무리했다.

대개의 경우 부동산의 가격은 투자수익률과 투자심리에 영향받는다. 필자의 경험으로 보면 두 가지 중에서도 투자심리가 수익률보다 더 중요하다. 서울 강남의 아파트 가격이 크게 오르는 이유는 사람들의 심리 속에 불패의 믿음이 있기 때문이다. 투자수익률은 그 다음 문제다. 필자가 보는 대구의 상가투자심리는 많이 식어있다. 투자수익률이 높아야 투자자의 관심을 조금이라도 끌 수 있다. 이 물건의 경우도 가격 메리트는 있지만 보유기간 중 얼마만큼의 투자수익을 올리고 어느 순간에 빠져 나올 것인가 하는 출구전략을 명확하게 세우고 접근할 필요가 있다.

인근 중개업소에 들러 S호텔과 인근의 임대료 수준을 문의했다. 최근의 임차계약 사례는 실면적 80m^2 기준 보증금 2천만 원, 월세 120~140만 원가량으로 거래되었다. 호텔이라는 랜드마크입지가 사무실로 쓰기에 안성맞춤이라서 임차인을 찾기는 수월해 보인다. 하지만 상황은 늘 변수가 있는 법이라서 보수적으로 접근하는 것이 좋은 결과를 가져온다.

TIP16

상가매수공식 3_
상가투자의 빛과 그늘, 그리고 폐기물처리반

아무리 좋은 상권에 들어선 입지 좋은 상가도 처음부터 100% 만실로 출발하기는 쉽지 않다. 씨앗이 뿌리를 내려 싹을 틔우고 꽃을 피우기까지 시간이 필요하듯 인고의 시간을 견뎌야 한다. 비싼 돈을 주고 처음 분양받은 첫 매수자는 영업력 있는 우량임차인을 만나면 시간이 지나면서 상권도 좋아지고 임차료도 오르면서 '조물주 아래 건물주'가 된다. 그러나 공매를 통해 상가를 매수하다 보면 빚과 세금 때문에 상가를 날리게 되는 경우를 많이 본다. 장밋빛 꿈이 한낱 일장춘몽一場春夢이 되는 경우가 더 많다.

주택과 상가는 공실이라는 측면에서 차이가 많다. 일반적으로 주거용은 값을 내리면 임차인을 구하는 데 크게 애 먹는 일은 없다. 하지만 상가는 다르다. 임차인이 돈 벌러 들어오는데 영업이 안 될 것이라고 생각하면 공실이 하염없이 길어진다. 몸만 들어와서 장사하는 것이 아니라 시설과 장비가 동반된다. 인테리어를 하고 필요한 영업비품을 갖추어야 손님을 맞을 수 있기 때문이다.

임차료가 아무리 싸거나 심지어 거저 들어오라고 해도 영업이 안 될 것 같으면 거들떠보지도 않는 것이 바로 장사꾼이다. 공경매투자자도 마찬가지다. 세가 쉽게 나가지 않을 것 같은 상가는 거들떠보지도 말라!! 상가가격이 많이 떨어졌으니 이 가격에 매수하면 뭐라도 안 되겠나하는 안이한 생각을 하는 사람들이 있는데 너무 위험한 생각이다.

얼마 전에 우리 법인소유의 상가 임대차계약을 성사시켜준 종로의 부동산 실장에게서 전화가 왔다.

"사장님!! 사장님이 공매 받은 옆 호수가 급매로 나왔어요. 주인이 외국에 이민 간다고 싸게 팔아달라는데 혹시 사실 의향 없으세요?"

"아~~ 그래요."

그래도 얼마인지는 물어봐야지.

"급매면 얼마인가요?"

"분양가에서 1억이나 낮춘 금액입니다."

분양가를 기준으로 하면 싼 것은 맞지만 그 정도로는 타산이 안 맞는다.

"헐~~ 미안해요. 우리는 폐기물처리반이라서 공경매물건만 취급해요. 일반매매는 일반 손님에게 부치심이…"

오랜만에 본 친구가 무슨 일 하냐고 물어보면 하는 말이 '부동산 폐기물처리반'이라고 우스갯소리로 답해 주곤 한다. 그야말로 싸게 사서 싸게 파는 것이 장사의 한 가지 원칙이라고 할 수 있는데 부동산투자에 있어 공경매는 그 원칙에 충실한 투자방법이다.

싸게 산다는 것은 「진흙 속에서 진주 캐기」에 다름 아니다. 손에 쥐고 나서야 진주라는 것을 알지만 그것을 알아차리는 데까지 들이는 수고와 노력을 감안하면 결코 거저 주어지는 것은 아니다. 그래서 상가투자가 어려운 것이다.

(3) 유치권 해결

　감정가의 35%에 애정가치 550만 원을 더 쓰고 6억 1,050만 원에 역시나 단독으로 낙찰을 받았다. 3-A호가 8억 7,800만 원에 낙찰된 것과 비교하면 2억 6천만 원 이상 싸게 매수한 셈인데 이는 순전히 유치권이 가져다 준 차이이다. 같은 건물에 동일한 면적의 연접한 구분호수인데도 그만큼의 가격 차이가 벌어졌다면 그 차액 범위 내에서 유치권을 해결하면 되고, 더 나아가 유치권을 깨뜨릴 수 있다면 그야말로 대박일 것이다. 낙찰 이후 잔금까지의 기간에 몇 가지 할 일이 있다. 미리 섭외해 둔 금융기관대출을 확정하고 유치권에 대한 추가조사와 점유자에 대한 조사가 그것이다.

　유치권이 설정된 물건이라도 금융기관의 대출이 불가능한 것은 아니다. 필자의 사례가 정답은 아니지만 대출을 잘 받기 위해서는 금융기관을 설득하고 이후에도 성실하게 대출이 잘 유지될 수 있다는 믿음을 주어야 한다. 경우에 따라서는 잘 포장된 사업계획서도 필요하고, 변호사나 법무사 같은 법률전문가의 유치권의견서가 포함되면 훨씬 수월하게 대출을 받을 수 있다. 필자의 경우 대출중개 변호사사무실에 검토의견을 작성해서 보내주면 거기서 법률전문가의 문장으로 마무리하여 은행에 넘겨준다.

　대출한도와 금리에서 약간의 불리한 점이 있지만 그 정도는 감수하여야 한다. 하지만 크게 걱정할 필요는 없다. 보통은 3년 만기 대출을 받는데 중도상환수수료의 부담이 줄어드는 1~2년 후에 대출금리나 한도 등에서 더 좋은 조건으로 금융기관을 옮길 수 있기 때문이다. 낙찰가가 매매기준가격이 되어 그 가격을 기준으로 한도가 정해지지만 소유권이전 후 1년이 지나면 새로운 시세평가에 의하여 대출한도가 정해지므로 고금리이면서 대출한도가 낮았던 기존의 대출을 언제라도 좋은 조건으로 환승할 수 있다.

앞에서 사례로 들었던 남양주 S프라자의 경우도 최초 잔금대출을 받은 이후 더 유리한 조건을 찾아서 3번씩이나 대출을 갈아탔다. 근저당권설정비용을 은행이 부담하면서 차주의 입장에서는 훨씬 선택의 폭이 넓어진 것이다. 금융기관을 잘 활용하는 것도 이 업에 있어서는 매우 중요한 생존전략임을 잊지 말아야 한다. 금융마인드와 금융 IQ를 높여야 하는 이유가 바로 여기에 있다.

잔금납부 전 K건설 대표와 마지막 결말을 짓기 위하여 대구에 내려갔다.

"사장님! 저희가 판단하기에 M건설산업의 유치권은 이유 없다고 판단되는데 향후 저희가 K건설과 P주택조합을 믿고 M/H에 대한 임대차계약을 체결해도 문제가 없겠습니까?"

"네! 문제없습니다. 사실 우리 회사가 전 사업주체였던 S건설로부터 주택조합아파트의 전체 사업권을 양수하면서 M건설산업의 김사장에게 채권양수도계약서를 써 주었고, M/H 건축비의 일부는 이미 지급했습니다."

매수자로 선정되고 나자 그간의 이면내용에 대한 추가설명을 내

놓는다. 그 큰 공사대금이 있음에도 점유주장이 없었던 것에 대한 궁금증이 이제야 조금 풀린다.

"아~~ 그러셨군요. 그렇다면 김사장이 유치권을 신청한 이유는 무엇인가요?"

"우리가 사업권을 인수하면서 많은 자금을 투입했어요. 아시다시피 조합원 모집이 수월하게 이루어져야 자금이 들어오는데 수성구청에 제출한 조합설립인가신청이 아직 떨어지지 않아 분양대금이 입금되지 않고 있어요. 그러다보니 불안한 마음에 공매진행 중에 유치권을 신청한 것 같습니다. 어제도 우리 사무실에 와서 돈 달라고 종일 기다리다 갔어요."

'흐~음, 이제야 유치권을 주장하는 현수막이나 점유사실에 대한 게시가 없던 이유가 설명이 되는구나!'

생각 같아서는 M건설산업에 통지한 K건설의 채권양수도계약서를 한 부 복사해달라고 하고 싶은 마음이 굴뚝같았지만 너무 앞서 나갈 필요는 없어 보인다.

"네, 잘 알겠습니다. 사장님, 가장 중요한 임대차계약의 문제인데 3-A호는 원만하게 체결이 되었나요?"

"지금 진행 중입니다. 그 문제는 잔금을 치르고 나서 다시 논의합시다."

"네, 알겠습니다. 그런데 한 가지 양해를 구하고자 합니다. 다름이 아니라 유치권의 해소가 법적으로 끝난 것이 아니라서 만일을 대비하여 점유이전금지가처분을 신청하고자 하는데 협조하여 주실 수 있겠습니까?"

K건설 입장에서도 유치권자가 혹시라도 점유를 주장하면 골치 아프니까 집행을 받아 두는 것이 나쁘지 않다는 판단으로 협조에 응하기로 약속 받았다. 건설사에서 36년을 근무하셨다는 커리어에 맞게 맺고 끊음이 명확한 분이라는 인상대로 첫 대면이 끝났다.

이로써 본 건의 유치권은 「문제없음」으로 결론 났다. 유치권자인 M건설산업이 K건설로부터 그들이 아직 받지 못한 모델하우스 인테리어공사대금에 대한 납부약속을 받았기에 유치권은 의미를 상실한 상태이기 때문이다. 매각대금납부최고장을 받고 나서야 잔금을 치렀다. K건설과의 세부적인 협의가 덜 끝났기 때문에 굳이 하루라도 금융비용을 부담할 필요가 없었다. 이 건의 경우 앞서 잔금을 치르고 임대차계약을 협의 중인 3-A호가 걸어간 길을 따라가야 하는 점에서 주도적으로 어떤 액션을 펼칠 상황은 아니다.

유치권이 성립되지 않을 것으로 판단되지만 섣부른 예단은 금물이다. 잔금을 납부하자마자 현 점유자인 P지역주택조합 앞으로 점유이전금지가처분을 신청하였다. 명도소송으로 이어질 가능성이 전혀 없더라도 무조건 점유이전금지가처분을 신청해야 한다. 물론 가처분집행에 이르기까지 절차가 복잡하지만 세상사가 내 뜻대로 풀려갈 것이라는 보장이 없기 때문이다. 특히 유치권 사건에서는 불문율로 원칙을 세워 놓아야 뒤탈이 없다. 이후 K사와 임대차계약을 체결하면서 본 건의 유치권은 자연스럽게 해결되었다.

TIP17

은행제출용 「유치권의견서」

유치권의견서

사건번호   2016-00038-000 [캠코압류재산]
채 권 자   동대구세무서
채무자 및 소유자   김 ○ ○
유 치 권 자   (주)M산업개발 대표자 김 ○ ○
현 점 유 자   범어P지역주택조합

1. 점유관계 미상인 (주)M산업개발에서 유치권을 신고했는데, 현황조사 당시에 유치권을 주장하는 점유자나 게시문 등이 일체 확인되지 않았음을 감안하면, 신고인의 미점유를 추정할 수 있겠습니다.

2. 점유가 유치권의 성립요건이자 존속요건이고, 경매개시결정일 이후에 점유를 이전 받은 경우에는 유치권이 성립할 수 없다는 대법원판례(2008 다 70763)가 있습니다. 그리고 현 채무자이며 소유자인 김○○이 대표로 있는 (주)M산업개발에서 전 임차인인 S사의 대구범어P지역주택조합아파트 모델하우스의 공사비로써, 소유자가 임차인에게 공사하고 받지 못한 공사대금을 본인 소유의 부동산에 유치권을 주장함은 타당하지 못하다 할 것입니다.

3. 2017년 4월 6일 공매공고가 되고 2017년 5월 18일부터 6차례나 유찰이 된 후, 2017년 7월 6일 매각기일에 임박하여 갑자기 유치권을 신고한 점까지 감안하면, 유치권이 성립하기는 쉽지 않을 것으로 예상됩니다.

2017년 10월 10일

도움　○○법률사무소

변호사　김○○

TIP18

금융 IQ와 경제적 자유

나는 이것저것 메모하기를 좋아한다. 한참 시간이 지나서 어딘가에 처박혀 있던 메모장을 우연히 꺼내보면 그 메모를 하던 당시의 기억이 어렴풋이 떠올라 참 재미있다.

이 글은 2010년 1월 메모기록인데 아마도 책이나 신문기사를 읽으면서 메모했던 글 같다. 나에게 많은 영감을 주었기에 인용해본다.

[경제적 자유에 이르는 5가지 비결]

① 금융 IQ를 높여라.
- ▶ 돈은 어떻게 만들어지고 어디로 흐르는가?
- ▶ 나에게 이익이 되는 선택은 무엇인가?

② 수입원收入源을 확보하고, 수입의 경로를 늘려라.
- ▶ 현재 소득 외에 다양한 소득의 파이프를 만들어라.
- ▶ 노동소득, 이자소득, 배당소득, 임대소득 등 다양한 경로의 수입원을 확보하라.

③ 수입의 절대액을 늘려라.
- ▶ 경제적 자유를 누리고 싶은가?
- ▶ 돈의 노예가 되고 싶지 않다면 지금 당장 준비하라.

4 시대의 흐름을 읽어라.

- ▶ 트렌드를 읽고 뒤떨어지지 말라.
- ▶ 파생상품에 투자하라는 의미가 아니라 그게 무엇인지는 알자.

5 세무와 법률지식을 갖추어라.

- ▶ 전문가를 고용하더라도 기본지식은 필요하다.
- ▶ 책과 신문을 손에서 놓지 말라.

(4) 결론

　사실 본 건은 유치권 사례로 소개하기엔 좀 무안할 만큼 쉽게 해결을 보았다. 하지만 이 업계에서 오래 일하다 보면 예기치 않은 결과에 너무나 당혹스런 경우가 한두 번이 아니다. 법적분쟁으로도 해결의 실마리가 안 보이던 어려운 사건이 예상 못한 곳에서 쉽게 해결되기도 하고, 협상이 잘되어 금세 끝날 것 같은 일이 의외의 변수로 한 순간에 틀어지기도 한다. 모든 일이 사람의 영역과 신의 영역이 있듯이 나는 묵묵히 나의 일을 해나갈 뿐 그 후의 처분은 내 소관이 아니다. 그저 순간에 충실하면 내가 할 일은 그것으로 다 한 것이기 때문이다.

　이상으로 두 건의 유치권 사례를 소개하였다. 물론 신축 중인 건물이라거나 공사중단된 토지 등 진정한 유치권의 성립 가능성이 있는 어려운 물건은 아니다. 그러나 언젠가는 진검승부가 필요한 유치권을 만날 것이다. 캠코공매나 경매물건을 보면 누구나 쉽게 접근할 수 있는 허위·가장의 유치권이 너무도 많다. 현행 법률과 제도가 유치권에 대한 해결을 당사자간 분쟁으로 보고 간섭하지 않는 이유 때문이다.

　누구나 관심을 갖는 보편적인 물건에 대한 투자는 쉽지만 수익을 내기가 만만치 않다. 어느 사업 분야처럼 이 곳도 맷집을 키우고 체급을 높여야만 오래도록 살아남을 수 있다. 도전을 회피해서는 한 발자국도 앞으로 나갈 수 없다는 사실을 인지하고 남들과 차별화된 사업 아이템을 갖추면 성공은 자연히 뒤따라온다는 사실을 잊지 말아야겠다.

TIP19

상가매수공식 4_질문하고 또 질문하라

필자가 입찰하기 전에 빼놓지 않고 하는 질문이 있다.

첫 번째로는 캠코의 담당자와 통화하면서,

"혹시 이 건에 문의하는 사람이 많았나요?"

그리고 현장방문 시 점유자나 관계자를 면담하면서도 꼭 한다. 문 닫고 나왔다가도 이 질문을 빠뜨린 게 생각나면 다시 들어가서 물어본다.

"혹시 저처럼 이 물건에 관심이 있다면서 찾아온 사람이 몇 명이나 됩니까?"

물론 이 질문의 답변을 액면 그대로 믿지는 않는다. 하지만 답변자의 기억이 흐려질 정도로 오래 전이거나 이 질문을 예상하고 거짓 답을 말해줄 만한 특별한 사정이 있는 일부 경우를 제하고 나면 거의 70~80% 정도는 믿는 편이다.

하나의 물건에 관심을 가진 사람이 나 말고도 많다면, 그런데 그 물건이 탐난다면 입찰가 산정에 +α를 더 써야 한다. 작은 정보에도 귀 기울이는 세심함이 낙찰 확률을 높인다.

아울러 더 많은 정보를 원하면 내가 나서서 말하기보다는 상대방이 말하도록 질문을 하는 것이 좋다. 그러기 위해서는 평소에 상대방의 말을 들어주는 경청의 자세가 훈련이 되어 있으면 좋다. 상가나 상권에 대해 정말 내가 알고 싶고 알아야 하는 것이 무엇인지 현장방문 전에 메모하는 것도 좋은 방법이다.

지분물건의 법적 성격과 투자 사례

공매와 지분물건은 아주 관련이 많다. 캠코 압류재산에 나오는 공매물건의 약 20%가 지분물건일 정도로 흔하다. 왜 이런 현상이 생길까? 앞에서 잠시 언급하였지만 국가공권력에 의한 행정행위라는 공매의 특성에서 그 이유를 찾아볼 수 있다. 경매는 사인간의 경제활동에 기초한 채권채무를 기반으로 하기 때문에 출회되는 물건이 경제적 가치가 있고 일반인의 관심을 끌만한 부동산이 주류를 차지한다.

반면에 공매는 소유자의 조세체납을 원인으로 국가 등이 채권자가 되어 체납자의 모든 재산에 대하여 이루어지는 행정집행이므로 처분대상 재산의 종류나 수량, 경제적 가치와는 무관하게 진행한다. 정부의 행정전산망에 소유자로 올라 있는 전 재산이 압류의 목적물이 되므로 환가성이 좋은 부동산도 있지만 그 외에 전, 답, 임야는 물론이고 도로와 구거, 유지 또는 묘지 등의 지분을 비롯한 다양한 부동산이 공매에 출회되고 있는 것이다. 공매의 투자자라면 많은 수를 차지하는 지분물건에 대한 관심을 가질 필요가 있다. 어차피 「꿩 잡는 게 매」라고 투자자 입장에서 중요한 것은 어떤 투자대상이 높은 수익을 가져다주는가에 포인트가 있기 때문이다.

지분투자의 장점은 높은 수익률에 있다. 소규모 자금을 투자해서 상대적으로 높은 수익률을 올리지만 투자의 절대액이 적다 보니 수익 그 자체는 적을 수 있다. 하지만 「진흙 속에서 진주 찾기」라는 말처럼 발견하기는 어렵지만 찾기만 하면 대박인 분야가 지분공매라고 할 수 있다.

이 파트에서는 상가와 아파트의 지분투자사례 두 건을 소개한다.

1. 지분물건의 이해

1) 공유지분共有持分의 법률상 성격

우리 민법은 물권편 제3장 소유권에서 「공동소유」를 규정하고 있다. 공동소유 역시 물권의 가장 강력한 권리인 소유권의 한 형태이며, 공유자 각자는 지분범위 내에서 사용·수익·처분권을 가지며 지분에 따른 권리와 의무는 법률로 규정한다.

(1) 지분의 처분과 사용·수익

하나의 물건에 여러 명의 소유자가 있는 경우를 공유共有라 하며 각 공유자의 지분은 균등한 것으로 추정하되 비율로 나누어진 경우 그 지분의 비율로 관리하거나 보존하도록 민법이 규정하고 있다. 공유지분도 소유권의 한 종류이므로 그 지분을 처분하거나 공유물 전부를 자신의 지분 비율로 사용·수익과 처분을 할 수 있지만 타 공유자의 동의 없이 전체를 처분하거나 변경하지 못한다.

논리를 단순화시키기 위하여 편의상 지분비율에 따라 과반수 지분권자와 1/2 지분권자, 그리고 소수 지분권자로 나누어 볼 수 있는데 민법과 판례가 각 지분자의 권리와 의무에 대해 규정하고 있다.

과반수 지분권자의 권한이 가장 막강하고, 비록 1% 차이지만 50% 지분권자의 권리에는 여러 가지 제약이 있다. 공유자가 자신의 지분을 포기하거나 상속인 없이 사망한 때, 그 지분은 나머지 공유자의 지분 비율에 따라 귀속된다.

(2) 지분의 관리와 보존

공유지분에 있어 투자자의 관심사는 공유물의 지분비율에 관한 「관리와 보존행위」 조항이 의미하는 내용이다. 이와 관련하여 판례는 관리와 보존행위에 대한 명쾌한 정의를 내리고 있다.

공유물의 관리행위는 해당 부동산의 사용과 수익, 이용과 개량행위라고 정의하여 공유자 과반수의 의사로 결정하여야 한다고 판시한다. 예로써 상가의 임대차계약을 체결하거나 상가의 구조나 용도를 변경하는 등의 행위를 의미한다.

공유물의 보존행위는 해당 부동산의 멸실 또는 훼손을 방지하고 구조나 용도를 적정하게 유지하고 사용연한을 연장하는 등의 보존행위를 의미한다. 따라서 보존행위는 지분의 과소와 무관하게 공유자 누구라도 할 수 있으며, 그 대상은 과반수의 동의를 얻지 못한 제3자나 타 지분권자라도 인정된다. 필요할 경우에는 인도나 명도를 청구할 수 있게 보존행위의 범위를 폭넓게 인정하고 있다.

【대법원 1994. 3. 22. 선고 93다9392,93다9408 전원합의체 판결】

공유물의 관리란 당해 공유물을 어떠한 방법으로 사용, 수익하고 이용, 개량할 것인가의 문제이므로 공유자의 지분의 과반수로 결정하여야 할 것이나, <u>보존행위는 당해 공유물의 멸실 훼손을 방지하고 적절하게 유지 보존하기 위한 것이므로 이는 공유물의 관리 이전의 문제로서 공유지분의 많고 적음에 관계없이 할 수 있고, 제3자에 대하여 할 수 있음은 물론이고 필요한 경우에는 다른 공유자에 대하여도 할 수 있을 것이며</u>, 그 보존행위의 형태는 수선, 유지, 보관 등 여러 가지가 있을 수 있으나 필요한 경우에는 <u>인도나 명도도 청구할 수 있다고 보아야 한다</u>. 여기에서 공유물의 인도나 명도는 공유물에 대한 사실상의 지배의 이전(점유의 이전)을 말하는 것이고, 사용·수익과는 별개의 문제이다. [중략]

참조판례

① 【대법원 1995.4.7, 선고, 93다54736, 판결】
② 【대법원 2010. 9. 9. 선고 2010다37905 판결】

민법과 판례 연구를 통하여 각 지분권자의 핵심권리를 살펴보자.

① 과반수 지분권자

과반수의 지분을 가진 공유자는 단독의사로 관리와 보존행위를 할 수 있는 포괄적이고 배타적인 권리가 인정된다. 따라서 공유물의 전부 또는 특정 부분에 대하여 임대차계약을 체결하거나 해지하는 결정을 할 수 있으며 그로부터 사용·수익을 허락받은 점유자는 적법한 점유권원을 가진 것으로 인정된다.

다만, 나머지 소수 지분권자는 자신의 지분에 대한 사용·수익이 배제되어 발생하는 임료 상당에 대한 부당이득에 대한 권리가 있을 뿐이다.

【대법원 2002.5.14. 선고, 2002다9738, 판결】

과반수지분의 공유자는 공유자와 사이에 미리 공유물의 관리방법에 관하여 협의가 없었다 하더라도 공유물의 관리에 관한 사항을 단독으로 결정할 수 있으므로 과반수 지분의 공유자는 그 공유물의 관리방법으로서 <u>그 공유토지의 특정된 한 부분을 배타적으로 사용·수익할 수 있으나, 그로 말미암아 지분은 있으되 그 특정 부분의 사용·수익을 전혀 하지 못하여 손해를 입고 있는 소수지분권자에 대하여 그 지분에 상응하는 임료 상당의 부당이득을 하고 있다 할 것이므로 이를 반환할 의무가 있다</u> 할 것이나, 그 과반수 지분의 공유자로부터 다시 그 특정 부분의 사용·수익을 허락받은 제3자의 점유는 다수지분권자의 공유물관리권에 터잡은 적법한 점유이므로 그 제3자는 소수지분권자에 대하여도 그 점유로 인하여 법률상 원인 없이 이득을 얻고 있다고는 볼 수 없다.

▶ 공유물에 관계된 판례를 집대성한 종합세트 판례라 할 수 있다.
좀 더 쉽게 부연설명하자면,

① 과반수 지분권자는 <u>여타 공유자와의 협의나 동의 없이 공유물을 배타적으로 사용·수익할 수 있으며,</u>

② 과반수 지분권자로부터 <u>허락을 받아 공유물을 사용하는 제3자는 적법한 권원을 가진 것으로 인정하며,</u>

③ 공유물의 사용, 수익으로부터 소외된 <u>소수지분권자는 자신의 지분에 해당하는 임대료를 청구할 권리</u>를 갖는다. 여기에 공유지분 투자의 포인트가 있는 바, 소수지분권자는 <u>부당이득금의 반환청구권</u>으로 자신의 소유권을 주장할 수 있고 이에 터 잡아 공유물분할청구소송을 통하여 투자의 목적을 달성하는 것이다.

④ 참조판례:

【대법원 2001. 11. 27. 선고 2000다33638, 33645 판결】

② 1/2 지분권자

2인 공유물건의 1/2 지분권자는 과반수가 아니라는 이유로 상대적인 제약을 받는다. 나머지 1/2 지분권자와 협의 없이 임대차계약을 체결한 경우 이 계약은 무효이며, 공유물의 보존행위로 배타적 사용을 하는 경우 나머지 지분권자는 그 지상건물의 철거와 토지의 인도와 같은 점유배제를 청구할 권리가 있다.

【대법원 1962. 4. 4. 선고 62다1 판결】

과반수공유자의 결의 없이 한 임대차계약은 무효이므로 결의에 참가하지 아니한 공유자의 보존행위로서의 명도청구는 적법하다.

【대법원 2003.11.13. 선고, 2002다57935, 판결】

물건을 공유자 양인이 각 1/2 지분씩 균분하여 공유하고 있는 경우 1/2 지분권자로서는 다른 1/2 지분권자와의 협의 없이는 이를 배타적으로 독점 사용할 수 없고, 나머지 지분권자는 공유물보존행위로서 그 배타적 사용의 배제, 즉 그 지상 건물의 철거와 토지의 인도 등 점유배제를 구할 권리가 있다.

③ 소수 지분권자

　소수 지분권자가 다른 공유자와 협의 없이 자신의 지분 범위를 초과하여 공유물의 전부 또는 일부를 배타적으로 점유하고 있는 경우 다른 소수 지분권자는 공유물의 보존행위로서 공유물의 인도나 명도를 청구할 권리가 인정된다. 이를테면 공매로 1/10 지분을 취득한 소유자라 하더라도 과반수의 동의에 의하지 않은 타 지분권자의 점유에 대하여 인도를 구하는 것은 적법하다.

　공유자가 지분의 비율에 따라 공유물의 관리비용과 기타 의무를 부담하는 것은 그 비율에 따라 수익을 향유함에 대한 반대급부이다. 이와 관련하여 1년 이상 비용부담의무를 지체한 때 다른 공유자는 적정한 가격으로 지분의 매수청구를 할 수 있다.

> 【대법원 1994. 3. 22. 선고 93다9392, 93다9408 전원합의체 판결】
> 지분을 소유하고 있는 공유자나 그 지분에 관한 소유권이전등기청구권을 가지고 있는 자라고 할지라도 다른 공유자와의 협의 없이는 공유물을 배타적으로 점유하여 사용 수익할 수 없는 것이므로, 다른 공유권자는 <u>자신이 소유하고 있는 지분이 과반수에 미달되더라도 공유물을 점유하고 있는 자에 대하여 공유물의 보존행위로서 공유물의 인도나 명도를 청구할 수 있다.</u>

(3) 지분의 분할

공유자 사이에 분할의 합의가 안 될 경우 일방은 공유물의 분할을 법원에 청구할 수 있으며, 여기에 지분 공경매의 투자 포인트가 있다.

이 때 현물분할이 원칙이지만 현물분할을 할 수 없거나 분할로 인하여 현저히 그 가치가 떨어질 염려가 있을 경우, 법원은 형식적 경매의 일종인 공유물분할경매를 명하여 매각대금을 지분 비율로 나누게 하는 것이 일반적이다. 공경매로 소량의 지분을 매입하여 보유기간 동안 임차료 수익을 얻고, 종국에는 경매를 통한 공유물의 매각으로 투자지분을 회수하는 것이 바로 지분투자의 핵심이다.

【대법원 1991. 11. 12. 선고 91다27228 판결】

가. 공유는 물건에 대한 공동소유의 한 형태로서 물건에 대한 1개의 소유권이 분량적으로 분할되어 여러 사람에게 속하는 것이므로 특별한 사정이 없는 한 각 공유자는 공유물의 분할을 청구하여 기존의 공유관계를 폐지하고 각 공유자간에 공유물을 분배하는 법률관계를 실현하는 일방적인 권리를 가지는 것이며(공유물분할의 자유), 공유물의 분할은 당사자간에 협의가 이루어지는 경우에는 그 방법을 임의로 선택할 수 있으나 협의가 이루어지지 아니하여 재판에 의하여 공유물을 분할하는 경우에는 법원은 현물로 분할하는 것이 원칙이고, 현물로 분할할 수 없거나 현물로 분할을 하게 되면 현저히 그 가액이 감손될

염려가 있는 때에 비로소 물건의 경매를 명할 수 있다.

나. 재판에 의한 공유물분할은 각 공유자의 지분에 따른 합리적인 분할을 할 수 있는 한 현물분할을 하는 것이 원칙이며 대금분할에 있어서 '현물로 분할 할 수 없다'는 요건은 이를 물리적으로 엄격하게 해석할 것은 아니고 <u>공유물의 성질, 위치나 면적, 이용상황, 분할 후의 사용가치 등에 비추어 보아 현물분할을 하는 것이 곤란하거나 부적당한 경우를 포함</u>한다 할 것이고, '현물로 분할을 하게 되면 현저히 그 가액이 감손될 염려가 있는 경우'라는 것도 공유자의 한 사람이라도 현물분할에 의하여 단독으로 소유하게 될 부분의 가액이 분할 전의 소유지분 가액보다 현저하게 감손될 염려가 있는 경우도 포함한다고 할 것이다.

다. 공유물분할의 소는 형성의 소이며, 법원은 공유물분할을 청구하는 자가 구하는 방법에 구애받지 아니하고 <u>자유로운 재량에 따라 합리적인 방법으로 공유물을 분할할 수 있는 것이므로</u>, 분할청구자가 바라는 방법에 따른 현물분할을 하는 것이 부적당하거나 이 방법에 따르면 그 가액이 현저히 감손될 염려가 있다고 하여 이를 이유로 막바로 대금분할을 명할 것은 아니고, 다른 방법에 의한 <u>합리적인 현물분할이 가능하면 법원은 그 방법에 따른 현물분할을 명하는 것도 가능하다.</u> [이하 생략]

참조판례:【대법원 1980. 9. 9. 선고 79다1131,1132 판결】

2) 지분물건의 투자 포인트

유치권이나 법정지상권처럼 지분물건도 공경매투자자의 큰 관심을 끌지 못하는 분야 중의 하나이다. 공유자 사이에 합의가 있어야 매각할 수 있으므로 환가성이 떨어지고, 소수지분을 매수할 경우 타 공유자의 처분에 따라야 하며, 적절한 합의와 타협에 이르지 못하면 투자금의 회수에 상당한 시일이 소요될 수 있기 때문이다.

하지만 공유지분도 엄연한 소유권의 한 부분으로써 해당지분의 비율만큼 사용·수익할 권리가 있으며 타 공유자의 점유로 그 권리가 침해 받으면 임대료로 환산한 금액을 청구할 권리가 있음은 앞서 대법원판례를 통해 확인한 그대로이다.

따라서 입찰단계에서부터 충분한 페이퍼웍paper work과 현장탐문으로 점유자를 확인하고 임료 청구권 행사의 주체를 파악하는 것이 중요하다. 동시에 발생 가능한 시나리오별 상황을 염두에 두고 투자금 회수를 위한 출구전략까지 세우는 것이 좋다.

지분투자에서는 공유자간 협상 결렬로 의례 부당이득금반환청구소송과 공유물분할청구소송 등의 법적분쟁이 생길 수 있는 바, 투자기간이 장기화 될 수 있다고 보고 시작하여야 한다. 한 마디로 지분투자를 정의하자면 시간싸움인 동시에 법률분쟁이라는 말로 요약할 수 있다. 하지만 협상의 결과에 따라서는 단기간에 분쟁 없이 높은 수익을 올리는 효자종목이 될 수 있음은 두 말하면 잔소리이다.

만약 법률분쟁으로 이어질 경우 변호사의 도움을 받지 않고「나홀로 소송」을 통해 사건을 해결할 수 있어야 하는데 이런 연유로 초보자들이 기피하는 현상이 생기고, 유치권이나 법정지상권처럼 하자물건으로 인식되어 고수들이나 취급하는 〈그들만의 리그〉로 남게 되는 것이다.

TIP20

「나 홀로 소송」과 관련하여

법 없이도 선량하게 살아온 당신이 생전 가 본적 없는 법원 문턱을 넘어 누군가를 상대로 소송을 제기하고, 자신도 법정에 서는 일이 가당키나 한 일일까마는 오늘도 그 누구는 그런 일을 통하여 커다란 수익을 내고 있음에 주목할 필요가 있다.

여기서 말하는 소송은 자본주의 경제활동의 산물로 이어지는 민사소송일 뿐 누구를 해코지하거나 감옥에 집어넣는 인신 관련 소송이 아니다.

내가 아니라도 누군가는 하는 일인데, 왜 나는 안 될까? 협상이 잘 되면 아무런 법적 분쟁 없이 깔끔하게 빠져나올 수도 있고, 실제로 모든 케이스의 80~90%는 그렇게 해결하고 있는데 말이다. 아무것도 안 하면 잃는 것은 없겠지만, 당신이 그토록 열망하는 경제적 자유 역시 얻을 수 없다는 사실을 직시하자.

(1) 공유지분의 유형

공유지분은 어떤 원인으로 발생하는가? 지분물건을 이해하기 위하여 지분으로 나누어지게 된 대표적인 원인을 살펴본다.

① 상속에 의한 가족공유

지분공매물건의 대부분을 차지하는 유형이다. 대개 아버지의 사망으로 모친과 자녀들이 공동소유하는 형태인데, 공유자의 수가 많다보니 「가지 많은 나무에 바람 잘 날 없다」는 속담처럼 그 중 한두 명의 조세체납에 의해 국가 등이 압류 처분하는 경우이다.

공매처분의 내용이 공유자 전체에게 송달되지만 여러 가지 이유로 생각하는 것처럼 문제해결이 쉽지 않아 종국에는 매각까지 이르는 사례가 흔하다. 사실 상속재산의 경제적 가치가 높거나 매각이라도 쉽다면 어떻게든 가족들이 해결에 나서겠지만 현실에서는 그렇지 못한 경우가 많다.

평소에는 피를 나눈 우애 좋은 형제들이지만 경제사정이 제각각인데다 며느리와 사위 등 배우자까지 끼어들어 사태 해결이 어려워지고 실타래처럼 꼬여 결국 매각처분되는데, 이런 연유로 지분투자의 틈새시장이 생기는 것이다.

이러한 가족 공유지분을 낙찰받으면 아주 쉽게 해결되거나 아니면 공유물분할청구소송까지 이르거나 둘 중 하나인 경우가 많다. 형제 중에 경제력이 있는 사람이 협의에 응해 오거나, 아니면 서로

나 몰라라 하면서 결국 공유물분할 경매까지 가는 케이스가 그런 경우이다.

② 부부 공동명의

바야흐로 여성상위시대이다. 여권의 신장으로 부부 간의 재산권에 있어서도 아내의 목소리가 커져 부부공동명의재산 형태가 부쩍 늘었고 앞으로는 더 많아질 것으로 예상된다. 이런 이유로 부부 공유재산의 반쪽지분이 공경매목록에 이름을 올리는 건수를 심심찮게 보게 된다.

채무금액이 작으면 배우자가 공유자우선매수청구권을 행사하는 경우가 많아서 입찰이 헛수고가 될 가능성이 높다. 하지만 예상과 달리 공유자가 매각기일에 출석하지 않는 사례가 있어 함부로 판단할 일은 아니다. 매수 이후에 만나보면 공유자들의 레파토리는 대개 비슷하다.

"아니 왜 이렇게 높은 가격에 매수하신 거죠? 이번에 유찰되면 다음 기일에 제가 참여할 예정이었습니다."

"…쩝~~"

캠코 압류재산공매는 매주 목요일 매각결과 발표가 나고 그 다음 주 월요일 10시에 매각결정이 나기 전까지만 공유자우선매수청구권을 행사하면 되기 때문에 공유자 입장에서 경매보다는 훨씬 여유가 있다. 공유자라면 온비드 상에서 입찰결과를 확인한 후에 캠코담당자와 통화하여 우선매수 의사표시 및 입찰보증금을 송금하고 아래의 「공유자우선매수신고서」를 제출하는 것으로 절차가 마무리된다.

조세체납 외에 은행대출이나 가압류채권 등이 혼재해 있으면 공유자우선매수청구권 행사 가능성이 낮아 매수 이후에는 부당이득금반환청구소송을 비롯한 법적처리가 필요할 수도 있으니, 투자기간을 넉넉하게 두고 입찰참여전략을 세우는 것이 좋다.

③ 기타 공동명의

친구나 친척, 또는 회사 동료들 간의 공동투자 역시 최근 많이 이루어지는 투자의 한 유형이다. 그러나 「함부로 동업同業하지 말라」는 격언처럼 사업이 잘 되거나 임대수입이 잘 나오면 그런대로 유지되다가도 어느 순간 예기치 못하게 공동명의자에게 사건이 생기게 되어 시장에 출회되는 경우이다.

이러한 다수인에 의한 공동투자 물건은 매각기일에 공유자우선매수청구권의 행사로 입찰무효가 되는 경우가 종종 있다. 아무래도 여러 명이 관련되다 보니 투자물건이 나름 우량하고 지분가액이 낮아 타 지분권자들의 협의가 잘 이루어지는 특징 때문이 아닌가 한다.

TIP21

상가매수공식 5_입찰가 산정과 관련하여

입찰가를 결정하는 것은 중요한 문제이다. 수익을 결정짓는 기준이 되므로 너무 욕심내서 쓰면 남 좋은 일 시킬 수 있고, 너무 적게 쓰면 그간의 노력이 헛수고가 되어 버리기도 하니까 말이다.

필자의 경우, 몇 가지 원칙을 가지고 입찰가를 결정한다.

① 이 가격이면 얼마의 수익률을 낼 수 있는가?
  ▶ 수익률을 10~15% 구간으로 정해 놓고 역산해서 입찰가를 산정해본다. 물론 상가의 자본가치가 크면 수익률 구간을 조금 낮게 잡고 계산한다.
  이 때 수익률은 중개업소 탐문가격과 기존 유사물건의 공경매 매각가격을 중심으로 산정하는데 약간은 보수적으로 산정해야 실제 수익률과 비교해서 오차를 줄일 수 있다.

② 금회차 입찰가를 기준으로 상하 구간을 설정하여 적정한 금액을 구해본다.
  ▶ 예를 들어 감정가 5억이고 금회차가 60%인 3억 원이라면, 65%를 기준으로 63~68% 구간의 금액 중에서 적정한 수익가치를 계산해본다.

③ 개략의 금액이 정해지면 「애정가치」를 더해서 최종 입찰가를 산정한다.

애정가치는 필자가 이 일을 시작하면서 사용한 개념인데 당해 물건에 대한 일종의 사랑표현 정도로 설명할 수 있겠다. 열심히 임장하고 탐문하면서 시간과 경비를 소비하였는데 큰 차이도 안 나게 2등을 하고 나면 맥이 풀리고 일에 대한 회의가 든다. 그 횟수가 늘수록 열등감도 커진다. 그럴 바엔 내 수익률 중에서 조금 떼어내서 입찰가에 보태보자는 생각으로 더 쓰는 금액이 바로 애정가치이다.

공매로 많은 물건을 낙찰받았지만 여태까지 최저가를 쓰고 매수한 것은 단 한 건도 없는데 바로 이런 이유이다. 물론 단독 입찰이 된 적도 많았지만 추가로 쓴 애정가치 때문에 낙찰에 이르게 한 경우가 훨씬 많았다.

비록 초등학교 글짓기대회에서도 2등은 대단한 가치와 의미가 있다. 하지만 공경매에서 2등은 박수도 못 받을 뿐 아니라 안타까움에 밤잠을 설치는 아쉬움만 남겨 줄 뿐이다. 안 되면 말고 식의 소극적인 자세로는 이 업계에서 성공하기 쉽지 않다는 사실을 가슴에 새길 필요가 있다.

(2) 지분물건의 점유 형태

누가 지분물건을 점유하고 있는가 하는 것도 투자의 관심사이다. 지분이 아니라면 명도협상을 하면서 인도명령 또는 명도소송의 진행을 검토하면 되지만 지분물건은 점유자의 퇴거가 목표가 아니기 때문이다.

지분투자의 시작은 매수한 지분비율에 따라서

① 점유자가 공유자라면 부당이득반환청구를 하거나,
② 임차인이라면 차임지급청구를 하고 최후에는 공유자간 합의매각하거나, 공유물분할경매를 통하여 투자금을 회수하는 것

이 일의 순서이다.

다만 경매에서는 지분의 비율에 따라 인도명령이 인용될 수 있으나 공매에서는 지분의 과소와 상관없이 모든 건을 명도소송으로 처리함은 자명하다.

공경매 어느 경우라도 지분을 매수하였다면 100% 온전한 물건이 아니기 때문에 당장 점유자를 명도시켜도 사용과 수익에 제한이 많기 때문에 상황에 따라 점유자의 인도·명도를 융통성 있게 판단하는 것이 필요하다. 점유자가 누구냐에 따라 다음 진행의 순서가 정해진다.

① 공유자 점유

가. 공매의 경우

　임차인이나 제3자의 점유보다 문제의 해결이 다소 쉽다고 할 수 있다. 취득 지분비율에 따른 사용료를 청구하고 이에 응하지 않을 경우 부당이득금반환청구소송을 제기한다. 이 소송에서 승소하면 판결에 기초하여 타 지분을 강제경매 할 수 있고, 이 경매절차에서 공유자우선매수청구권을 행사하여 온전한 물건으로 만들 수 있다면 이것이 바로 지분물건의 투자정석이라 할 것이다.

　매수한 지분비율이 과반수이면 처분행위를 제외한 보존·관리행위를 단독으로 행사할 수 있으며, 점유 중인 공유자에 대한 명도소송을 신청할 수 있다. 하지만 명도 이후에도 목적 부동산으로부터 발생한 수익을 타 공유자와 나누어야 하기 때문에 상황에 따라 판단하여야 한다.

　1/2 지분권자 역시 명도소송을 제기할 수 있으나, 행여 승소하더라도 어차피 과반수에 미달하기 때문에 공유물의 사용·수익을 단독으로 행사하지 못하므로 굳이 시간과 비용을 들일 필요가 없다. 소수지분권자는 더 말할 나위가 없겠다.

나. 경매의 경우

　진행원칙은 공매와 동일하다. 공매와 달리 아래의 경우에는 인도명령 신청이 가능하다.

① 과반수 지분권자는 나머지 지분권자를 인도명령으로 퇴거시킬 수 있다.
② 2인 공유물건에서 1/2 지분의 매수자는 나머지 공유자의 인도명령을 구할 수 있다.
③ 소수지분권자라도 과반수미만의 지분권자가 점유하고 있다면 보존행위로써 인도명령을 구할 수 있음은 앞서 살펴본 판례와 다름없다.

어느 개그맨의 유행어가 공유자의 점유상황을 해결하는 방식에 딱 들어맞아서 인용해 본다.

어떤 방법이 문제해결에 좋은지는,

'그 때~♪ 그 때~♬, 달~라~요~↗'

② 임차인 점유

매수한 지분비율의 크기와 임차인의 대항력 여부, 임차인이 기한 내에 배분요구를 하였는지 등에 따라서 고려할 사항이 조금씩 다르다.

가. 매수지분이 과반수일 경우

ⓐ 대항력 있는 임차인이 배분요구한 경우

임차인의 보증금반환채권은 불가분채무로써 배분에서 전액 배당 받지 못하였다면 매수인은 나머지 지분권자들의 보증금까지 반환할 의무가 있다. 이 때 자신의 지분비율을 넘어 반환한 금원이 있다면 나머지 공유자를 상대로 부당이득금반환을 청구할 수 있다. 주의할 것은 이 경우에 해당된다면 지분물건이라도 소액투자에 그치지 않고 인수금까지 염두에 두고 소요자금을 계산하여야 한다.

명도 이후 재임차하거나 본인이 직접 사용할 수 있지만 나머지 공유자들과 비율에 따른 수익을 나누어야 함은 물론이다.

ⓑ 대항력 있는 임차인이 배분요구하지 않은 경우

당연히 임차인의 보증금을 인수한다. 지분비율 이상의 인수금에 대해서는 타 지분권자에게 부당이득청구권이 있음은 물론이다. 만약 임대차계약이 소수지분권자와의 계약이라면 법률과 판례에 따라 인수하지 않아도 되지만, 정상적인 임대차관계라면 현실에서 그러한 일이 생길 여지는 없다. 그래도 인수금을 물어주기 전에 반드시 임대차계약서를 받아서 계약당사자가 누구인지 확인해보는 것은 충분히 가치 있는 일이라 하겠다.

ⓒ 대항력이 없는 경우

명도소송(경매에서는 인도명령) 대상자이다. 온전한 물건을 공매로 취득하였다면 여지없이 소송으로 가야하지만 공유물에서는 경우의 수가 하나 더 있다. 어차피 소송으로 퇴거시키더라도 물건의 활용에 제약이 있기는 마찬가지이므로 굳이 임차인을 퇴거시키지 않고 임료 상당의 채권을 발생시키면서 활용방법을 찾을 수 있다.

나. 매수지분이 과반수 미만일 경우

대부분의 지분공경매가 과반수 미만의 소수지분에 해당된다. 위에서 살펴본 것처럼 임차인의 대항력과 배분요구 여부에 따라 인수할 보증금이 얼마인가를 확인하였다면 임차인의 대항력을 따지는 의미가 없다.

ⓐ 공매의 경우

대항력 여부와 관계없이 지분비율에 따른 보존 및 관리행위만을 할 수 있으며 그에 따른 임료상당의 청구권을 가질 뿐 명도청구권은 없다.

ⓑ 경매의 경우

역시나 인수금액 여부 외에 임차인의 대항력을 따지는 실익이 없다.

공유물 보존과 관리의 법리에 따라 과반수 지분권자만이 절대적인 권능을 가지므로 그 외의 지분권자는 대항력 있는 임차인은 물론이거니와 대항력 없는 임차인이라 할지라도 인도를 구할 실익이 없다. 다시 한 번 강조하지만 지분투자자의 입장에서는 임차인을 퇴거시키는 것이 목적이 아니기 때문이다.

결론적으로 지분물건의 핵심은 당해 부동산을 통하여 얼마만큼 투자수익을 올리고 어떻게 빠져 나올 것인지가 가장 중요한 포인트라 할 수 있다.

필자가 입찰 참여하였던 근린상가 지분공매의 예를 소개한다. 공유자우선매수권 행사로 소기의 목적 달성에는 실패하였던 사례이다.

한 손해보험회사의 지점이 임차해 있는 근린상가의 한 개 호수,

50% 지분이 공매에 나왔다. 이 회사는 소유자가 다른 인접호수 하나를 더 터서 2개호를 사용하고 있으며 본 건의 임차조건은 보증금 8천만 원에 월차임은 80만 원이다.

지분물건이지만 금융회사가 입점해 있고 상가의 입지가 좋아 보여 관심을 가지고 보고 있었는데 하염없이 유찰되어 감정가의 30%까지 떨어졌다.

본 건은 2005년 10월 11일, 8천만 원의 1순위 전세권을 설정한 보험사가 입주해 있으면서 배분요구를 하지 않아 보증금을 매수인이 인수하여야 하는 건으로, 굳이 법정기일을 확인할 필요가 없는 물건이다. 만약 선순위전세권자가 배분요구를 했지만 법정기일이 빠른 세금이 있다면 그 금액만큼 순위에서 밀리게 되어 임차인은 보증금을 떼일 수도 있다. 따라서 선순위전세권자라면 차라리 아무런 액션을 취하지 않는 것이 유리하고 금융회사인 임차인이 그 정도 내용을 모를 리 없기에 배분요구를 하지 않은 것이다.

캠코 담당직원과 통화하여 딱 한 가지만 확인해본다.

"혹시 이 물건에 공유자가 우선매수신청 의사를 밝혔나요?"

"글쎄요, 서류나 절차를 물어보는 전화는 몇 번 받았는데 정확한 의사는 모르겠습니다."

등기부등본을 보니 공유자인 김○○ 씨는 2013년 2월 경매를 통해 먼저 50%의 지분을 매입한 상태였으니 당연히 나머지 지분에도 관심을 가질 것으로 보인다. 더구나 공매의 최저가가 감정가의 30%인 2,640만 원까지 떨어져 있어 2013년 2월의 경매 매수가격

3,788만 원 대비 1천만 원 이상 떨어져서 투자가치는 충분해 보이기 때문이다.

앞에서 공부한 내용대로 권리분석을 해보자.

1 대항력 있는 임차인 점유

1/2 지분을 매수하는 건으로 대항력 있는 임차인이 입주해 있어, 추가로 보증금의 50%인 4천만 원을 인수한다.

2 임차인 분석

금융회사는 지점 통폐합이나 폐쇄, 신사옥으로 이전 등과 같은 특별한 사건이 없으면 장기 임차하는 특징이 있고, 이미 2005년 10월 입주하여 얼추 10년이 되어가니 공실이 날 확률은 낮다.

보험사 지점장 또는 책임자와 통화하여 향후 지점의 잔류 혹은 이전계획을 확인하는 수고 정도는 반드시 거쳐야 한다. 만에 하나 이전하게 되면 임차인을 구하는 수고를 해야 하기 때문이다.

역시나 이 회사는 글을 쓰고 있는 2018년 9월 현재까지도 입점 중이다.

3 공유자 분석

경매를 통해 선점하고 있으니 우선매수청구권 행사는 거의 확실해 보이지만, 함부로 예단할 것은 아니다. 우선매수를 예상하였으나 그렇지 않은 경우도 심심치 않게 발생하기 때문이다.

과반수 점유자가 아니므로 공유물의 임대관리나 사용·수익에 있어 동등한 권리행사가 가능하다.

자, 이제 투자수익률을 계산해보자.

입찰가를 3천만 원으로 하면 아래와 같다.

월 40만 원 × 12개월 = 480만 원

4,800,000 ÷ 30,000,000 = 연 16%

총 매수가는 인수금 포함 7천만 원이지만 실 투자금 대비 연 16%의 준수한 수익률에 우량 임차인이라, 구미는 당기지만 여차하다간 선점 공유자로 인해 헛물만 켤 수 있다.

■ 상세입찰결과

물건관리번호	2014-07005-001		
재산구분	압류재산(캠코)	담당부점	경기지역본부
물건명	경기 시흥시 대야동 541-2 월드프라자 제7층 제7 호		
공고번호	201410-00433-00	회차 / 차수	002 / 001
처분방식	매각	입찰방식/경쟁방식	최고가방식 / 일반경쟁
입찰기간	2015-01-05 10:00 ~ 2015-01-07 17:00	총액/단가	총액
개찰시작일시	2015-01-08 11:08	집행완료일시	2015-01-08 11:21
입찰자수	유효 2명 / 무효 0명(인터넷)		
입찰금액	35,000,000원 / 26,400,000원		
개찰결과	낙찰(공유자매각결정)	낙찰금액	35,000,000원
감정가 (최초 최저입찰가)	88,000,000원	최저입찰가	26,400,000원
낙찰가율 (감정가 대비)	39.77%	낙찰가율 (최저입찰가 대비)	132.58%

만약 독자 여러분이라면 어떻게 하실 것인가? 결국 입찰에 참여하여 정확하게 최저가만 쓴 분*을 제치고 필자의 법인회사가 낙찰자가 되었지만, 공유자우선매수로 참가에 의의를 두는 올림픽정신 실천에 만족해야 했다. 그나마 위안으로 삼을 것은 현장실사 없이 책상머리에서 전화 두 통만으로 의사결정을 하였기에 추가적인 시간이나 비용의 낭비가 없었다는 점이다. 아쉬움에 덧붙인다면 필자가 최저가 이상의 가격을 쓴 덕분에 공매의 위임기관인 시흥세무서는 국세를 추가로 더 환수할 수 있었는데 아직까지도 감사의 전화 한 통 못 받고 있다는 사실이다.

이쯤에서 다시 한 번 강조하자면, 경매로 이 물건에 입찰하였다면 안산지방법원까지 한 나절 시간낭비에, 법정에서 공유자와 껄끄러운 조우로 핀잔을 당할 수도 있을 것이다. 그날따라 집으로 돌아가는 길이 멀게만 느껴지면서,

'아~~ 세상이 내가 생각하는 것처럼 쉬운 게 아니구나!!'

라는 생각에 조금 의기소침해지지 않았을까?

---

* 아마도 최저가는 공유자가 썼을 것이다. 어차피 감정가의 30%면 충분히 싼 가격이고 황당한 금액만 아니라면 공유자우선매수청구권이라는 강력한 무기를 사용하면 되기 때문이다.
  게다가 최저가의 25%에서도 유찰되면 한 동안 공매가 정지되었다가 다시 나올 때는 최저가의 50%부터 다시 시작하므로 공유자의 입장에서는 금회차가 최적의 매수시점이 되기 때문이다.

(3) 공유자우선매수청구권

 토지와 건물을 포함하는 부동산을 사회공공재로 보는 시각에서 출발한 영미법의 전통으로부터 생긴 권리의 하나이다. 공유자가 여러 명일 경우 공경매로 인하여 그 중 일부 지분의 소유자가 바뀔 경우 새로운 매수자가 등장하여 기존의 소유자와 사이에 해당부동산의 사용·수익을 포함한 관리와 보존행위를 함에 있어 불협화음이나 문제점이 생길 소지가 커진다. 이 경우 부동산의 활용을 두고 공유자 사이에 분쟁이 생기면 사회적 효용이 떨어지게 되고 그 결과 불필요한 소모성 분쟁의 우려가 높아진다. 따라서 새로운 소유자의 등장보다는 기존 공유자에게 우선권을 주게 하여 분쟁 발생소지를 줄이려는 취지가 본 제도를 탄생시킨 계기가 된 것이다.

 공유물이 공매의 집행으로 매각될 경우 공유자는 매각결정기일 전까지, 경매에서는 매각기일에 해당 절차에 맞는 입찰보증금을 납부하고 매각예정가격 이상인 최고입찰가격과 같은 가격으로 부동산을 우선매수할 것을 신고할 수 있게 하여 공유자우선매수청구권 제도를 둔다. 통상 압류재산의 공매절차에서 매각결정기일은 낙찰자가 발표되는 목요일로부터 주말이 지난 다음 주 월요일 오전 10시까지이다. 10시가 지나면 자동으로 「매각결정통지서」가 발행되고 이후에는 우선청구권은 자동 소멸된다.

 앞의 시흥세무서 공매사례에서 공유자우선매수청구권 행사로 매각이 취소되는 사례를 소개하였는데 모든 건에서 청구권이 행사

되는 것은 아니다. 공유자에게 어떠한 일이 생길지 예단할 필요는 없다. 1%의 가능성이라도 과감하게 도전하는 자에게 행운이 따른다는 생각을 가지고 공유지분을 바라볼 필요가 있다. 매각결정취소를 염두에 두고 행동하지 않기 보다는 적극적인 마인드로 도전하다 보면 좋은 결과를 얻을 수 있다.

온라인 입찰로 시간과 비용을 아낄 수 있는 공매의 장점을 활용하면 경매에 비해서 몇 번 더 취소의 아픔을 맛보더라도 좀 더 적극적인 입찰전략이 가능하다. 다시 한 번 강조하거니와 실패나 좌절이 두려워 아무런 행동도 하지 않으면 아무런 일도 일어나지 않는다. 자신감을 갖고 적극적으로 행동에 나서면 반드시 행운의 여신이 손짓할 것이다.

(4) 문제의 해결방법

① 대화와 타협

세상에 대화로 풀지 못하는 문제는 없다. 서로의 주장과 욕심을 내려놓지 못해서 생기는 문제일 뿐이다. 어떠한 경우라도 공경매의 매수자는 갑甲이라는 인식을 머릿속에 새길 필요가 있다. 왜냐하면 해당부동산이 압류되어 매각되기까지 그 인고의 시간동안 여러 가지 해결방법을 찾아보고 동분서주한 끝에 아무런 해결책 없이 오늘 매수자를 대면하는 그들의 심리상태를 생각해 본다면 게임의 칼자루가 누구에게 있는지 자명하기 때문이다. 그럼에도 불구하고 명도

협상에서 주도권을 넘겨주거나 심지어는 연민과 동정의 마음자세를 갖는다면 이후의 과정은 험난할 수밖에 없음은 불문가지不問可知라 아니할 수 없다.

반대로 식민지의 점령군처럼 상대를 하대하거나 위압적으로 나서는 것도 바람직한 태도는 아니다. 점유자에게 언제나 당당하게 나서야 하고 그들의 주장을 들어는 주지만 결코 끌려가거나 요구에 쉽게 응해서는 안 된다. 이러한 원칙을 가지고 시혜를 베푸는 입장으로 협상을 주도적으로 이끌 때, 내가 원하는 결과가 얻어질 수 있다. 서로의 눈높이를 조금씩 낮추고 양보하면 서로 윈-윈win-win하는 길이 금방 찾아지는데 작은 이익을 놓고 감정적으로 대립하면 걷잡을 수 없는 길로 빠져드는 것은 한 순간이기 때문이다. 이 때 양보의 우선순위는 갑이 먼저이다. 시간은 내 편이 아니다. 상대방이 가진 최고의 전략전술은 「시간 끌기」라는 점을 한시라도 잊어서는 안 된다.

이러한 협상의 과정 중에도 공유자와 임차인인 점유자 등에게 내용증명을 보내 매수사실을 통지하고, 협의가 결렬될 경우 법적분쟁으로 이어진다는 사실의 통보는 분명히 해두어야 시간손실 없이 다음 단계로 진행된다는 사실도 명심하자.

TIP22

상가매수공식 6_점유자의 최대 무기 〈시간끌기〉

　많은 시간과 노력, 돈을 들여 여러 명의 경쟁자를 물리치고 어렵게 해당 부동산을 낙찰받은 당신!! 축하받아 마땅하고 스스로도 대견한 일이지만 점유자를 상대할 마지막 관문이 남았다.
　일명 「공경매의 꽃」이라는 명도처리 문제이다. 매수자의 지상최대목표는 한 시라도 빨리 점유를 찾아오는 것인데 이것이 늦어지면 배보다 배꼽이 더 커지는 문제가 생긴다. 잔금을 치렀으니 대출이자나 투자금의 기회비용 문제가 생기고, 관리비나 공과금 등의 문제도 생긴다.
　매수자나 점유자 모두에게 시간싸움이 시작되는 순간이다. 점유자의 최대 무기는 바로 시간 끌기, 일명 버티기이다. 매수자 입장에서 명도소송으로 일이 커져서는 절반의 성공 밖에 안 된다. 따라서 입찰 전 단계에서 명도문제를 심각하게 고민하고 대화와 협상이라는 대원칙 하에 원만한 마무리로 이어지도록 전략을 세우는 것이 온전한 성공의 법칙이다.

② 부당이득금반환청구소송

공유지분 투자에 있어 전가傳家의 보도寶刀는 부당이득금반환청구권이다. 소수지분권자에게는 공유물의 독점적 사용, 수익권은 없지만 이 청구권을 활용하여 해결의 실마리를 풀어갈 수 있는 무기가 주어진다. 매각결정허가를 받음과 동시에 매수자가 되었다는 내용의 문서를 점유자에게 발송하여 주의를 환기시키고 대화를 시도하는 것이 좋다. 지분물건이나 유치권물건과 같이 하자 있는 물건일수록 최대한 빨리 점유자와 접촉을 시도하는 것이 좋다. 어차피 시간과의 싸움을 예상하고 매수한 만큼 최대한 시간낭비를 줄이는 것이 투자의 성패를 좌우하는 가장 중요한 요인이기 때문이다.

잔금을 납부하고 나면 지분비율에 따른 임료 상당의 금액을 청구하고 이것을 시작으로 타 공유자나 점유자와 치열한 어깨싸움에 돌입하게 된다. 매수자가 지분비율에 따른 임료청구를 하여 이를 순순히 들어준다면 누구라도 지분물건에 투자하지 않을 사람이 있겠는가? 더구나 우선매수청구를 생각하고 있다가 선수를 빼앗겼다거나, 자신의 생각보다 높은 금액으로 매수하여 우선매수권을 포기한 공유자라면 절대로 임료협상에 쉽게 응하지 않는다.

월세임차인인 점유자라도 기존 임대차계약에서 정한 임료지급계약을 변경하지 않을 것이기 때문에 역시나 쉽게 임차료를 수령하기는 어렵다. 미리 준비한 스케줄에 따라 부당이득금반환청구소송을 제기하고 소송절차를 준비하는 단계를 밟아나간다.

③ 공유물분할청구소송과 형식적 경매

지분투자물건의 문제해결 방법을 대략 추정해보면,

1 60%는 협상에 의해
2 30%는 부당이득소송의 과정에서
3 나머지 10%는 공유물분할청구소송을 거쳐 경매를 통하여

해결되는 것이 보통이다.

하지만 어떠한 경우라도 최선은 대화와 타협에 의한 해결이 가장 좋은 방법이지만 소송전을 염두에 두지 않으면 안 된다. 거의 대부분이 부당이득반환청구소송에서 해결되지만 공유자의 부재나 사망, 기타의 이유로 마지막 단계까지 가야하는 경우도 발생한다. 단순 계산만으로도 두 번의 소송과 마지막 경매과정까지 짧게는 1년에서 2년, 최악의 경우 3년 이상이 걸리는 시간과의 고독한 싸움이 생길 수 있는데, 지분투자에서 이러한 경우는 가장 피해야 할 케이스라고 하겠다.

다행히 그 기간 동안 부동산가격이 올라가는 행운이 찾아오면 나름 행복한 일이지만 반대의 경우라면 최악의 투자가 되고 만다. 이러한 이유에서 지분물건의 투자를 난이도 높은 고수의 종목으로 취급하기도 한다.

2. 지분물건 투자사례

1) 서울 문배동 R주상복합아파트상가

(1) 지분물건의 개요

공매에 출회되는 지분물건은 과반수나 1/2 지분보다는 소수 지분의 경우가 많다. 그 중에서도 과반수 물건은 그리 많지 않은데 조금은 생소한 공유지분부동산이 목록에 올랐다. 서울 용산구의 문배동에 소재한 R주상복합 상가의 1층 두 개 호수가 바로 그것인데 공매대상 지분이 무려 99.88%이다.

L사와 C사가 사업시행자로 준공한 주상복합아파트인데 L사의 지분이 이번에 공매되고 나머지 C사의 지분 0.12%는 부동산상에 남게 되는 물건이다. 두 회사의 법인등기부등본을 확인하니 본점소재지가 공매되는 상가의 호수와 일치하고 있으나 주주와 임원의 구성은 공통점이 없다. 공매대상 소유자인 L사는 소유권을 잃고 빠지니 크게 신경 쓸 것은 없고 문제는 C사이다. C사는 자본금이 50억 원이고 사업의 목적은 모집된 자산을 투자·운영하여 그 수익을 주주에게 배당하는 자산유동화 관련 특수목적회사*로 확인된다.

---

* 특수목적회사 (SPC, Special Purpose Company)
   일반적으로는 금융기관이 부실채권을 매각하기 위하여 일시적으로 설립하는 일종의

2013년 4월 18일 봄과 함께 시작된 본 건의 공매가 하염없이 유찰되어 성하盛夏의 문턱을 넘고 있었다. 아무래도 0.12%의 지분을 보유한 C사의 존재가 부담스럽고 공유자우선매수의 가능성도 있어 선택을 받지 못하고 있는 것으로 보인다. 현장을 방문하여 몇 가지 탐문을 해보았다.

용산구 문배동은 소규모 공장과 공업사들이 터를 잡고 있던 동네였지만 2000년대 초반 부동산개발 바람이 불면서 주상복합아파트가 우후죽순처럼 들어선 신흥부촌이다. 서울역과 용산역의 중간지점으로 광화문과 종로 도심이 가깝고 용산 미군기지 이전으로 뉴욕의 센트럴파크와 같은 공원이 조성되면 지근거리의 수혜지역이기도 하다. 본 건은 2010년 6월 K건설이 시공하여 준공한 260세대 규모의 주상복합아파트로 상가 일부를 제외한 나머지 부분은 성공적으로 분양을 마쳤다.

대개의 주상복합이나 근린상가의 사업시행자는 약 80%의 분양으로 사업수지를 맞추고 남은 20%를 통해 이윤을 남기는 구조이다. 주상복합빌딩의 경우 주거부분은 쉽게 분양되지만 상가는 완판에 이르기까지 시간이 걸린다. 이 건물도 상가부분에 미분양 공실

> 페이퍼컴퍼니를 의미한다. 일회성 목적으로 설립하여 부실채권 처리업무가 종료되면 자동 청산된다.
> C사의 경우는 서울 용산구 문배동 특정지번에 주상복합건물을 신축하고 분양하는 프로젝트를 위하여 설립된 회사임을 명시하고 이와 관련한 업무 일체를 사업목적으로 하여 설립되었다.

이 일부 보인다. 분양을 끝내지 못한 부분은 시행사가 임대를 놓아 보유하거나 공실상태에서 할인 분양하기도 한다.

사업성공의 관건은 초기 분양률에 달려 있다고 해도 과언이 아닌데 본 건은 입지가 양호하고 인지도 있는 시공사 덕에 나름 선방한 사업으로 평가된다. 하지만 마지막 남은 분양물량을 정리하지 못하고 대표시행사인 L사가 부도 처리되면서 상가 중 일부가 공매에 나온 것이다.

1층임에도 불구하고 본 건을 포함하여 여러 호수가 문을 굳게 닫은 채 공실로 방치되어 있었다. 공매재산명세서를 보니 용산세무서와 서울시가 청구한 세금이 약 120억 원에 달하는 것으로 보아 대개의 중소시행사가 조세체납으로 사업청산을 하는 전형적인 정리 방식이다. 그나마 관리비는 연체 없이 잘 납부되고 있어 시행사의 체면은 남아 있는 것으로 판단된다. 아직 늦더위가 꺾이지 않은 8월 하순 어느 날, 세 번째 방문 만에 문이 열려진 사무실을 확인하고 직원으로 보이는 분에게 몇 가지 사실관계를 확인할 수 있었다.

"안녕하세요? C사를 찾아 왔는데 혹시 여기가 맞나요?"

"네, 그렇습니다. 무슨 일이신가요?"

대개 누구라도 첫 대화 한두 마디면 얼추 분위기 파악이 된다. 특히나 필자처럼 공경매를 위한 현장방문과 점유자 면담 경험이 많다면 어느 순간에 나도 모르게 느낌이 온다. 약간 과장을 포함하면 첫 몇 마디 대화로 내가 얻고자 하는 정보를 얻을 수 있겠다는 느낌의 경지에 이른다.

"바쁘신데 죄송합니다. 캠코공매에 이 상가가 나왔기에 관심이 있어서 들렀습니다. 실례가 안 되면 몇 가지 여쭤 봐도 될까요?"

실무자인 듯 보이는데 인상이 순해 보여 말 걸기가 수월하다. 몇 마디 대화를 나누다가 핵심질문을 툭 던졌다.

"C사가 혹시 이 상가에 공유자우선매수청구권을 행사할 계획이 있으신가요?"

"그런 질문에 제가 답해 드릴 의무는 없는 것 같은데요."

너무 느닷없는 질문에 조금 황당해 하는 모습이다. 그도 그럴 것이 첫 방문에 마치 매수자라도 된 듯한 질문이 내 생각에도 뜬금없다. 하지만 직접적이고 노골적인 질문으로부터 의외의 해결책을 얻기도 한다.

홈택스의 사업자등록현황을 조사해보니 C사는 정상 활동법인으로 확인되니 조건만 서로 맞으면 소유권을 넘겨받는 것은 어려운 일이 아니다. 물론 폐업이나 청산으로 법인의 소재가 불분명하면 100% 지분을 확보하는 것이 어려워질 수 있다. 하지만 그 경우라도 시간과 비용이 필요할 뿐 불가능한 것은 아니다. 면담을 마치고 일어서며 예의 마지막 질문을 던진다.

"혹시 여러 사람이 찾아와 귀찮게 하지는 않았나요?"

"직접 찾아와 문의한 사람은 아직 없었습니다. 다만 몇 명이 사무실 근처를 서성거리고 문틈으로 기웃거리기는 했는데 아마도 공매에 관심 가진 사람들이었나 봅니다."

"네, 바쁘신데 말씀 고맙습니다. 혹시 다음에 다시 뵐 일이 있으면 좋겠네요."

큰 돈이 드는 부동산에 투자하면서도 사람들은 소극적이다. 상가의 모양은 어떻게 생겼는지, 누가 점유하고 있으며 어떤 용도로 사용하고 있는지, 정상인지 하자가 있는지 문을 열고 확인해야 한다. 주거침입의 우려가 있는 주택이 아니기에 그 안에 누가 있더라도 반드시 확인해볼 용기를 가져야 하고 그 용기가 없다면 이 업에서의 성공은 크게 기대하기 어렵다. 대화를 마치고 감사의 인사를 하면서 내 명함을 건넨다.

"실례가 되지 않으면 명함 한 장 얻을 수 있을까요?"

지금 마주하고 있는 이 사람은 내가 낙찰자가 되면 내 사업의 파트너가 될 사람이다. 앞으로 몇 번을 더 만나야 하고 궁금한 것이 있으면 전화 통화도 해야 한다.

먼저 명함을 건네면 반응은 둘 중 하나이다. 가지고 있는 명함이 없다고 거부하거나 한 장 꺼내 주거나, 확률은 50%이다. 세상에 반반 확률은 그리 흔치 않다. 카운터파트의 명함을 얻으면 그의 소속과 직급, 어쩌면 핸드폰 번호까지 얻을 수 있다. 다음 번 만남이나 통화에서 훨씬 대화가 부드러워진다.

먼저 당신의 명함을 건네라. 상대방 명함을 받지 못해도 당신의 존재와 방문목적을 남길 수 있어 결코 손해 보는 장사가 아니다. 오늘은 그런대로 성과가 좋다. 담당자와 인사하고 그의 명함을 얻었고, 몇 가지 정보도 챙겼으니 말이다.

TIP23

국세청 홈택스에서 사업자등록 상태를 확인하는 방법

① 홈택스 초화면에서 「조회/발급」을 선택한다.

② 화면의 중간 아래에 「사업자상태」의 「사업자등록번호로 조회하기」를 클릭한다.

③ 조회하고자 하는 사업자등록번호를 -없이 입력하면 현상태를 확인할 수 있다.

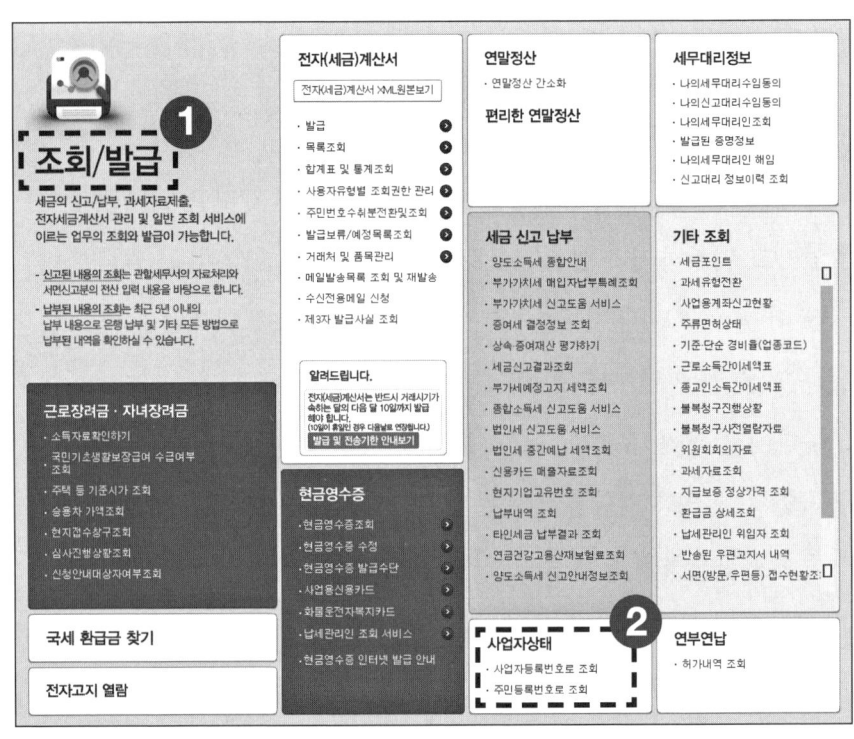

(2) 지분물건 검토

　우리 민법은 지분에 대한 평등주의를 채택하고 있다. 다만 판례에서 과반수, 1/2 그리고 소수 지분권자의 지분 관리와 보존을 둘러싼 행위를 규정할 뿐이다. 이 물건의 경우에서 보면 C사가 보유한 0.12% 지분이라도 공유자우선매수청구권을 행사하거나 관리 및 보존행위를 차별 없이 행사할 수 있으며 지분범위 내에서 임료청구권 역시 행사가 가능하다.

　하지만 역시 가장 강력한 법적효력은 소유권 그 자체에 있다. 0.12% 지분은 누가 보더라도 보잘 것 없지만 100%를 채우기 위해서는 반드시 필요하다. 보유하면서 사용·수익하기 위해서가 아니라 매도할 시점에 필요한 것이다. 작지만 강력한 0.12%의 소유권을 확보하기 위한 전략을 세우고 비용을 어느 정도 들여 인수할 것인지에 대한 검토가 이 물건의 핵심 입찰전략인 것이다.

　법인이 청산으로 소멸되거나 폐업 또는 휴업으로 소재 파악이 어려울 경우 그 법인 소유의 부동산을 취득하는 것은 쉽지 않은 일이다. 부동산 매수에 필요한 등기권리증과 법인인감증명서 등 제반 서류의 교부가 가능해야만 소유권을 넘겨받을 수 있고 서류가 구비되지 않으면 복잡한 절차를 거쳐야 한다. 하지만 C사의 경우 활동법인으로서 그런 걱정을 할 필요는 없다.

　C사로부터 적정한 가격을 지불하고 매수하면 소유권 100%를 맞추는 것은 어렵지 않다는 결론이 섰다. 다만, C사가 자신의 지분가

격에 대하여 터무니없는 주장을 한다면 어떻게 대처할 것인가에 대한 시나리오만 정리되면 그야말로 백조로 다시 태어날 만한 물건이다. 몇 가지 시나리오를 가정해본다.

① 과반수 지분권자는 자신의 동의 없이 점유하고 있는 소수 지분권자에 대한 명도청구권이 있으므로 적법하게 C사를 퇴거시킬 수 있다.

② 소수 지분권자는 임료청구권만을 가질 뿐이어서 본 상가의 임대차계약 이후에 자신의 지분에 대한 차임을 지급받는다.

③ 상가의 보존행위에 대한 소수 지분권자의 권리는 유효하지만 신축 건물의 상가에서 보존행위를 통한 소유권 주장은 신경 쓰지 않아도 될 것이다.

④ 문제는 지분 매수협상 시 터무니없이 높은 가격을 제시하거나, 매도의사가 없다면서 협상에 응하지 않아 지분을 넘겨받지 못할 상황이 생길 수 있다.

TIP24

상가매수공식 7_시나리오 기법(Scenario Planning)

시나리오의 사전적 의미는 영화나 드라마에 사용되는 각본 또는 어떤 사건에서 일어날 수 있는 여러 가지 가상적인 결과나 그 구체적인 과정을 뜻한다.

최근에는 경제학이나 군사학에서도 여러 가지 현상이나 상황에 대한 대처전략을 설명하는 이론으로 차용하기도 하는데 예를 들면, 석유의 고갈에 따른 상황별 시나리오 전략이나 미세먼지 농도에 따른 단계별 대처방안 등이 그것이다.

이 이론은 미래의 불확실성을 제거하기 위하여 예상되는 여러 가지 시나리오를 도출하고 각각의 상황별로 전략적 대안을 미리 수립하여 대응하는 기법이다.

이 기법은 공경매로 상가를 매수하는 데 유용한 툴이 될 수 있다.

낙찰 이후 명도에 드는 시간과 비용을 판단하고, 물건의 매각이나 임차 등 사용수익과 관련된 몇 가지의 시나리오를 수립하여 해당 시나리오 별로 대응방법을 준비해 두자.

경우에 따라서는 입찰 당시에 설정한 시나리오대로 일이 술술 풀리는 경험을 하게 될 수도 있는데 그렇게 된다면 당신은 이미 무림 고수로서 엄청난 내공을 지니게 된 것이라 보아도 틀림없을 것이다.

어쨌거나 공경매 역시도 불확실성이라는 전제로부터 출발한다는 점을 감안하면 최초 입찰단계에서 명도단계 그리고 매각/처분의 단계에 이르기까지 주도면밀한 자신만의 시나리오를 준비하는 것은 반드시 필요하고도 의미 있는 작업이라 할 것이다.

(3) 공유지분 매수협상

지분투자의 성패를 가르는 것은 매수지분을 좋은 가격에 팔거나, 나머지 지분을 싼 가격에 매입하여 온전한 물건으로 만드는가에 달려 있다. 이 과정에서 예상외로 과도한 시일이 걸리거나 이해당사자 사이에 소모적인 법적공방으로 문제를 키우는 일이 생기지 않도록 관리하는 것이 중요한 포인트이다.

2013년 9월 5일, 감정가의 30%까지 유찰된 두 개 호수의 물건에 역시나 단독으로 응찰하여 매수자가 되었다. 과반수지분권만으로도 법률에 정한 임대차계약 체결과 같은 관리행위를 할 수 있는 충분한 권리가 있어 일단 보유기간 동안에는 큰 문제가 없을 것으로 판단하였다. 다만 우려되는 C사 소유의 0.12% 지분에 대한 해결은 협상결과에 따라 시간이 걸릴 수는 있겠지만 근본적 해결불가는 아니다.

이렇게 조금은 낙관적인 판단을 하게 된 근거가 몇 가지 있다. 먼저 총 사업비가 약 1,500억 원에 달하는 주상복합의 SPC 사업자라는 점과 둘째, 정상 활동법인으로 대표자가 본 주상복합에 몇 개의 상가를 보유하고 있어 소재파악이 용이하고, 셋째는 준공 이후 현재까지 본 건에 상주하면서 관리비를 체납 없이 납부하고 있으며, 마지막으로는 후면상가이긴 해도 1층이며 입지가 나쁘지 않아 임차인을 구하기 쉬운 장점이 있다.

상가 투자의 알파요 오메가는 공실 가능성이다. 특히나 지분투자라면 장기간 공실로 이어질 경우 신경 써야 할 부분이 한두 가지가 아니다. 유지관리에 소요되는 비용의 분담문제라든가, 지분권자 사이의 의견 불일치를 어떻게 조정할 것인가, 임차인과의 계약에서 차임의 배분문제 등 셀 수 없을 정도로 복잡하고 민감한 문제들이 쌓여 있다.

본 건은 건물후면 안쪽에 자리하여 현 거주자들의 보행 동선에서는 열외지만 마주 보는 새로운 초고층 주상복합아파트가 2년 후 입주하게 되면 주출입구가 되는 반전이 예상된다. 시간이 흐를수록 현재보다는 상가가치가 상승할 것이라는 판단이 섰고, 지분이라는 단점을 가격메리트가 보완하고 있기에 매수를 결정하였다.

매각결정통지서를 받고 나서 지난번 면담을 했던 N이사와 약속하고 다시 현장을 방문하였다. 매수를 위해 임장을 한 것과 낙찰자로 선정되어 예비소유자로서 부동산을 바라보는 시각은 참으로 다르다. 첫 방문 때는 보이지 않던 내부의 구조나 시설물들이 눈에 선명하게 들어오는 경험은 이번이라고 다르지는 않다. 잠겨 있던 대표실의 문도 열고 내부를 확인해보았다. 앵글책꽂이를 만들어 많은 서류를 보관하고 있는데 아마도 그간의 부동산 사업시행 관련 자료들로 보인다.

"이사님, 지난 번 방문에서 많은 정보를 주서서 제가 고민 끝에 매수하게 되었습니다. 잘 좀 부탁드립니다."

"무슨 말씀을요, 이 상가의 주인이 되셨으니 저희가 부탁 드려야지요."

의례적인 인사가 오가고 본론으로 들어간다. 새로운 시행사업 준비 건으로 대표는 오늘도 출장 중이다.

"대표님은 역시 바쁘시네요. 혹시 귀사 소유지분과 관련해서 어떤 계획이 있으신지 궁금한데, 가격이 서로 맞으면 제가 매수하고 싶습니다."

"그렇지 않아도 지난번 다녀가신 이후로 말씀을 나눠 봤습니다. 어차피 저희 지분이 워낙 적어서 법률적으로도 권리행사에 제약이 있으니 서로 협의하여 정리해드리는 것이 어떨까 생각하고 계십니다."

귀가 번쩍 트이는 답변이 돌아왔다. 낙찰자로 선정된 지 채 일주일도 지나지 않아, 잔금도 내기 전에 가장 껄끄러운 문제의 해결 실마리를 풀었으니 귀를 의심할 정도이다.

"아~ 그러시군요. 저도 지분해소가 이 상가의 가장 관심사였는데 그런 생각을 하고 계시다니 정말 잘 되었습니다. 잔금납부 전에 대표님을 찾아뵙고 지분가격의 협상을 하고 싶은데 시간이 정해지면 전화를 주시겠습니까?"

"알겠습니다. 다음 주에 약속을 정해서 다시 만나는 것으로 하시죠."

첫 단추를 잘 꿰면 나머지 단추도 잘 꿰어진다. 하지만 그건 옷 입을 때의 일이다. 사람의 일이란 속단하기는 이르다. 그래서 생긴 말이 「첫 술에 배부르랴?」라는 속담이 아닐까?

그 다음 주 내내 C사로부터 협상 약속 전화를 기다렸다. N이사에게 여러 차례 전화를 했지만 잘 받지도 않았고 혹여 받더라도 대표의 스케줄이 바쁘다는 핑계로 약속이 어렵다는 점잖은 거절통지를 받았다. 내용증명을 보냈지만 두 번이나 반송되었다. 근 열흘이 후딱 지나갔는데 여전히 해결의 실마리는 잘 보이지 않는다. 호사다마好事多魔라고 어쩐지 일이 쉽게 풀리나 했는데 세상일이 마음대로 되는 것은 정말 없나보다.

다행히 문배동이 먼 곳은 아니라서 시간만 나면 들렀다. 그러나 갈 때마다 사무실 문이 굳게 닫혀 있어 인적을 찾기 힘들고 잔금납기일이 다가오자 마음이 조급해졌다. 그 날도 현장방문 차 국방부 지나 삼각지에서 고가도로를 넘어가고 있는데 핸드폰 전화벨이 요란하게 울린다.

"사장님, R공인 정 실장이에요. 지금 시행사 사무실에 H대표가 들어갔어요, 또 나갈지 모르니 빨리 오세요!!"

다행히 고가만 넘어가면 현장이니 5분이면 도착할 수 있다. 급할 것 없는 사람들이 쓰는 시간 끌기 전략에 넘어가지 않기 위해 포섭한 우군으로부터 급한 전화를 받았다. 시행사 대표라는 H사장은 상가분양 과정에서 자신의 우월적 지위를 이용하여 분양과 임대업무에 관여하면서 인근의 중개업소들에게 인심을 조금 잃었나 보다. 정 실장에게 향후 본 상가의 임차계약에 관한 전속권을 주는 대가로 정보원이 되어 줄 것을 부탁했는데 지금 그 전화가 온 것이다. 주차할 시간도 아끼기 위해 상가 앞 도로에 비상등을 켜 놓은 채 사무실 문을 열고 들어섰다.

"안녕하세요, 대표님!! 지난 번 캠코공매에서 이 상가를 매수한 사람입니다. 너무 바빠서 만날 수가 없어 무작정 찾아뵙게 되었습니다."

"아~~ 네, 말씀 들었습니다. 제가 그동안 너무 바빠서 시간을 못 냈습니다. 지금도 바로 나가야 하는데…"

갑자기 들이 닥친 나를 보더니 또 다시 그 작전을 쓰려 한다.

"네, 무척 바쁘시네요. 저도 그렇게 한가한 사람은 아닌데 잠시 몇 말씀만 나누시죠. 이제 곧 제가 잔금을 치릅니다. 귀사의 지분을 매수하고 싶은데 조건을 말씀해주실 수 있을까요?"

"저희도 작은 지분을 굳이 가지고 있을 생각은 없습니다. 하지만 당장 가격을 제시하기엔 아직 이른 것 같고… 일단 잔금을 치르고 나서 다시 한 번 협의하시죠."

채무자나 소유자, 임차인을 막론하고 지분권자까지 공경매물건의 점유자가 가진 최대의 미꾸라지 전략은 단연「잔금핑계」이다.

'당신, 아직 잔금을 치르지 않았으니 엄격한 의미에서 진정한 소유자가 아니잖소. 이제 막 계약금 낸 계약자 신분이니 지금은 때가 아니고 등기상의 소유자가 되거든 그때 다시 이야기합시다.'

그러나 필자의 경험상 등기상 소유자가 된 이후에도 온갖 이유를 갖다 붙이며 핑계거리를 만들어 내는 것이 바로 그들이다. 여기서 또 틈을 주면 안 된다는 것을 직감적으로 느꼈다.

"잔금은 차질 없이 준비해서 다음 주에 납부합니다. 잔금 납부 후에는 어쩔 수 없이 명도소송을 제기할 예정입니다. 대표님께서도 지분보유 의사가 없다고 하시니 서로 법적분쟁 없이 마무리하는 게 좋지 않겠습니까?"

이 정도 규모의 부동산사업을 시행할 정도면 자신들의 지분권에 대한 법률적 권리나 제약사항을 이미 주지하고 있을 것이다.

"지분의 인수 대가로 두 개호 합해서 일천만 원이면 어떻겠습니까?"

생각해 두었던 인수 가격을 우선 던졌다. 1차로 일천만 원을 제시하고 최종 마지노선은 이천만 원으로 결정해 둔 상태이다. 두 개 호수의 감정가를 합하면 8억 9백만 원인데 여기에 지분비율을 곱하면, 809,000,000 × 0.12% = 970,800원이다. 즉, 감정가를 기준으로 한 C사의 지분가격은 채 일백만 원이 안 된다. 하지만 지금 제시한 0.12% 지분을 일천만 원에 사겠다고 하면 전체 부동산 가격은, 10,000,000 ÷ 0.12% = 8,333,333,333원이 된다. 매수가를 이천만 원이라고 하면, 20,000,000 ÷ 0.12% = 16,666,666,666원이 된다. 지금 나는 상가 두 칸의 가격을 83억 원이라고 보고 지분가를 제시하고 있으며 최대로 166억 원까지도 쳐줄 생각이 있다는 것이다.

"귀사의 지분비율에 따르면 결코 작은 금액이 아닙니다. 다음 주에 잔금을 치를 예정이니 가부간의 결정을 부탁드립니다."

(4) 결론

언제나처럼 부천 D법률사무소의 대출중개를 통해 잔금대출을 확정해 놓았다. 지분물건이지만 소유권의 99.88%를 취득한 점과 1층 상가 담보대출이라는 점을 은행에서도 감안해서 낙찰가의 70%

를 승인받았다. 그러던 중에 N 이사의 전화를 받았고, 최종 담판을 위해 현장을 찾았다.

"사장님, 저희가 지금 진행 중인 프로젝트가 곧 마무리됩니다. 사무실을 다시 옮기는 것도 번거로우니 지분을 넘겨드리는 대가로 이 사무실을 1년 6개월만 더 쓰게 해주시면 어떨까 합니다."

"1년 반씩이나요? 지금 저 혼자 결정할 사안은 아닌 것 같습니다. 대표님의 제안을 들었으니 회사의 투자자들과 상의해서 연락드리겠습니다."

지금도 호경기는 아니지만 2013년 가을 그 당시도 상가경기가 좋지는 않았다. 더구나 본 상가 외에도 건물 후면부에는 군데군데 공실이 있어 신속하게 임차인을 들이기가 쉽지 않다는 판단이 들었고, 중개업자의 견해도 마찬가지였다.

일천만 원 또는 그 이상의 비용을 들여 지분인수 후에 상가를 공실로 유지하는 것은 크게 바람직한 전략은 아니다. 매수비용과 월세를 상계 처리하는 것도 지금 상황에서 나쁘지는 않다는 판단이 섰다. H대표에게 다음 날 전화를 했다.

"대표님, 지금 그 상가 두 칸을 임대 놓으면 월세를 200만 원 이상 받을 것으로 부동산에서 얘기하는데 1년 6개월이라는 기간은 너무 길어 수용하기 어려울 것 같습니다. 1년으로 해 주시면 바로 계약해 드리겠습니다."

"저희의 지분 때문에 낙찰가가 그렇게나 많이 떨어졌고 3년도 안 된 신축주상복합의 1층 상가를 싸게 사신 것 아닙니까? 조금 더 양보해주세요."

　엄밀하게 생각해보면 그 말에도 어느 정도 일리는 있다. 자신들의 눈꼽만한 지분 때문에 1층 상가를 싸게 산 것은 그야말로 팩트이다. 하지만 여기서 마음이 약해지면 안 된다. 팩트와 네고는 별개다.

　"사장님도 저희도 조금씩 양보해서 2014년 12월 말까지로 합시다. 어떻습니까?"

　몇 마디의 대화가 더 오가고 상대가 먼저 조정제의를 해왔고 그 정도라면 받아 드릴만 하다. 10월 하순 잔금을 치른다면 무상임차 기간이 총 1년 2개월이다. 많이 양보해서 월세를 150만 원으로 계산해도 이천만원이 넘는 금액이다. 하지만 임차인을 구할 확신이 없는 상태에서 공실이 몇 달 이어지는 것 보다는 나을 듯하다.

　"네, 알겠습니다. 지분 매수대금을 차임으로 상계하는 대신에 임대보증금은 있어야 할 것 같습니다. 상가 한 칸 당 일천만 원씩으로 하고, 잔금지급일에 맞추어 저희 쪽 법무대리인에게 소유권이전서류를 넘겨주시는 조건으로 계약하는 것이 어떨까요?"

　협상이란 서로의 요구조건을 제시하여 타협점을 찾는 행위이다. 조금씩 양보하고 성의를 보이면서 중간점을 향해 의견을 좁혀가는 과정이다. 나에게 유리한 조건을 맞추려면 상대가 어느 선에서 승인할 것인지 치밀하게 사전 전략을 세워두어야 좋은 결과를 얻을 수 있다. 하지만 경우에 따라서는 내가 먼저 통 큰 양보를 할 수도 있어야 한다. 협상에는 나와 똑 같은 생각을 하는 상대방이 있다는 사실을 인정할 필요가 있다.

결국은 두 칸의 임대보증금 일천만 원에 2014년 말까지 무상임차조건으로 협상을 마무리 지었다. 낙엽이 뒹굴기 시작하는 그 해 10월 21일, 매각대금납부최고서를 받고 납기를 꽉 채워 잔금을 납부하였다.

이 상가는 2014년 12월 말 C사의 이전과 함께 동물병원이 바통을 이어받아 입주하였다. 구분상가를 공경매로 매수하면 통상 체납된 관리비를 포함한 제세공과금의 처리가 골칫거리인데 깔끔하게 정리한 상태에서 곧바로 후속계약을 체결한 것이다. 14개월 무상임차로 지분의 대가를 치렀지만 크게 손해 본 장사는 아니다. 공유지분이라는 하자를 잘 치유하고 나니 엄청난 수익의 탐스런 과실이 달렸다. 발상과 사고의 전환이 얼마나 중요한지 가르쳐 준 사례라 할 만하다.

2) 서울 거여동 H아파트*

이번에 소개하는 물건은 경매의 지분물건에 투자하면서 겪을 수 있는 상상想像 그 이상의 모든 법률적 경험이 총 망라되어 있어 공

---

*본 사례는 필자와 같은 사무실에서 공경매에 투자해 온 이범용 사장의 사례이다. 이 분은 자타공인 지분물건의 투자고수로 다양한 지분에 투자하여 상당한 고수익을 낸 경력의 소유자이다. 다시 한 번 본인의 사례를 소개하도록 흔쾌히 승낙해주신 이범용 사장께 감사드리며, 저술의 편의상 필자가 화자가 되어 내용을 편집하였음을 일러둔다.

경매를 공부하는 사람들에게는 '종합선물세트'와 같은 사례이다. 이 사례에 등장하는 법률행위를 요약해보면 다음과 같다.

> ① 아파트 50% 지분을 매수하고 지분에 대한 차임을 근거로 부당이득금반환청구소송을 제기
> ② 승소판결을 근거로 나머지 지분을 강제경매에 부쳐 공유자우선매수청구권 행사로 나머지 지분 매입
> ③ 지분매수 후 아파트에 남겨진 전소유자의 집기비품 등 동산을 정리하기 위하여 부동산인도집행을 신청하여 동산경매로 처분
> ④ 동산경매비용을 청구하기 위해 집행비용확정결정신청 제기하고 전소유자에게 배당된 금액에 채권가압류
> ⑤ 지급명령을 신청하여 위 금원에 대한 확정을 받고 이를 권원으로 지분권자 배당금에 대한 채권압류추심명령을 신청하여 수령

등의 과정을 진행한 후 깨끗하게 수리하여 매각하면서 2년 6개월에 걸친 공유지분투자의 마침표를 찍은 사건이다.

그러나 이렇게 끝났더라면 좋았을 텐데 매각 후 3년이 다 되어가는 어느 날 전혀 생각지도 못한 전소유자의 상속인에 의하여 두 건의 민사소송을 당하였다. 지분의 강제경매 내내 연락이 되지 않던 전소유자가 일본에서 사망하였고 그 상속인이 그에 대한 부당함을 주장하며 소유권이전등기말소소송과 함께 부당이득금에 대한 손해배상청구소송을 제기해 온 것이다. 민법상 사망자에 대한 법률행위는 무효로써 취소의 대상인 바 이를 바로잡아 달라는 취지의 소송

이며 불법행위로 입은 손해를 배상하라는 소송이다. 결국은 조정에 의해 청구금의 일정액을 손해배상하면서 사건이 마무리되었다.

이 사건은 2009년 6월 아파트 1/2 지분을 매수하여 시작된 투자가 2017년 5월 손해배상소송의 조정절차 마무리로 대단원의 막을 내릴 때까지 약 8년간의 대장정에 대한 기록이다. 본 건은 예기치 못한 소송의 맞대응 과정에서 변호사비용과 손해배상금을 지출하게 되어 수익은커녕 상처뿐인 사례가 되고 말았다. 하지만 이 사례 한 가지로 나 홀로 소송과 변호사 대리소송은 물론 가압류, 가처분 그리고 경매신청과 동산압류집행을 비롯하여 지급명령과 채권압류 추심에 이르기까지 공경매투자를 통해 경험할 수 있는 모든 종류의 법적 다툼을 경험할 수 있었다.

오랜 기간 공경매에 투자하다 보면 예기치 않은 상황이 곳곳에서 발생한다. 이번 사례처럼 전혀 예상 못한 변수가 생기는 경우는 흔치 않지만 지레 겁부터 먹을 필요는 없다. Case by case로 부딪치면서 해결하거나 사안이 위중할 경우 법률전문가의 조력을 받아 처리하면 된다. 하나의 사안을 해결하고 나면 그만큼의 경험치와 능력치가 올라가서 맷집이 강해진다는 점에서 복잡한 문제는 나의 스승이라 생각하는 긍정적인 마인드가 필요하다.

(1) 지분물건의 개요

2009년 6월 하순, 더위가 시작되어 가던 어느 날 서울 거여동 2

단지 H아파트 48평형 아파트의 1/2 지분이 경매에 나왔다. M씨 남매 공동소유 중 남동생의 지분이 경매에 나왔고 64%로 2회 유찰 되었다. 지하철 5호선 거여역에서 도보 5분 거리의 역세권아파트로 주변은 총 3천여 세대에 이르는 6개의 단지로 이루어져 있다. 입주 10년차의 아파트로 평소 눈여겨보던 대형평형이라서 관심을 가지고 현장방문을 하였다. 세대열람을 하니 소유자 거주 중으로 3개월의 관리비 체납 외에 특별한 사항은 보이지 않는다. 감정가 4억 원의 74%인 2억 9,560만 원을 써 무려 7 : 1의 경쟁을 뚫고 매수에 성공하였다.

(2) 지분전쟁의 서곡

지분물건 투자의 시작과 끝은 대개 비슷하다. 단순 투자자라면 매수한 공유지분을 단독으로 또는 나머지 지분과 합쳐 매도하는 것이 바로 그것인데 이 과정에서 얼마나 효율적으로 시간을 단축하여 수익률을 높이느냐에 달려있다.

① 부당이득반환청구의 소 제기

공유자의 우선매수 없이 매각결정이 확정되었다. 내용증명으로 보낸 낙찰안내문이 반송된다. 관리사무소와 경비실을 통해 확인하니 이번 경매대상자의 누나인 1/2 지분권자 M씨는 일부 짐을 남기고 낙찰되기 3개월 전에 퇴거한 상태로 현재 공실이다. 남매 공동

소유의 아파트이니 가족이 살고 있겠거니 하고 점유자 조사에 소홀하였는데 빈집이라니 뭔가 예상과 달리 일이 어려워질 것 같은 불안감이 엄습한다.

일단 M씨를 상대로 지분권자의 관리의무에 해당하는 인도명령을 신청하였고 무난하게 인용되었다. 2009년 8월, 곧바로 부당이득청구소송(첨부1 참조)을 제기하였다. 소송과정이 얼마나 길어질지 모르고 당시 아파트가격이 고점을 찍고 떨어지고 있어 시간을 지체할 이유가 없기 때문이다.

M씨를 상대로 한 송달이 번번히 실패하였다. 국내에 주민등록은 되어 있지만 일본에 주로 거주한다고 하니 송달이 될 리 없었다. 결국 집행관에 의한 야간특별송달까지 실시한 후에 공시송달로 마무리되었고 두 번의 변론기일을 거쳐 해가 바뀌어 2010년 1월이 되어서야 승소판결을 받았다.

[첨부 1. 부당이득금반환청구소장]

소 장

원 고   정 ○ ○
         서울 서초구 반포1동 30-○
피 고   민 △ △
         서울 송파구 거여동 291, H아파트 제203동 △△호

부당이득금반환소송

청 구 취 지

1. 피고는 원고에게 2009. 7. 27부터 원고 지분(1/2)의 부동산을 명도하는 날까지 매월 금1,250,000원을 지급하라.

2. 소송비용은 피고의 부담으로 한다.

3. 제 1항은 가집행 할 수 있다.

라는 판결을 구합니다.

청 구 원 인

1. 당사자

원고는 서울시 송파구 거여동 H아파트 제203동 △△호(민ㅇㅇ 지분 1/2)의 부동산을 2009. 6. 22. 서울동부지방법원의 2008타경 165○○ 부동산강제경매에서 금295,600,000원의 매수대금으로 낙찰 받아 2009. 7. 27 적법한 절차에 따라 잔금을 완납하고 소유권이전까지 마친 진정한 소유자입니다.
피고는 이 사건 부동산의 1/2 지분권자이며 전체 부동산의 점유자입니다.

2. 피고의 부당이득금

가) 위 원고의 부동산(1/2지분)에 관하여 피고 겸 전체부동산의 점유자 민△△은 원고로부터 어떠한 사용승낙이나 동의 없이 또한 정당한 권원 없이 1/2지분만큼을 2009. 7. 27부터 금일 현재까지 무단으로 사용하고 있으며, 원고의 명도 및 임료청구요구에도 송달거부와 불성실한 대응만 하며 진정한 명도나 임료지급 의사를 보이지 않고 있습니다.

나) 이에 원고는 이 사건 법률상 피고가 정당한 권원 없이 점유부동산을 원고의 1/2지분까지 점유 사용하여 임차료 상당을 부당이득한 점을 이유로 피고에게 부당이득의 반환을 청구 하는 것이며, 그 금액은 이 사건의 부동산을 피고가 정당한 권원 없이 점유한 시점을 기준으로 하여 청구하는 바 피고 민△△는 원고에게 2009. 7. 27부터 완제일까지 매월 임료 ₩1,250,000원을 부당이득으로 반환할 의무가 있다 하겠습니다.
또한 부당이득의 기준이 되는 임차료 기준은 국민은행의 시세조사표와 인근부동산의 시세확인서에 의한 것입니다.

3. 결 론

위에 따라 피고는 원고에 대하여 위 청구취지 기재 금원을 반환할 의무가 있다 할 것이무로 이를 구하기 위하여 이 사건 소를 제기합니다.

첨 부 서 류

1. 부동산등기부등본   1통
1. 내용증명   1통
1. 국민은행 부동산시세   1통
1. 인근부동산 전세시세 확인서   2통
1. 피고 주민등록초본   1통

2009. 08. 31.

위 원 고   정 ○ ○
서 울 중 앙 지 방 법 원   귀 중

② 강제경매 신청

부당이득금반환청구소송은 채 6개월이 걸리지 않아 공시송달을 통해 승소판결을 받으며 끝났다. 하지만 소송기간 내내 공유자와 연락이 안 되는 점이 마음에 걸렸다. 왜냐하면 앞으로 이어질 법적 절차에서도 송달은 필요충분조건인데 계속해서 발목을 잡을 것 같은 생각이 들었기 때문이다. 시간이 걸릴수록 투자의 기회비용은 커질 것이기에 지분투자자의 입장에서는 공유자와 협상과 합의를 통해 문제를 해결하는 것이 최선의 선택이라 할 것이다.

승소판결이 확정되자 곧바로 M씨의 지분에 대한 강제경매신청서를 서울동부지방법원에 접수시켰고 2010년 2월 경매개시결정이 내려졌다.

경매사건에서도 채무자에 대한 송달은 중요한 문제이다. 부당이득금소송에서 공시송달로 사건을 진행시킨 기록을 제출하면서 채무자의 국외출국사실을 강조하였다. 경매재판부는 출입국사실기록을 통하여 국내에 부재중임을 입증하라는 보정명령을 내렸고, 이를 근거로 서울출입국사무소로부터 2007년 5월 출국 후 입국한 사실이 없다는 확인서를 제출하였다.

여기에 더하여 아파트관리사무소장과 입주자대표회의 명의의 「불거주확인서」도 추가로 첨부함으로써 송달절차를 마무리 하였다.

경매신청서를 접수하고 만 8개월이 걸려서야 첫 기일이 잡혔고 공유지분의 한계 때문에 두 번의 유찰을 거쳐 2011년 1월이 되어 공유자우선매수권의 행사로 전체 지분의 소유자가 될 수 있었다.

　5명이 입찰에 참여하여 감정가 4억 원의 73%인 291,770,000원에 낙찰 되었다. 최저가보다 3,577만 원이나 더 쓴 매수자가 야속하지만 어쩔 수 없이 우선매수권을 행사하여 매각통지서를 받아 쥐었다. 그간의 지분경매에서 공유자들로부터 받은 따가운 눈총에 복수하듯 이번에는 내가 최고가매수자에게 눈빛으로 레이저를 쏴 부쳤다.

　'아니, 이 양반이 공유자 있는 물건에 왜 그리 높은 가격을 쓴 거야!!'

　최초에 지분 50%를 인수한지 1년 7개월이 지났으니 결코 짧은 시간이 아니다. 어느 분의 유행어처럼 「내가 이런 꼴을 보려고 지분에 투자 했나」하는 자괴감이 밀려든다. 하지만 후회하거나 고민할 틈도 없이 다음 스케줄을 진행하여야 한다. 무엇보다도 아파트의 점유를 회수하는 일이 기다리고 있기 때문이다.

③ 동산경매와 법적절차비용 추심

　잔금을 내려고 해도 낙찰일로부터 또 한 달 이상 기다려야 한다. 그야말로 기다림의 연속이고 인내심 테스트에 다름 아니다. 드디어 소유권이전등기를 마치고 온전한 100%의 소유자가 되었다. 하지만 전소유자의 짐이 남겨져 있어 이것을 처리하는 일이 또 기다리고 있다. 유체동산처분을 위한 법적절차를 거쳐야만 진정한 소유권을 행사할 수 있다. 「산 넘어 산」이라는 말이 실감났다.

잔금을 치름과 동시에 집행관실에 「부동산인도집행신청」을 하고 아파트 인근의 컨테이너 보관소에 짐을 보관할 준비를 마쳤다. 드디어 집행관과 증인 2명을 대동하여 문을 열고 낡은 집기비품을 실어냈다. 가재도구를 비롯한 살림살이가 전부인데 그야말로 낡고 오래되어 폐기처분감 수준이다. 이후 컨테이너에 보관된 동산의 경매에서 낡은 집기들을 50만 원에 낙찰받아 폐기처분 하는 것으로 마무리했다.

부동산인도집행 진행 중에 강제경매사건의 배당절차에서 연체차임과 경매비용을 배당받았다. 유체동산집행에 소요된 비용과 컨테이너 보관료 등 제비용은 별도의 절차인 「집행비용확정결정」을 통해 청구해야 한다. 이 결정에 기초하여 M씨의 배당금에 지급명령을 신청하고 이를 근거로 「압류 및 추심명령」을 신청하여 소요된 비용을 회수하고 나니 2011년 11월이다. 그야말로 공유자우선매수로부터 시작되어 상대방도 없이 진행된 외로운 투쟁이 겨우 종착역에 다다른 것이다.

오랜 기간 비워져 있었기에 적지 않은 비용을 들여 여러 곳을 손본 후에야 매수자를 찾을 수 있었다. 매매계약서에 도장을 찍고 잔금을 받고 나니 2011년도 며칠 남지 않았다. 2009년 6월 지분매수로부터 실로 2년 6개월 만의 일이다. 손익계산을 따져보니 마이너스다. 투자기간이 길어져 기회비용 손실이 너무 컸기 때문이다. 하지만 돈으로 계산할 수 없는 많은 경험을 얻은 것으로 스스로를 위안 삼으며 거여동 지분투자는 시간과 함께 잊혀져갔다.

④ 부당이득금반환청구 등 피소

「끝날 때까지는 끝난 것이 아니다(It ain't over till it's over)」

야구를 잘 모르는 사람도 누구나 한 번쯤 들어 본 말이다. 1950년대 뉴욕양키즈의 황금기를 이끈 전설적 포수「요기 베라Yogi Berra」의 말이다. 9회 말 투아웃은 아직 아웃카운트가 하나 남아 있으니 당연히 어떤 일이 일어나도 이상할 것이 없다. 하지만 나의 경우는 경기가 종료되고 몇 시즌이 지났음에도 경기 재개의 휫슬이 울린 것이다.

2015년 8월 초, 여름이 한참 절정으로 더위가 기승을 부리던 어느 날, 법원에서 난데없는 소장이 날아왔다. 꿈에도 상상 못한 거여동 지분사건으로 인한 부당이득금반환과 소유권이전등기말소 청구소송의 피고가 된 것이다. 필자는 물론 아파트의 매수자와 잔금대출을 해준 은행이 피고2와 3으로 함께 피소되었다. 아파트를 매각한지 3년 반이 되었는데 느닷없는 소장이라니「아닌 밤중에 홍두깨」라는 속담이 이렇게 딱 들어맞기는 머리털 나고 첫 경험이다.

사건의 전모는 이렇다. 아파트의 공유자 M씨는 2007년 8월 일본 도쿄에서 지병으로 사망하였다. M씨를 상대로 부당이득금반환소송을 제기한 것이 2009년 8월의 일이었으니 그 보다 정확하게 2

년 전에 사망한 것이다. M씨는 재일동포인 L씨와 사실혼事實婚 관계로 둘 사이엔 딸이 하나 있었고 일본에서 작은 사업을 하던 차에 지병의 악화로 젊은 나이에 유명을 달리했다. 출입국사무소 기록에 의하면 1년에 수차례씩 한국을 다녀갔으나 2007년 5월 출국이후의 기록이 없던 이유가 밝혀진 것이다.

그렇다면 한국국적의 M씨에 대한 사망신고와 재산정리 등이 왜 그토록 오랜 기간 동안 이루어지지 않은 것일까? 재일동포 L씨와의 사이에 낳은 딸이 이번 소송사건의 원고가 된 것이 그 이유를 말해 준다. 원고측 대리인 변호사의 말에 따르면 한국에서의 호적정리와 행정상 서류정리 등의 절차가 늦어져 어떠한 법률행위도 할 수 없었다는 것이다.

어찌되었든 이미 사망한 사람을 상대로 한 필자의 부당이득금반환청구소송과 이를 근거로 한 M씨 소유 지분에 대한 강제경매 등의 절차가 모두 무효가 되는 어처구니없는 상황이 발생한 것이다. 그러므로 원고는 친모인 망자 M씨의 1/2지분에 대한 소유권을 원상회복시키고, 그를 상대로 한 모든 법률행위의 무효를 주장하면서 강제경매 배당금으로부터 법적조치비용 등으로 필자가 수령한 모든 금원과 그로 인한 부당이득의 손해배상까지 물어내라는 취지의 소송을 제기한 것이다.

이미 매각한 지 3년이 다 된 소유권을 어떻게 회복시킬 것이며, 이 아파트를 산 선의의 매수자에 대한 손해는 어떻게 할 것인가? 유수의 법무법인에 의뢰하여 대응책을 마련하고 반소로써 다투기로 하였다. 다툼의 내용이 복잡하고 해결방법이 난해하여 비용이 더 들더라도 능력 있는 곳에 위임하는 것이 나을 것 같다는 판단이 섰다.

모든 문제의 발단은 M씨에 대한 사망신고가 늦어지면서 발생한 문제이기 때문에 필자 역시 선의의 피해자라는 사실을 강조하면서 원고와의 조정으로 적정한 선에서 타협하기로 전략을 세웠다.

[망자를 상대로 한 소송의 효력과 관련한 판례]

【대법원 1969. 6. 24. 선고 69다436 판결】

▶ 사망자를 피고로 한 판결이 비록 형식상 확정하였다 하더라도 무효이며 기판력이 발생하지 않는다.

【대법원 1980. 5. 27. 선고 80다735 판결】

▶ 사망한 사람을 상대로 한 판결은 무효이고 이에 터 잡아 이루어진 소유권이전등기는 특별한 사정이 없는 한 부적법한 등기이다.

소송대리인을 통한 준비서면과 답변서, 증거자료가 오고가는 사이 해가 두 번이나 바뀌어 2017년 1월 드디어 1차 변론기일이 잡혔다. 변호사를 통한 법정공방이 거듭되는 중에 재판부가 조정을 통한 중재에 나섰다. 하지만 원고의 거부로 조정이 불성립되자 판사는 강제조정결정을 내렸고, 상대방측은 더 이상의 이의신청을 하지 않았고 결국 2017년 6월 사건이 종결되었다. 원고의 입장에서도 자기의 이익이 크지 않고 손해배상의사를 충분히 피력한 점을 고려하여 적정선에서 합의에 응한 것이다.

2009년 6월 지분매수로부터 시작된 투자가 우여곡절 끝에 2017년 6월 강제조정으로 마무리되었으니 실로 만 8년의 대장정에 마침표를 찍은 것이다. 아마도 지분경매 역사상 최장기록이 아닐까 생각된다. 변호사로부터 조정결정문을 받고 여러 가지 생각이 교차했다.

(3) 결론

「이 또한 지나가리라(This too, shall pass)」*

즐겁고 행복한 순간도 지나가고, 끝날 것 같지 않은 힘들고 괴로운 시간도 지나간다. 영원히 행복할 수도 없지만 불행 역시 계속되지는 않는다. 매사가 의도한대로 잘 된다고 자만하지 말지며, 불행

---

* 유대 경전에 나온다는 이 말은 오래 전 필자가 TV드라마에서 처음 들었다. 비련의 여주인공이 복수를 위해 인고의 세월을 겪으며 이 글귀로 위로 받았다는 대사였다.
이스라엘의 다윗왕이 전쟁에서 큰 승리를 하였다. 이 날의 승리를 기념하되 교만하거나 자만하지 않고, 패배로 힘들 때도 용기를 잃지 않도록 늘 몸에 지니기 위한 반지를 제작하기로 하고 세공사에게 제작을 명하였다.
반지 세공사는 아름다운 반지를 만들었으나, 빈 공간에 새겨 넣을 글귀로 몇 날 며칠을 고민하다가 지혜로운 솔로몬 왕자에게 도움을 청했다.
그때 솔로몬 왕자가 알려준 글귀가 바로 「이 또한 지나가리라」이다.

한 일이 생겨도 좌절하지 말라는 두 가지 의미가 한 문장에 함축되어 늘 가슴에 두고 음미할 만 하다. 행복할 때는 떠올릴 겨를이 없지만 힘들고 괴로운 현실에 부딪치면 이 글을 떠올리며 위로 받곤 한다.

힘든 과정을 거쳐 지분투자에서 빠져 나왔다. 매도한지 3년 반 만에 전혀 예상하지 못한 소송에 휘말리면서 몸과 마음이 피폐해졌지만 특유의 긍정적 사고방식과 문제해결을 위한 적극적 대응으로 긴 터널을 빠져나왔다. 세상은 내가 생각하는 것처럼 쉽지도 않지만 헤쳐 나가지 못할 일은 없다는 또 하나의 가르침을 얻었다. 변호사 비용과 손해배상금 등 예측 못한 손해를 입었지만 더 큰 피해 없이 사건이 마무리된 것에 감사한다.

또 다시 강조하건대, 결론은 역시 하나다. 지분투자는 속전속결이 투자의 성패를 가르는 열쇠이다. 시간과의 싸움에서 이길 승산이 있는지를 따져보고 임하는 것이 가장 중요한 포인트라는 사실을 잊으면 안 된다.

TIP25

상가매수공식 8_상가의 적정 수익률 검토

　공경매로 매수하는 상가의 수익률은 얼마정도가 적당하며 그 기준을 어떻게 잡는 것이 좋을까? 공경매투자자라면 누구나 궁금해하지만 쉽게 답을 얻기 힘든 질문이다.

　이 질문에 답을 하기 위해서는 일반매매로 거래되는 매물의 정확하고 신뢰할 수 있는 투자수익률을 알아보는 것이 첫 순서이다. 두 번째로는 매수하고자 하는 상가 또는 인근지역의 공경매 낙찰사례를 조사해본다. 최근 3년간의 낙찰가를 유심히 살펴보고 현지 부동산중개업소에 나와 있는 매물과 매매가를 비교해 보면 어느 정도 윤곽이 잡힌다. 추가하여 국토교통부의 실거래가 공개시스템(www.rt.molit.go.kr)에 접속하여 최근의 임대차거래시세를 파악해본다.

　이러한 작업을 거치면 개략적인 매수가격을 구할 수 있고 이 매수가를 통해 수익률을 환산해 볼 수 있다. 처음엔 감이 안 잡히지만 여러 차례 반복하게 되면 적정 입찰가를 구할 수 있고 투자수익률 계산까지도 무리 없이 할 수 있다.

　공경매투자의 수익률 목표치는 10% 이상을 잡는 것이 적정하다. 왜냐하면 일반매매 대비 저가매입이 가능하고 적당한 대출을 안고 매입할 수도 있기 때문이다. 하지만 명도의 문제나 체납관리비 처리 등과 같은 변수를 통제할 수 있느냐에 따라 수익률의 척도가 달라지므로 보수적인 관점에서 수익성 검토를 해야만 실패 가능성을 줄일 수 있다.

2014년부터 이어진 저금리시대가 서서히 종말을 고하고 있다. 미국의 경기회복에 따른 양적완화정책이 마무리되고 순차적인 금리인상이 예고된 상황이다. 일반적으로 금리가 인상되면 상가투자의 메리트가 떨어져 투자수요가 줄고 이어서 상가매매가가 떨어지게 된다. 하지만 어느 시대라도 투자의 대박은 존재해 왔다.

향후 한국경제의 흐름과 미국을 포함한 대내외 금리의 변화를 유의 깊게 관찰하고 자신만의 투자철학을 정립하고 세태에 흔들리지 않는다면 성공투자는 여러분의 것이 될 것이다.

Chapter 3
수익성물건 투자 사례

필자의 견해로 투자投資와 투기投機는 같은 말이다. 「내로남불(내가 하면 로맨스, 남이 하면 불륜)」이란 말이 딱 들어맞는 표현이다. '불로소득不勞所得'이라는 단어를 보자. 두 가지 의미로 나눠 볼 수 있는데 첫 번째는 세법에서 말하는 근로소득의 반대편에 있는 수입을 통칭하는 용어로 쓰이고, 두 번째는 개인의 노력과 노동 없이 향유하는 자본가들이 가진 나쁜 소득이라는 부정적 용어로도 쓴다.

세법에서의 불로소득은 근로소득의 상대말로 일 하지 않고 얻은 소득을 말한다. 이자소득, 연금소득, 배당소득 그리고 임대소득 등이 대표적 불로소득이다. 적법하게 세금을 내고 얻는 과세소득의 하나로 아무런 편견 없이 바라본다.

하지만 자본가의 불로소득을 말 할 때는 의미가 사뭇 달라진다. 노동자를 착취하고 수탈하여 얻어낸 부정적인 시각이 강하다. 불로소득을 갖지 못한 사람의 입장에선 이것이 자본주의의 악惡이자 개

혁대상이며 고율과세로 억눌러야 할 대상인 동시에 아이러니컬하게도 너무도 갖고 싶은 선망의 대상이다. 누구나 쉽게 갖지 못하기 때문에 시기하고 질투하는 것인지 모른다.

부자들은 이 불로소득을 통해 부를 쌓고 늘려 후대에 전해준다. 위에 적시한 4가지 소득 중에 적어도 두 가지 이상은 반드시 준비할 필요가 있다. 이미 진부해진 100세 시대라는 표현 말고도 불로소득이 필요한 이유는 많다.

이 책을 펼치신 독자라면 적어도 공적연금에 더해 이자/배당소득 또는 임대소득 중 두 가지 정도는 준비하셨으리라 보는데 필자의 판단이 맞기를 바란다.

지금 이 글을 쓰고 있는 순간에도 나의 '직원들'은 나를 위해 일하고 있다. 휴일도 없고 휴가도 없으며 조퇴나 결근도 없다. 하물며 월급이나 수당을 인상해 달라거나 아니면 근무환경을 개선해 달라는 식의 요구도 없다. 가끔 돈이 들긴 하지만 그들의 노고에 비하면 보잘 것 없는 수준이다.

이 노동자들은 나와 내 법인이 소유한 수익성 부동산이다. 나는 이들로부터 '불로소득'을 받는다. 나는 안정적 급여를 받지만 결코 누구를 위해서 노동을 제공하지는 않는다. 일은 하지만 내가 하고 싶을 때, 하고 싶은 만큼만 한다. 나는 이 자유가 누구나 누리는 보편적 자유가 될 수 없다는 것을 알지만, 내가 누리는 만큼 언젠가 이 책의 독자인 당신도 누리기 바란다.

저 유명한 「워런 버핏Warren Buffett」 선생의 이 말을 음미하라.

"Never depend on a single income.
Make investment to create a second source."

▶ 하나의 수입에 의존하지 마라. 또 다른 재원을 만들 투자를 하라.

1. 서울 종로 피맛골 L빌딩 상가

1) 물건의 개요

　부동산의 입지는 랜드마크Land-mark가 최고다. 랜드마크의 사전적 의미는 '어떤 지역을 대표하거나 구별하게 하는 표지' 또는 '주요 지형지물'을 뜻한다. 누구나 이름만 대면 알만한 유명한 거리나 건물이 그것인데, 이를테면 '명동성당'이나 '광화문 교보문고' 또는 '강남역 8번 출구' 등을 예로 들 수 있다. 사람들이 많이 모이는 장소이기도 한데 부동산투자에도 랜드마크급 입지라면 단연 투자 1순위이다.

　이번 투자사례는 서울 종로의 피맛골* 재개발지역 내 신축 건물인 L빌딩의 상가 두 개 호수에 대한 낙찰 건이다. 앞선 공매이론편의 경매와 차이점을 설명하면서 인용한 사례이기도 하다. 종로대로에 연접한 건물로 종로구청과 광화문이 가깝고 인근에 유수의 대기업 사옥과 외국계 회사건물이 많아 유동인구의 질과 양에서 특A급 입지라 할 만하다.

　L빌딩의 4층 두 개호가 500만 원이 채 안 되는 종로구청의 당해

---

* 피맛골의 피마(避馬)는 말을 피한다는 뜻이다. 경복궁이 지근거리이다 보니 조석으로 고관대작들의 마차행렬이 줄을 이었고 이를 피하기 위해 서민전용 이면도로가 만들어졌다. 재개발되면서 옛 정취는 사라졌고 현대식 건물이 즐비하게 들어섰다.

세 체납으로 공매목록에 올랐고 감정가의 60%까지 떨어져 진행 중이다. 항공운송업을 영위하는 법인이 사용 중이었고 소유자는 그 법인의 대표이다. 선순위근저당이 13억 원 설정되어 있어 배분순위가 빠른 당해세가 아니면 압류진행의 실익이 없는 물건이다.

[피맛골 현판이 걸린 종로 N빌딩]

종로구 청진동은 싸고 맛있는 음식점이 즐비한 매력적인 곳으로 많은 사람들이 찾는 친숙한 곳이다. 피맛골 재개발 이후 예전의 정겨운 골목풍경은 사라졌지만 그곳에 터잡은 맛집들과 단골고객은 아직도 끈끈한 관계를 이어가는 곳이기도 하다.

현장을 확인하니 유리현관문 넘어 사무실은 집기비품들이 방치된 채 어지럽게 널려있다. 미처 정리할 틈도 없이 회사 문을 닫고 직원들은 뿔뿔이 흩어진 것일까? 역시 관리사무소를 방문하면 개략의 답이 나온다.

건물소유자는 최초 분양자로 자신이 대표로 있는 회사가 입주하여 사용하였으나 2014년 2월 이후 공실로 방치되고 있으며 체납관리비가 3천만 원이 넘는 상황이다. 관리비를 대납하고 방치된 집기비품까지 손수 처리해야 한다면 여러모로 신경 쓰이는 일이 아닐 수 없다. 아마 여러 차례 유찰된 이유 중의 한 가지일 것이다. 관리부장을 만나 대화를 나누던 중 귀가 솔깃한 제안을 한다.

"체납관리비를 납부해 주시면 저희가 집기비품을 깨끗하게 치워드리겠습니다. 모든 책임은 저희가 질 테니 걱정하지 않으셔도 됩니다."

이렇게 큰 건물을 관리하다 보면 여러 경우의 수가 나오는데 체납된 관리비의 처리문제가 골칫거리일 수밖에 없다. 특히 공경매물건의 경우 체납액이 커서 관리사무소가 나름의 원칙을 세워 매수자의 편의를 봐주는 형식으로 운영하는 것으로 보인다.

"이미 저희가 내용증명을 수차례 발송하였고 통화로도 집기비품의 철거를 통지하였습니다. 매수자가 되시면 협조해 드리겠습니다."

공용부분 체납관리비는 어차피 매수자가 책임져야 하는 것이고 대신 방치된 집기를 처리해 준다면 명도로 인한 시간과 비용을 절약할 수 있으니 손익계산서 상 남는 장사임에 틀림없다. 부동산중개업소에 문의하니 건물의 입지가 좋아 전체적으로 공실이 많지 않고 임대도 잘 나가는 편으로 확인된다.

2) 문제의 해결

단독응찰에 의한 낙찰이다. 종로대로 한 복판의 랜드마크빌딩 공매에서 감정가 대비 61.4%로 단독 드리블 골을 넣었다. 다만 최저가에 1,400만 원을 더 썼다는 사실이 조금 아깝지만 늘 있어 온 일이다. 유치권이 설정되었거나 지분물건도 아니며 골치 아픈 점유자도 없다. 집기비품이 남겨져 있지만 체납관리비의 납부와 함께 깨끗이 해결 가능하다. 그 해결방법 조차도 나의 요구에 의한 것이 아니고 관리사무소에서 제시해 준 것이니 이 물건에 관심 있는 누구라도 문의했더라면 그런 답변을 들었을 것이다.

하나은행의 대출을 받아 잔금을 납부하고 관리사무소와 체납관리비 협상에 들어갔다. 판례가 인정하는 관리비의 범위에 대한 기준과 내용은 공경매의 낙찰자보다 관리사무소가 더 지식이 해박하다. 왜냐하면 그들은 직접 현장에서 연체관리비의 징수업무를 다루기 때문에 법률지식이 더 해박할 수밖에 없다. 또한 주택관리사협회라든지 건물관리회사가 공동주택이나 구분상가의 관리비 취급처리지침이나 최신 판례 등의 자료를 수시로 제공하여 업무처리의 기준을 제시해 주기 때문이다.

전소유자의 체납관리비 중에서 연체이자 부분을 공제하고 약 2,800만 원을 즉시 납부하는 동시에 관리사무소 주관 하에 집기비품을 빼냈다. 현관문 번호키를 새로 교체하고 내부도색과 간단한 수리를 마쳤다. 관리사무소로부터 체납정리에 대한 감사표시로 입주청소 서비스까지 제공받았다.

그러던 어느 날 계약을 체결하자며 중개업소에서 연락이 왔다. 마침 본 건물의 오피스텔에 입주해 있다가 임대차계약이 만료된 의료장비 수입업체와 임대차계약을 바로 맺었다. 2016년 6월 16일 낙찰 받아 8월 17일 임대차계약서를 작성하고 8월 31일 임차법인이 입주하였으니 두 달 반 만에 모든 절차를 끝낸 셈이다. 종로 한 복판에 자리한 랜드마크급 건물의 입찰에서부터 명도와 임차까지 그야말로 번갯불에 콩 볶을 만큼 빠른 속도로 사건을 마무리 지었다.

아마도 소유자나 임차인 같은 점유자가 있었더라면 관리비 문제와는 별도로 명도협상에 시간이 소요되고 이사비 문제가 불거질 가능성도 있다. 하지만 이번 케이스는 공실인데다 관리사무소의 협조 하에 신속한 업무처리로 타임로스를 제거할 수 있었다. 골치 아픈 전소유자의 집기비품 처리업무를 어차피 매수자가 부담해야 할 공용부분 관리비와 맞바꾼 셈이니 생각하기에 따라서는「도랑치고 가재 잡은 격」이다.

TIP26

판례가 인정하는 공용관리비의 범위

아파트와 같은 공동주택이나 구분건물 상가라면 더더욱 신경 써야 할 것이 전소유자의 체납관리비이다. 특히 상가건물이라면 연체관리비에 대한 세부내역을 꼼꼼히 살펴보고 입찰여부를 신중하게 검토하여야 한다.

대법원판례로 확정된 체납관리비의 책임소재를 공부해 보자.

① 매수자가 부담하여야 하는 부분

- ▶ 공용관리비: 일반관리비, 청소/소독비, 승강기유지비, 수선유지비, 화재보험료 등

② 매수자가 부담하지 않아도 되는 부분

- ▶ 전용관리비: 전용부분의 전기료, 수도료, 급탕비, 난방비, TV/유선방송 수신료 등
- ▶ 채권의 소멸시효 기준 3년이 넘은 관리비 일체
- ▶ 체납관리비의 연체이자

체납관리비의 대부분을 차지하는 것이 일반관리비이다. 일반관리비도 전용부분과 공용부분에 대한 분리가 되면 투자자의 입장에

서는 부담이 확 줄어들련만 판례는 부인하고 있다.

대표판례 2개를 요약 소개한다.

【대법원 2006. 6. 29. 선고 2004다3598,3604 판결】요지

① 공용부분 관리비의 범위

공경매매수인에게 승계되는 공용부분 관리비에는 집합건물의 공용부분 그 자체의 직접적인 유지·관리를 위하여 지출되는 비용이 포함된다.

뿐만 아니라, 이 비용 중에서도 입주자 전체의 공동이익을 위하여 집합건물을 통일적으로 유지·관리해야 할 필요가 있어 이를 일률적으로 지출하지 않으면 안 되는 성격의 비용이라면 공용부분의 관리비로 보아야한다고 적시하였다.

② 공용부분 관리비의 연체이자

한편, 관리비 납부를 연체할 경우 부과되는 연체료는 위약벌의 일종이고, 전소유자의 특별승계인이 체납된 공용부분 관리비를 승계한다고 하여 전소유자가 관리비 납부를 연체함으로 인해 이미 발생하게 된 법률효과까지 그대로 승계하는 것은 아니라 할 것이어서, 공용부분 관리비에 대한 연체료는 특별승계인에게 승계되는 공용부분 관리비에 포함되지 않는다고 판시하였다.

【대법원 2006. 6. 29. 선고 2004다3598,3604 판결】 요지

[전략前略]

① 관리단이 공용부분 관리비 등 전 구분소유자가 체납한 관리비의 징수를 위해 단전·단수 등의 조치를 취한 사안에서, <u>관리단의 위 사용방해 행위가 특별승계인에게 불법행위를 구성한다면 손해배상의 책임이 있다.</u> 즉, 공경매의 매수자와 체납관리비 협의과정에서 단전·단수 등의 조치에 불법이 없어야 한다고 보아 상가의 사용불능상태에서 관리비 징수만을 주장하는 것을 금지하였다.

② 관리단 등 관리주체의 위법한 단전·단수 및 엘리베이터 운행정지 조치 등 불법적인 사용방해 행위로 인하여 건물의 구분소유자가 그 건물을 사용·수익하지 못하였다면, 그 구분소유자로서는 관리단에 대해 그 기간 동안 발생한 관리비채무를 부담하지 않는다.

두 번째 판례는 체납관리비 때문에 단전·단수 또는 엘리베이터 이용금지와 같은 관리사무소의 불법행위가 있을 경우 이에 대응하는 논리를 제공하는 판례이다. 건물의 사용을 제한 당하는 경우 적극 대처할 필요가 있다.

필자의 경우 체납액에 대하여 충분한 시간을 가지고 분할납부 요청하거나 별도의 감면을 요구한다. 하지만 분할납부는 가능하되

추가적 감면을 받기는 쉽지 않다. 왜냐하면 판례가 인정하는 부분을 관리사무소장이 너무 잘 알기 때문이다. 그렇다하더라도 지레 포기하지 말고 적극적으로 감면요청을 하거나 상환유예를 요청하면 예상외의 결과를 얻을 수도 있다.

3) 결론

　세상에 쉬운 일은 없다. 세상이 복잡해지고 다변화 되면서 속칭 '눈 먼 돈'과 같은 한탕주의는 우리 주변에서 사라진지 오래다. 이번 사례 역시 약간의 행운이 깃든 케이스라 할 만하다.

　관리사무소는 전소유자가 남기고 간 책상, 의자 그리고 책장 등의 집기를 엘리베이터 옆 빈 공간에 한 달 동안 보관하면서 최종시한을 두어 회수통보를 하였다. 집기의 소유자는 2년여의 관리비 체납으로 자신의 소유권을 주장할 상황이 아니고, 최후통첩에도 불구하고 권리행사를 하지 않았기에 이후 관리사무소가 직권으로 폐기처분하였다.

　이 오피스빌딩의 경우 이런 사례가 많다보니 정형화된 업무처리 지침으로 이런 방식을 사용하고 있었다. 여러분 중의 누구라도 관리사무소를 방문하였더라면 집기비품의 처리문제에 대하여 유용한 정보를 얻었을 것이다.

　이제 다음 기회는 당신의 차례이다. 한 발 앞서 뛰고 정보수집의 안테나를 높이 올려야 기회를 잡을 수 있다. 지금 이 시간에도 온비드의 우량물건이 여러분을 기다리고 있음을 기억하시라.

TIP27

상가매수공식 9_매수상가 활용법

공경매로 부동산을 매수하기 전에 그 부동산의 활용법을 우선 생각하고 접근하자. 아파트나 빌라와 같은 주거용 부동산이라면 선택의 여지가 많다. 하지만 상가나 사무실, 근린주택처럼 수익형부동산이라면 명확한 목적을 가지고 매수하여야 탈이 없다. 그 목적에 따라서 물건분석의 접근방식이 전혀 달라지기 때문이다.

활용방법은 몇 가지가 있을 수 있다.

① 내가 직접 사용한다.
② 즉시 매도하여 자본이득을 챙긴다.
③ 현재의 임차인에게 재임대한다.
④ 명도 후 새로운 임차인을 찾는다.

위 4가지 방법 중에서 한 가지 예를 들어보자. 직접 사용하기 위한 부동산이라면 사실 복잡한 분석에서 자유롭다. 대중교통이 편한지, 건물에 편의시설이 잘 갖추어져 있는지, 향과 전망이 괜찮은지 등 아주 일반적인 요소만 살펴보면 충분하다. 일정기간 이상을 내가 사용할 것이기 때문에 혹시라도 사업을 접게 된다면 그 계획에 맞춰서 여유를 가지고 그 물건을 매각하든지 임차 놓든지 하면 된다.

하지만 ②나 ④의 경우라면 어떨까? 내 입맛에 맞는 물건이 아닌 누가 보더라도 마음에 쏙 드는 매력 있는 물건이어야 한다. 훨씬 더 치밀하고 꼼꼼한 물건분석이 필요한 이유이다. 필자의 경우는 수익성물건 매수의 포인트를 ③에 놓고 검토한다. 경험 상 그것이 가장 큰 이득을 주고 손발이 피곤하지 않은 방법임을 체감하였기 때문이다.

만약 상가를 낙찰 받고 명도 시켜서 새로운 임차인을 구한다고 가정해 보자. 명도에 저항이 있을 것이고 순순히 나간다 하더라도 금방 새 임차인을 구하는 것이 뜻대로 안된다면? 공실이 길어지면 그야말로 큰 문제이다. 금융비용, 자기자본 투자에 대한 기회비용, 공실로 인한 임차료 손실과 관리비, 공과금 및 건물의 감가상각비 등등 손해가 시간이 갈수록 눈덩이처럼 커진다.

투자 초보시절 그 손해가 아까워서 뭐라도 해보겠다고 PC방을 냈다가 처참하게 깨지고 나온 필자가 상가투자실패의 산증인이기도 하다. 하지만 그 실패에서 얻은 교훈으로 많은 것을 얻었으니 수업료 치고는 컸지만 약이 되었다.(라고 늘 마음을 진정시켜 보지만 허무한 자기합리화일 뿐이다.ㅠㅠ)

2. 강원도 철원 E 아파트 상가

대한민국 역사 이래 최저금리의 시대가 저물고 있다. 레버리지투자자에게는 달콤한 선물과 같은 시간이 지나고 있는 것이다. 미국 연방준비제도이사회(Fed)는 금융위기 탈출과 경기활성화를 위하여 양적완화정책이라는 처방을 내놓으며 금리인하를 적극 추진하였고, 제로금리에 이르는 저금리정책을 펼쳐온 지 이제 10년이 되었다.

미국 발 전 지구적 금리인하의 후폭풍은 한국의 부동산 투자자들에게 지난 4~5년간 최고의 선물이었고 필자 역시 저금리의 혜택을 톡톡히 누렸다.

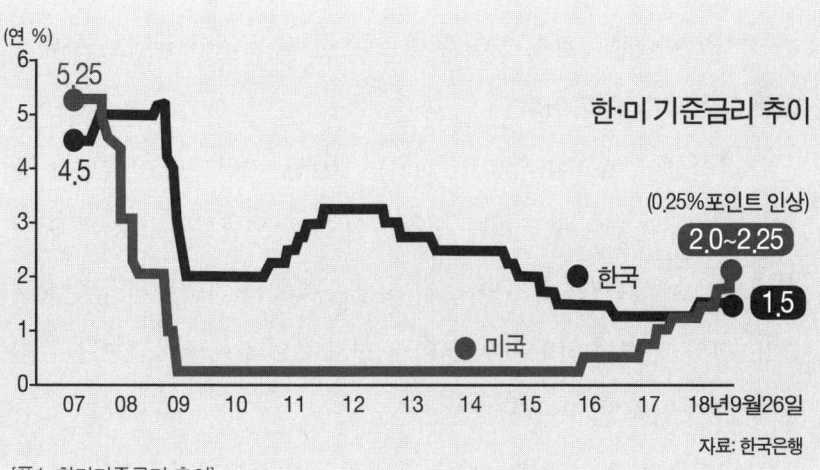

[표1. 한미기준금리 추이]

이제 저금리시대의 환상은 버릴 시간이다. 경기회복에 자신감을 보인 미국이 금리인상을 예고하고 2018년에 접어들면서 기준금리 인상의 신호탄을 쏘아 올렸다. 그야말로 한·미 간 금리역전현상이 현실화 된 것이다. 문제는 한국의 금리인상 속도이다. 정작 금융통화위원회는 가계부채의 부실을 염려한 나머지 기준금리 인상을 미루고 있지만 시장에서의 대출금리는 뜀박질 형세로 급하게 오르고 있다. 게다가 그 파급효과가 찻잔 속의 태풍으로 그칠 것 같지 않다는데 문제의 심각성이 있다.

필자의 경우 매월 자동이체 되는 대출이자로부터 금리인상의 속도를 피부로 체감한다. 2017년 하반기부터 2018년 상반기까지 1년 동안 3개월 또는 6개월 변동금리대출에 변동주기가 도래하자 거의 예외 없이 금리가 올라 평균 0.5%p에서 최고 1%p까지 올랐다. 물론 상가담보대출이라서 인상폭이 조금 클 수 있지만 심각한 사태로 받아들여야 할 상황이다.

금리인상이 예고된 후 미국 Fed는 2018년 9월까지 올해에만 총 3회에 걸쳐 0.75%의 금리를 인상하였고 2020년까지 점진적 인상 도미노가 예상된다. 하지만 우리 시중은행들은 기준금리가 인상되기도 전인 2017년 하반기부터 이미 선제적으로 야금야금 가산금리를 올리기 시작한 것이다.

2018년 6월 말 기준 주택대출의 변동금리가 고점기준으로 4.74%에 이르러 곧 5% 진입을 눈앞에 두고 있는 상황이다. 미국이 경기회복세에 대한 자신감으로 지속적인 추가 금리인상을 예고한 상황이라서 한국시장은 이제 대출금리 6% 시대를 기정사실로 인정하고 있는 분위기이다. 게다가 문재인 정부들어 주택가격의 급등으로 인해 각종 규제대책을 내 놓으면서 급기야는 한국은행의 고유권한인 금리결정권까지도 만지작거리고 있는 상황이다.

미국이 기준금리를 올리면 달러의 유출을 막기 위해 그에 상응하여 시장금리가 오르면서 우리의 대출금리가 따라 오르는 구조다. 한국은행이 당장 금리를 올리지 않는다고 해도 미국 금리 상승이 글로벌 금리 상승 → 한국 시장금리 상승으로 이어져 대출금리를 끌어 올린다.

하지만 크게 염려하거나 겁먹을 필요는 없다. 어느 시대든 거스를 수 없는 큰 물결은 있어왔다. 큰 물살의 흐름에 따라 움직이면서 곁에 따라오는 작은 물결의 파고를 이용해 앞으로 나가면 된다. 큰 파도를 거스르며 역행하려는 시도는 배가 전복되거나 좌초될 뿐이다. 따라서 현명한 선장이라면 중심을 잃지 않고 바람과 물결의 방향을 잘 타면서 원하는 목적지에 이를 수 있어야 한다. 살아남는 것이 성공인 시대가 오고 있다.

금리가 오르기 시작하면 1~2년의 시차를 거쳐 금융부담을 이기지 못한 매물이 공경매시장에 출회되는 숫자가 늘어나기 시작한다. 2019년 하반기부터는 우량물건들이 시장에 많이 등장할 것으로 예상되니 지금부터 차근차근 준비하는 자세가 필요해 보인다.

이번 사례는 강원도 철원의 아파트 상가 투자사례이다. 캠코공매의 압류물건 숫자가 워낙 적어 수도권이나 대도시 중심으로 투자해 왔지만 이례적으로 군 단위의 면소재지라는 지역적 한계를 물건의 사용목적으로 극복할 수 있다는 발상의 전환사례로써 소개하고자 한다.

1) 물건의 개요

2013년 6월, 캠코공매 목록에 강원도 철원의 한 아파트 상가 대부분 호수가 이름을 올렸다. 지층과 1~2층 총 3개 층 상가 19개호 중 16개가 공매 진행되고 있다. 아파트를 시공한 회사 소유의 상가인데 일반분양된 3개호를 제외한 전 호수가 철원군에 내야 할 취득세 체납을 이유로 공매되는 물건이다.

본 물건은 강원도 철원군 갈말읍에 소재한 준공 5년차의 신축 아파트 상가이다. 총 324세대 규모로 갈말읍에선 최초로 분양된 15층의 고층아파트여서 인기리에 분양을 마쳤으나 상가만큼은 대부분 미분양 상태로 회사가 보유 중이었다. 법정관리 중이던 건설사가 파산처분 되면서 회사소유의 상가가 공매진행 되는 것이다.

서울에서 철원은 지리적으로 한참 떨어져있지만 대중교통을 이용해서 가보았다. 나의 임장원칙은 대중교통이다. 그래야만 부동산의 핵심가치인 입지를 몸으로 느껴볼 수 있기 때문이다. 힘들여

왔으니 이것저것 열심히 둘러보고 진지해 진다. 그러지 않으면 돌아가는 길이 너무 허탈하기 때문이다. 차를 가지고 드라이브하듯 쉽게 왔다가 쓱 한 바퀴 돌아보면 남는 게 별로 없다.

강남에서 광역버스를 타고 의정부에서 환승하여 신철원터미널에 도착하니 2시간 반 가량 걸린다. 아파트는 반듯하게 잘 지었는데 단지 내 상가 치고는 위치가 안 좋고 주변에 상권이랄 것이 없어 섬처럼 들떠 있는 느낌이다. 지층은 현황 1층인데 7개 호수 중 마트 두 칸에 미용실까지 세 칸만 사용 중이고 1층은 Y영어학원이 두 칸 사용, 두 칸은 치킨점이고 나머지 두 칸은 공실이다. 2층은 마을회관이 한 칸을 쓰고 나머지 5개호는 중고생 학원으로 사용 중이다. 지층 마트에서 아이스크림을 하나 사면서 몇 가지를 물었다.

"사장님, 공매에 관심 있어서 왔는데 몇 가지 여쭤 봐도 될까요?"

바쁜 시간만 아니라면 가겟집에 들어가 물건을 사면서 손님 자격으로 정보를 수집하는 것이 최고의 방법이라는 것은 삼척동자도 아는 사실이다. 이 분은 아파트에 거주하면서 부업으로 가게를 냈는데 생각만큼 장사가 안 되어 걱정이 많았다.

"상가가 많이 비었는데 장사는 어떠신가요?"

"신통치 않아요, 임대기간이 끝나면 접을까 생각하고 있어요. 월세 내기도 부담스러운 정도라니까요."

"어휴, 그 정도신가요. 그럼 상가를 공매로 취득하시면 월세는 안 내도 되니까 그런 생각은 안 하셨나요?"

"투자가치가 없어요, 이 아파트 사람만 보고 장사할 수도 없고 앞으로 나아질 것 같지도 않거든요."

대체로 외부에서 부동산을 보는 사람들은 너무 낙관적이라서 문제이고 내부의 사람들은 너무 비관적인데 이번 경우도 크게 다르지 않았다. 하지만 순진하게 그 말을 액면 그대로 믿어서는 안 된다. 참고만 할 뿐 귀 담아 들을 필요는 없다는 것이 오랜 임장의 경험이다.

"윗층에 Y영어학원과 중고생학원이 있던데 사장님 보시기에 운영이 잘 되나요?"

"Y영어는 아이들이 조금 있는 것 같고 2층은 좀 어려운 것 같아요."

철원의 지역적 특성상 군부대가 많다 보니 이 아파트에도 젊은 군인가족들이 많이 살고 있어 어린 아이들이 제법 있는 편이다. 시간이 이른 탓에 치킨집을 비롯한 다른 임차인들은 못 만나보고 첫 임장을 마쳤지만 충분한 정보는 얻은 것 같다. 신철원터미널에서 경부고속터미널까지 고속버스를 타고 돌아왔다.

2) 물건의 선정

총 16개의 구분호수 상가가 매물로 공매 진행 중이다. 말소기준권리는 2012년 10월 31일의 철원군청 압류인데 이 아파트가 준공된 2009년 9월의 취득세 약 6억 원 체납이 공매의 원인이다. 임차인들은 모두 말소기준권리보다 선순위서 그들의 보증금은 인수 대상이다.

아파트의 시행, 시공사인 S개발은 미국 발 금융위기가 한창이던 2008년 9월 최종부도 처리되어 법정관리를 받았으나 회생가능성이 없다는 판단 하에 2012년 11월 서울중앙지방법원의 「파산선고」를 받고 현재 파산절차가 진행 중인 상태이다. 회사 소유의 부동산에는 법원의 재산보전처분결정*이 내려져 있고 파산관재인으로 변호사가 선임되어 있다.

상가의 관리비는 어떻게 처리되는지 아파트관리사무소에 전화를 했더니 서울의 파산관재인 사무소에서 관리한다며 연락처를 알려준다. 모든 공경매부동산의 입찰 전 확인사항이 바로 관리비 체납액 확인이다.

파산관재인의 법률사무소에 전화를 하여 담당 직원과 통화를 해보니 생각하지 못한 중요한 사실을 확인할 수 있었다. 공실이 많아 상가관리단이 별도로 없어 자신들이 관리비의 징수와 집행을 대행하고 있으며, 현재까지 관리비 체납은 없지만 임대료는 상당부분 연체 중이라는 사실이다. 임차인들이 담합하여 파산선고가 내려지

---

*재산보전처분결정
 법정관리신청 기업이 회생가능성이 있다고 판단되면 법원은 재산보전처분결정을 내려 채권자의 자산처분권을 정지시켜 기업의 회생을 도모하게 된다.
 이 결정이 내려지면 회사는 임금, 조세 및 전기, 수도료 등의 공과금을 제외한 기존채무는 상환을 유예 받게 되며 자산의 매각이나 담보설정 등의 처분행위도 금지된다.
 본 사례와 같이 파산절차에 돌입하면 재산보전처분결정은 효력을 상실하고 공경매에 의하여 말소되므로 안심하고 입찰할 수 있다.

기 2개월 전인 2012년 10월부터 차임을 연체하고 있다는 내용이다. 임차인들은 대항력을 갖추고 있어 파산재단에 자신들의 보증금채권을 신고하였으나 S개발이 변제여력이 없음을 알고 차임을 연체하고 있다는 것이다.

자신들이 가진 대항력으로 언제가 될지 모르는 공경매의 매수인에게 보증금을 돌려받기 보다는 우선 임대료를 안 내는 것이 눈앞의 이익이라는 생각에 아마 누구라도 그런 판단을 하였을 것이다.

이런 상황이라면 공매로 매수할 경우 보증금과 차임의 상계금액만큼은 인수할 대상이 아니라는 법적해석이 가능하다. 임차인의 입장에서는 자신의 보증금을 차임으로 상계한 셈인데 매수인에게 또 다시 임차보증금의 반환을 주장한다면 부당이득의 문제가 생기기 때문이다. 관리비 연체가 없다는 것도 감사한데 보증금의 인수까지도 면제 받을 수 있다는 사실이 입찰 결심을 굳히게 했다.

여러 개의 물건 중 옥석 고르기에 나섰다. 우선 공실 상가는 입찰 대상에서 제외한다. 새로운 임차인의 선정에 시간이 걸릴 수 있고 거리가 멀어 관리상의 문제도 있기 때문이다. 지층의 마트와 1층의 Y영어는 임차인과 업종이 나름 안정적인 점을 감안하여 60%에 참여하고, 1층 치킨점과 2층의 학원은 50%대에 참여하기로 결정했다.

6월 하순으로 접어들자 날씨가 많이 더워졌다. 오늘은 다른 임차인들도 만나보기 위해 오후 4시가 넘어 상가에 도착하였다. 궁금한 게 많은 치킨집에 들어가 시원한 생맥주 한 잔을 주문한다.

"사장님, 요즘 더워서 맥주손님이 많이 늘었겠네요? 건물 앞에

파라솔 펴면 시원하겠어요."

"아이구, 말도 마세요. 아파트 입주자대표, 부녀회에서 얼마나 난리치는지 그 꼴 보기 싫어 치운지 오래되었어요."

사람 사는 곳 어디인들 말썽이 없으랴? 두 부부가 목소리를 높여 가며 볼 멘 소리가 대단하다.

"생맥주 한 잔 하는 사람도 다 여기 주민일 텐데 야박하네요!!"

분위기 조성을 위해서는 상대의 말을 잘 들어주고 맞장구 쳐주는 게 역시 최고다.

"사장님, 저 앞에 Y영어학원에 아이들이 많나요? 사실 공매에 입찰해 보려고 알아보는 중이거든요"

차마 치킨집 호수도 관심 있다고 말 하기는 어색해서 우선 Y영어로 운을 띄웠다.

"제법 학생들이 많아요. 가끔 우리 집에서 단체배달도 해주는데 아파트 애들 외에 인근에서도 많이 와요. 근데 이 상가도 공매 나왔는데 어떻게 하면 우리가 입찰에 참여 할 수 있나요?"

이 분들도 이 상가에 관심이 많다. 타지의 경쟁자에게 입찰 방법을 물어오니 난감하지만 상세하게 알려주었다. 나야 투자자이지만 이 분들에게 이 곳은 삶의 터전이면서 생활전선이다. 현장 임장활동을 열심히 하다보면 이런 일이 가끔 생기는데 임차인과 경쟁하는 것은 난감한 일이다. 일단 투자리스트에서 치킨집은 보류해야겠다.

"2층 학원은 잘 되나요? 터미널 앞에 학원이 한두 개 보이던데요."

"지난번 상가입점자모임에서 2층 원장님이 걱정을 많이 하시더라고요. 올해 초 여기 고등학교에 기숙사가 생겨서 학생들이 평일에는 못 나오니까 아이들이 많이 줄어서 교실 수를 줄여야겠다고 하네요."

대한민국의 교육열은 경향각지를 막론하고 어디나 똑 같다. 타지에서 유학 오는 것도 아닐 텐데 기숙사를 지을 정도니 말이다. 이런저런 대화 속에서 그야말로 궁금하고 알고 싶은 내용 모두를 한 자리에서 원스톱으로 확인하였다. 아파트 단지 내 상가는 불황에 강한 특징이 있지만 이곳 철원의 상황은 녹록치 않은 것 같다.

지층 마트 두 칸은 감정가 1.34억 원의 70% 진행일에 단독으로 81%인 1.08억 원을 쓴 분이 매수자가 되었다. 전 회 차 가격을 넘겼다. 보증금 1천만 원에 차임이 60만 원이니 단순수익률로는 7.3%가 나온다. 하지만 향후 상가의 발전가능성이나 임차인의 영업상황을 고려할 때 현명한 선택은 아니라고 보인다.

이 글을 쓰고 있는 지금 포털의 로드뷰를 통해 상가를 살펴보니 기존 마트는 전에 공실이었던 옆 칸으로 옮겨갔다. 추측컨대 월세 내기도 버겁다던 임차인이 새로운 매수자와의 협상이 잘 안 되자 비어있던 옆 호수로 이전하였던지, 아니면 직접 그 호수를 낙찰 받지 않았나 싶다.

거리가 멀고 관리가 어려운 점을 감안, 계획을 수정하여 나머지 건은 입찰을 포기하기로 하고 Y영어학원에만 입찰하기로 하였다. 감정가 1.15억 원의 60% 회 차에 Y영어학원에 입찰하였다. 최저가에 55만 원을 더 써 단독응찰로 6,955만 원에 매수자가 되었다. 이젠 하도 단독드리블이라서 새삼스러울 것도 없다.

현 임차인의 보증금은 차임으로 전액 상계된 상태라서 추가로 보증금을 인수하지 않았다. 임차인의 입장에서도 자신들의 보증금에 대해 권리를 주장할 상황이 아닌지라 곧바로 임대차 조건 협의에 들어갔다. 공실을 우려하여 임차기간을 5년으로 최대한 늘리는 대신 차임을 낮춰서 계약을 했다. 아파트 상가라는 점이 감안되어 대출이 낙찰가의 90%까지 나왔다.

보증금을 차임으로 공제당한 임차인이 1천만 원의 보증금 대신 추가로 10만 원의 차임을 더 내겠다고 하여 보증금 없는 조건으로 월 90만 원에 임대차계약을 체결하였다. 연 수익률이 잘못 계산된 게 아닌지 의심이 들 정도로 초대박투자*다.

2018년 8월 어느새 5년의 계약기간이 종료되어 새로운 5년의 임대차계약을 체결하였다. 아무리 입지가 안 좋아도 틈새는 있는 법, 지레 포기하거나 겁먹을 필요는 없다는 교훈을 주는 사례이다.

---

* 투자금액은 작지만 투자금 대비 수익률은 아주 높다.
  ① 낙찰가: 69,550,000원
  ② 계약조건: 보증금 없음 / 월세 900,000원(부가세 별도)
  ③ 대출금 & 이자: 62,000,000원 × 6% = 연 3,720,000원
  ④ 실투자금: 7,550,000원
   = [(900,000 × 12 - 3,720,000) ÷ (69,550,0000 - 62,000,000)]
   = 연 수익률 93.77%

TIP28

상가매수공식 10_
상가 내 공실을 주의 깊게 관찰하라

입찰하고자 하는 상가가 구미를 당긴다. 건물을 둘러싼 주변 입지는 B급이지만 임차인이 나름 영업을 잘 하고 있고 임대수익률도 그만하면 훌륭한 편이다. 하지만 상가 내 공실이 마음에 걸린다.

이런 경우라면 매수 여부를 상당히 신중하게 검토하여야 한다. 왜냐하면 이 임차인이 옆의 공실상가로 이전할 가능성에 대해 잘 따져 보아야 하기 때문이다. 임차인은 이 건물 내에서 영업하면서 주위의 평판을 얻고 성실과 신뢰를 고객에게 주었기에 한두 칸 옆으로 옮긴다고 해서 영업에 큰 지장을 받지 않는다.

공경매로 건물주가 바뀐 상황에서 임대조건이 만족스럽지 않거나 내려달라는 요구조건이 받아들여지지 않으면 언제라도 옮길 수 있다. 더구나 인테리어나 설비가 크게 필요 없는 업종이라면 훨씬 더 신중하게 접근하자.

필자 역시도 초보시절 공실을 우습게보다가 파격적인 조건을 내세우는 공실 건물주로부터 뒤통수를 맞아본 경험이 있다. 다만 시설투자가 큰 업종이라면 인테리어비용 때문에 쉽게 옮겨가지는 않겠으나 임대조건을 하향조정해달라는 요구가 클 수 있고, 설비나 시설이 오래되었다면 핑계김에 과감하게 옮기기도 한다. 상가 내에 빈 점포가 많다는 것은 보다 면밀한 투자성 검토가 필요하다는 사실임을 대변하는 증거이다.

3) 결론

학창시절 이런 친구가 꼭 있다. 공부는 누구보다 열심히 하지만 노력에 비해 성적이 안 나와 좋은 학교는 못 간 친구가 있고, 반면에 모의고사나 학교성적은 중간쯤인데 입학시험을 잘 봐서 명문대에 진학한 친구도 있다. 굳이 따지자면 필자는 전자 쪽인데 과정과 결과가 다 좋을 수 없다면 역시 결과를 중시할 수밖에 없는 것이 인지상정이다.

하지만 고등학교를 졸업하고 한 35년 지나보니 열심히 노력하고 성실했던 친구가 성공해 있다. 근시안적으로는 결과만 보이지만 과정이 결코 헛되지 않음을 보여주는 증거에 다름 아니다. 인생이란 마라톤 레이스에서 중반까지는 큰 의미 없다. 언제나 마지막에 웃는 자가 진정한 승리자이다.

우리 투자의 종착지는 수익률이다. 투자금 대비 수익률이 투자의 성패를 말해주듯 다소 입지가 떨어지는 부동산이라 하더라도 실질수익이 크면 도전해 볼만 하다.

다시 한 번 강조하지만, 흙 속에서 진주 찾는 게임이 공경매의 엄연한 경기방식임을 마음에 새기고 물건이 될 만한 원석原石을 찾는 안목을 키워야만 이 사업에서 롱런할 수 있다는 사실, 잊지 말자.

3. 회원권 투자사례

캠코공매의 투자물건은 꽤나 다양한데 경매와 비교해서 다수의 물건이 출회되는 분야가 회원권이다. 콘도미니엄회원권을 필두로 호텔이나 스포츠클럽회원권과 골프회원권, 스키회원권 등이 있고 드물지만 요트회원권도 볼 수 있다. 어느 분야의 회원권이든 간에 옥석을 잘 고르면 보유하는 동안 사용권리를 누리다가 시세차익을 얻을 수도 있다는 점에서 주목해 볼 만하다.

다양한 회원권 중에 스포츠클럽회원권과 콘도회원권 두 가지 투자사례를 소개한다.

1) 서울 반포동 M호텔 법인회원권

최근 들어 캠코공매리스트에 심심치 않게 보이는 것이 스포츠클럽의 회원권이다. 주로 호텔이 운영하는 휘트니스 회원권이 대부분이며 단독 법인체가 운영하는 회원권도 출회된다. 입지와 시설규모, 운영자의 인지도 등에 따라 회원권의 가격이 형성되어 있으며 연 단위의 회비가 있다.

휘트니스 회원권 투자는 신중을 기해야 하는 품목이다. 종종 클럽의 운영회사가 파산하거나 호텔 자체가 폐업을 하면 회원권이 휴

지조각이 될 수도 있기 때문이다. 2016년 서울 역삼동의 R호텔이 문을 닫으면서 휘트니스클럽 회원권이 문제가 된 기사가 언론에 보도되기도 했다.

미국의 세계적 호텔체인이 운영하는 서울 반포 M 호텔의 휘트니스클럽 회원권이 공매에 나왔다. 고속버스터미널과 S백화점, 그리고 지하철 3, 7, 9호선이 교차하는 입지에 자리하고 있어 선호도가 높고 회원권 가격도 높게 형성되어 있는 곳이다.

회원권 투자는 리스크가 크다. 종류를 불문하고 회원권을 매입하는 것은 쉽지만 팔고 나오는 것은 그렇게 쉬운 일이 아니기 때문이다. 보통의 클럽운영사업자는 약관에 정해진 회원권 반환기간을 도과하여야만 입회금의 반환의무가 있으며 반환기간 전에 매도하기 위해서는 회원권거래소라는 중개기관을 통해야만 가능하고, 그나마도 인지도나 인기가 없는 회원권이라면 꼼짝없이 만기까지 들고 있어야 한다. 게다가 만기에 100% 반환된다는 보장도 없다. 따라서 회원권의 종류가 무엇이든지 탈회와 보증금 반환의 용이성을 매수의 최우선적 가치로 파악하여야 한다.

M호텔은 전 세계적으로 알려진 미국의 호텔체인사가 운영하는 특급호텔이다. 일단 M호텔체인이 주는 인지도나 신뢰감은 합격점이다. 본 회원권은 법인전용 회원권으로 법인이 정하는 2인의 기명회원과 1인의 무기명회원까지 총 3명이 사용할 수 있다. 일반 개인은 입찰 참여자격이 없어서인지 회원권의 인기에 비해 많이 유찰이

되었다.

감정가의 45%에서 3:1의 경쟁을 뚫고 125만 원 차이로 아슬아슬하게 낙찰자가 되었다. 정말 오랜만에 근소한 차이로 경쟁자들을 물리친 것이라서 기쁨이 두 배다. 역시 단독 드리블이라도 수비수를 한 둘 정도 제친 후에 골을 넣어야 제 맛이긴 하다.

휘트니스클럽 회원권 투자 덕분에 동네 헬스클럽 다녀본 게 전부인 내가 수영장이 딸린 유수의 스포츠센터 회원이 되었다. 거기에 더해 이름만 대면 알만한 유명연예인을 수영장이나 사우나에서 심심찮게 보는 것은 재미난 보너스다. 보증금 말고도 연 회비만 얼추 300만 원이니 하루 당 사용료가 1만 원쯤 된다. 본전 생각나서라도 어쩔 수 없이 열심히 다녔다. 개헤엄이나 칠 줄 알던 시골 촌놈이 정식으로 레슨 받고 족보에 있는 수영도 배웠다. 그렇게 1년을 넘겨 열심히 체력단련을 하고 이사회의 결정에 따라 운영회사에 탈회를 신청하여 전 소유자의 입회금을 액면 그대로 반환 받았다.

「꿩 먹고 알 먹기」란 이런 때 하는 말이다. 회원권 보유기간에는 열심히 운동하다가 팔고 나선 알찬 수익도 챙겼다. 이 글을 쓰며 돌이켜보니 캠코공매를 통해 국가의 조세행정에 많은 기여를 한 공로로 상(?)을 받은 느낌이다.

2) K리조트 콘도회원권

캠코공매의 회원권 중 거의 대부분이 콘도미니엄 회원권이다. 온비드 첫 화면의 검색창에 콘도회원권을 치면 현재 공매진행 중인 모든 회원권을 검색할 수 있다. 필자의 경우 2010년에 K리조트 21평형 1/10지분 회원권을 감정가의 50%에 역시 단독 매수하였다. 매수이후 별도의 부대비용이 추가되긴 했지만 아주 요긴하게 잘 쓰고 있다.

어느 회사 콘도라도 여름휴가 성수기에는 쉽게 사용할 수 없지만 그 외에는 쉽게 이용이 가능하다. 아마도 내가 가진 재산 중에 가장 가격이 싸면서도 효용가치는 큰 물건이라 생각된다. 가족과 함께 사용하고 가끔은 친구에게 빌려 주기도 하며, 머리 아플 때는 혼자 푹 쉬러 가기도 한다.

작년 봄에는 제주도 서귀포에 일주일간 머무르며 올레길을 걷고 한라산을 올랐다. 열심히 일하고 푹 잘 쉬는 사람이 성공한다. 작은 돈으로 콘도회원권 하나 준비하는 사치는 부려 볼 만한 가치가 있지 않을까?

Essay 2

조치훈의 바둑인생

바둑은 인생의 축소판이라고 한다. 포석布石에 비견되는 학창시절을 겪고 변邊과 중원中原을 경영하는 청장년시절을 거쳐 끝내기라는 마무리 단계를 거치면 한 판의 바둑과 인생이 끝난다.

「될 성 부른 나무는 떡잎부터 안다」는 말처럼 초반포석이 잘 짜이면 중후반이 무난하다. 그러나 초년운보다는 노년운이 좋아야 행복하다고 하지 않던가? 사람들은 인생초반의 포석만 믿고 중후반을 그르치는 우를 너무도 자주 범한다. 단 한 번의 실수로 삐끗하는 바둑의 세계는 어찌 보면 인생보다 훨씬 더 냉혹하다.

소싯적 아버지 어깨 너머로 배운 바둑이 지금은 인터넷 아마 六단이니 아마추어로 초보딱지는 뗀 셈이다. 대학시절 정석책도 넘겨보는 부지런함이 있었으나 이제는 무료함을 달래는 취미일 뿐 더 실력을 키우려는 노력은 한계에 달했다.

조선일보에 프로기사 조치훈 九단의 기사가 났다. 올해로 바둑인생 50년을 맞은 인터뷰기사이다. 기라성 같은 일본 초일류기사를 추풍낙엽처럼 쓰러뜨리고 대삼관大三冠*의 위업을 달성한 젊은

---

* 일본에서 가장 큰 3개의 기전인 기성, 명인 그리고 본인방 3개의 타이틀을 모두 차지한 사람에게 주는 명예로운 칭호이다. 1983년 조치훈이 당시 세계최강이던 일본바둑 역

시절부터 한국의 시니어리그에 참가하는 현재까지의 근황이 이어진다. 바둑 한판에 '목숨 걸고 둔다'는 유행어를 탄생시키기도 했던 그다. 교통사고로 휠체어에 의지한 채 타이틀전에 나서 세상을 놀라게 하지 않았던가?

지금도 하루 8시간 바둑공부에 매진한다는 그에게 놀라움을 감출 수 없다. 지금까지 획득한 상금만 해도 다 쓰기 힘들만큼 엄청날 텐데 아직도 왕성하게 공부하면서 현역으로 뛴다는 것이 선뜻 이해가 안 된다. 반상의 승부사 조치훈에게 은퇴 생각은 전혀 없는 것 같다.

환갑이 훌쩍 넘은 나이인데도 그는 바둑을 지고나면 슬프다고 말한다. 다만, 젊은 시절엔 죽고 싶다는 생각을 했지만 당장 내일 떠나도 이상하지 않은 나이가 되니 그런 생각은 싹 가시게 되었다니 그의 타고 난 승부사기질도 나이 앞엔 어쩔 수 없나보다. 어느 인터뷰에서나 등장하는 식상한 질문에 그의 대답이 정말 멋지다.

- 50년 동안 둔 바둑 가운데 기억에 남는 한 판이 있는지요.
"저는 지난 일은 잊어요. 과거의 영광을 생각할 만큼 늙지는 않았지요. 미래의 희망에 부풀만큼 젊지도 않고요. 지금 이 순간을 열

사상 최초로 대삼관의 위업을 달성하였다. 테니스로 비유하면 한 해에 치러지는 메이저 4개 대회(윔블던, 롤랑가로, US오픈, 호주오픈)를 제패한 그랜드슬램을 달성한 것처럼 바둑천하통일의 위업을 달성한 것이다.

심히 사는 것만 생각해요."

한 분야에서 세계 최고가 되어 본 사람만이 할 수 있는 너무도 멋진 대답이다.

한 15년 쯤 지나 내 나이 70 즈음에 누군가 내게 묻는다.

- 30년 투자인생에서 가장 큰 수익을 올린 것은 어떤 투자인가요?

인생은 돌이킬 수 없지만 바둑은 또 다른 한 판을 둘 수 있다. 전 판의 실수를 반면교사로 삼아 다음 판을 이기는 지혜를 얻을 수 있다.

나는 한 판의 바둑이 끝나고 나면 꼭 복기를 해본다. 승부처는 어디였고 잘 둔 곳과 실수한 곳을 되짚어보고 패착敗着이 어딘지 들여다본다. 실패에서 얻은 교훈을 깊이 새겨야 다음 번 대국을 이길 수 있기 때문이다.

인생도 마찬가지 아닐까? 어제는 잊되 어제의 실수는 기억하는 지혜가 필요한 순간이다.

PART 3

부동산투자와 세금

「이 세상에 피할 수 없는 것은 죽음과 세금 뿐이다.」
Certainty? In this world, nothing is certain but death and taxes.
Benjamin Franklin(1706-1790)

미국 건국의 아버지로 불리며 100달러 지폐의 등장인물인 「벤자민 프랭클린」의 명언이다.

세금은 죽음과 비견될 만큼 아프고 두려운 존재이다. 모든 투자의 목표는 수익창출에 있고 수익에는 그에 상응하는 세금이 부과된다. 부동산투자는 한국인이 가장 선호하는 투자대상 중 하나이다. 하지만 이제는 세금을 염두에 두고 투자하지 않으면 부담스러울 만큼 세금이 차지하는 비중이 커졌다.

이번 파트에서는 부동산의 보유와 운영, 그리고 매각에 이르기까지 각 단계별로 어떠한 세금이 부과되며 어떠한 구조로 이루어져 있는지 살펴보고 그에 맞는 절세방법을 알아볼 것이다. 특별히 세금파트는 현직 세무사인 열림세무회계의 송재식* 대표세무사가 집필하였다.

---

* 열림세무회계 송재식 세무사는 필자가 공·경매에 입문하던 2006년부터 인연을 맺어 현재에 이르고 있다. 기초세무업무부터 양도, 상속·증여는 물론 불복업무에 이르기까지 세무전반에 해박한 지식과 경험을 가진 세무사로 현재 서울에서 개인사무실을 10년 이상 운영하고 있다. [TEL: 02)702-3600]

부동산과 세금

1. 세금의 개요

세금은 국가가 국가 운영에 필요한 경비를 마련할 목적으로 정해진 법에 따라 국민으로부터 거두어들이는 돈이다. 나라 살림에 필요한 경비를 법률에 따라 국민이 부담하는 것으로 국가는 과세권을 가지며, 국민에게는 납세의 의무가 있다

2. 세금의 분류

부과주체에 따라 국세와 지방세로 구분된다. 국가가 부과하는

국세는 내국세와 관세로 구분되는데 내국세에는 소득세, 법인세, 상속세, 증여세, 종합부동산세, 부가가치세 등이 있다.

지방자치단체가 부과하는 지방세로는 취득세, 등록면허세, 레저세, 담배소비세, 지방소비세, 주민세, 지방소득세, 재산세, 자동차세, 지역자원시설세, 지방교육세 등이 있다.

3. 부동산의 세금체계

부동산을 취득, 보유, 양도하는 데에는 각 과정마다 다음의 세금들이 부과되므로 거래 단계별로 이해할 필요가 있다.

구분		국세	지방세
취득		부가가치세	취득세
보유		종합부동산세	재산세
운영 (임대와 사업성 있는 매매)		소득세와 부가가치세	지방소득세 (소득세의10%)
이전	유상이전	양도소득세	지방소득세 (소득세의10%)
	무상이전	상속세, 증여세	

취득보유시의 세금은 과세표준에 의거하여 국가가 부과고지 하

므로 납세자 입장에서는 절세의 여지가 거의 없다. 하지만 운영과 이전시의 세금은 신고납부하게 되어있으므로 납세자의 준비여하에 따라 절세의 여지가 있다.

이제 단계별로 세금에 대하여 살펴보기로 하자.

부동산
취득·보유시의 세금

1. 개요

부동산을 취득할 경우는 실지거래가액을 기준으로 거래세(취득세 등)가 부과되고 소유하는 동안은 보유세(재산세, 종합부동산세 등)가 과세된다. 보유세를 산정하기 위하여 정부는 소유자의 보유재산을 평가하여 세금을 부과한다.

보유세 중 지방세인 재산세는 과세기준일인 매년 6월 1일 현재 등기부등본 상의 소유자에게 국가가 정하여 공시한 기준시가에 일정세율을 부과하는 세금이다.

재산세에 추가로 과세하는 국세인 종합부동산세는 일정기준을 초과하는 주택과 토지 소유자의 전체 보유현황을 합산하여 국가가 고시하는 기준시가를 근거로 고지 부과하는 세금이다.

〈 부동산 보유세의 개요 〉

구분	재산세			종합부동산세
과세대상	주택	토지	기타	주택·토지
납세의무자	매년 6월 1일 현재 재산 소유자			
과세권자	재산 소재지 관할 시장·군수·구청장			주소지세무서장
납부기한1	7.16~7.31(50%)	9.16~9.30	7.16~7.31	12.1~12.15
납부기한2	9.16~9.30(50%)			

2. 재산의 평가

보유세를 부과하기 위해서는 부동산 가격평가의 문제가 생긴다.

부동산을 매매하게 되면 거래가액이 평가액이 되지만 거래가 발생하기 전까지 적정가액이 얼마인지는 호가라는 개념을 통해서 알 수 있다. 하지만 호가는 실제거래가액이 아니므로 객관성이 부족하다. 따라서 국가는 보유재산을 객관적으로 평가하도록 기준시가를 만들어서 공시하고 이 금액을 근거로 보유세를 부과하게 된다.

⟨ 재산의 평가방법 및 공시일 ⟩

재산종류	평가기준	공시기준일	결정·공시일
토지	개별공시지가	매년 1월 1일	매년 5월 31일
일반건물	㎡당 기준시가	매년 1월 1일	-
주택 등	고시가액	매년 1월 1일	매년 4월 30일

최근 세제개편과 관련하여 화두가 되는 것 중 하나가 현재시가를 반영하지 못하고 있는 기준시가를 올리거나, 보유세율을 올려서 세 부담이 크게 늘면 부동산투기가 진정될 수 있다는 수요억제 측면의 주장이다.

재산별 공시가격에 일정한 공정시장가액비율*을 곱해서 정해지는 재산세과세표준액을 현실화하면 보유세 부담은 현재보다 많이 늘어날 것으로 예상된다. 따라서 향후 보유세 절감을 위한 절세방안도 고려하여야 한다. 보유세 부담을 줄이기 위해서는 증여와 양도처럼 부동산을 이전하거나 또는 임대사업자등록을 통하여 종합부동산세나 재산세를 감면받는 것도 한 방법이 될 수 있다

---

* 재산세와 종합부동산세 산정의 기준이 되는 과세표준을 정할 때 공시가격에 곱하는 비율을 말한다.

2018년 6월 현재 주택에 적용되는 재산세의 공정시장가액비율은 60%이며, 주택 외의 건축물과 토지는 70%를 적용한다. 이 비율을 높이면 과세표준 금액이 높아지면서 보유세 부담이 늘어난다.

2018년 7월 3일, 대통령직속 재정개혁특별위원회가 현행 80%인 종합부동산세의 공정시장가액비율을 매년 5%씩 인상하여 2020년까지 90%로 하자는 개정권고안을 제출하였다.

종합부동산세

1. 개요

종합부동산세는 부동산 보유에 대한 조세부담의 형평성을 제고하고 부동산의 가격안정을 위해 2005년부터 시행되었다.

과세대상은 ① 주택분, ② 별도합산 토지분, ③ 종합합산 토지분 등으로 나누어서 부과하고 있다. 2018년 7월 정부는 아파트가격 급등으로 인한 투기수요를 차단하고 다주택자에 대한 과세를 강화하기 위하여 부동산세제개편안을 마련 중에 있다.

종부세의 도입취지는 수요공급 관리정책과 함께 부동산투기억제가 주목적이었다. 하지만 정부의 정책실패로 인해 소기의 목적달성은 이루지 못한 채 자산가격의 급등으로 세수확보의 수단으로 전락하고 있는 실정이다. 종부세가 부담스러운 납세자라면 자녀나 배우자에게 증여하거나 임대사업자등록 등의 방법을 통해 절세전략을 검토할 필요가 있다.

2. 종합부동산세의 계산구조

  종합부동산세는 국세이지만 다른 신고 납부하는 국세들과 달리 선택적 신고납부이다 보니 대부분의 납세자들이 고지납부방식을 선택하기에 일반인들은 세액흐름에 익숙하지 않은데 여기서 간단히 정리해 보자.*

---

*참고

2018년 9월 13일 정부는 급등하고 있는 주택가격 안정화를 위하여 9.13 부동산대책을 내놓고 투기와의 한판 승부를 벌이기로 하였다. 재산세와 종합부동산세를 현실화하여 다주택자에게 무거운 세금부담을 지우기로 하는 것이 주요 골자이다. 구체적으로는 공정시장가액비율을 실거래가액 수준으로 인상하고, 종부세율 인상과 세부담상한선 인상, 그리고 다주택임대사업자에 대한 혜택축소 등이 포함되어있다.

정부가 계획한 대로 법률과 시행령이 개정된다면 상당한 보유세 부담에 따른 압박으로 주택가격이 조정 받을 가능성이 크다. 하지만 거래세를 줄여 다주택자의 퇴로를 열어주는 조치가 함께 시행되지 않으면 정책효과는 찻잔속의 태풍에 머물지도 모른다.

여기서 정리하는 내용은 현행제도에 따른 내용이며 향후 법 개정으로 다소간의 변화가 예상된다.

구분	주택분	종합합산토지	별도합산토지
Σ공시가격	Σ주택공시가격	Σ종합합산토지공시가격	Σ별도합산토지공시가격
-)공제액	6억 원 (1주택자 9억)	5억 원	80억 원
×)공정시장가액비율	80%	80%	80%
=종부세과세표준	주택분 과세표준	종합합산토지분 과세표준	별도합산토지분 과세표준
×)세율	0.5~2% 5단계	0.75~2% 3단계누진세율	0.5~0.7% 3단계누진세율
=)종합부동산세액			
-)공제할재산세액	종합부동산세 과세표준금액에 부과된 재산세 상당액		
=)산출세액	주택분	종합합산토지분	별도합산토지분
-)세액공제	장기보유공제(5년이상), 고령자공제(만60세이상) / 1세대1주택자한정		
=)세부담상한전 종부세액	산출세액 - 세액공제		
-)세부담상한초과세액	[직전연도 주택분(재산세 + 종부세)상당액 × 150%]를 초과하는 세액		
=)납부할 세액	500만 원 초과 분납 가능		
+)추가농어촌특별세	납부할 종합부동산세액의 20%를 농어촌특별세로 추가 납부함		

부동산 등기부등본상의 6월 1일자 소유자가 12월 1일~12월 15일까지 부과된 종합부동산세 및 농어촌특별세를 납부함

3. 종합부동산세 절세전략

1) 증여를 통한 절세

첫 번째 생각해 볼 수 있는 방법은 보유자산을 배우자 또는 자녀에게 증여하는 것이다. 종합부동산세는 개인이 소유한 모든 재산에 대하여 인별人別로 부과되는 세금이기 때문에 재산을 분산함으로써 세금부담을 줄일 수 있다. 다만, 증여를 하는 경우 증여세 및 취득세가 추가로 발생되므로 이런 부분까지 종합적으로 고려하여야 한다.

배우자에 대한 증여는 6억 원의 배우자공제가 적용되므로 증여세와 취득세 대비 매년 절감되는 종합부동산세를 비교하면 절세 포인트를 쉽게 찾을 수 있다. 또한 향후 증여자산 매각 시 양도소득세의 절감부분까지 다각적으로 검토할 필요가 있다.

자녀에게 증여하는 것도 절세방안이 될 수 있다. 증여자산의 가치가 상승할 가능성이 있다면 증여세와 취득세, 종합부동산세 그리고 양도소득세까지를 아우르는 각 세금의 비교, 검토를 통해 자신에게 유리한 선택을 할 수 있다. 이 경우 세무전문가인 세무사와 상의하면 최선의 절세방안을 찾을 수 있다.

2) 임대주택에 대한 종합부동산세의 감면

임대주택사업자로 등록하는 것도 절세의 방법이 될 수 있다. 사업자등록 가능한 주택은 기준시가 6억 원 이하이고, 8년 이상 임대조건을 충족할 경우 종합부동산세 합산대상에서 배제된다.

국세청의 종합부동산세 신고안내문을 수령하면 임대주택사업자인 납세의무자는 합산배제 신고기간(매년 9월 16일부터 9월 30일)의 종료일까지 종합부동산세 합산배제신고를 하여야 한다. 물론 최초 1회 신고하면 변동사항이 없는 한 신고효력이 유지된다.

임대주택사업자등록은 주택을 장기간 보유할 다주택자에게는 취득세와 재산세를 비롯하여 종합부동산세와 양도소득세까지도 감면 받을 수 있는 좋은 방법이 된다. 하지만 임대소득 세원노출로 소득세가 인상 되거나 건강보험료와 국민연금의 추가지출이 발생한다는 점도 인지하여야 한다.

앞서 살펴본 것처럼 9.13대책으로 주택임대사업자에 대한 혜택도 일정범위 내에서 축소될 것으로 보인다.

임대사업자를 염두에 두고 있다면 개정되는 법령의 세밀한 검토 후에 시장에 진입하는 것이 좋겠다.

부동산 운영시의 세금

1. 개요

 운영 시에는 주로 소득에 대한 소득세와 창출된 부가가치에 대하여 부과되는 부가가치세가 있다. 그리고 소득세에는 10%의 지방소득세를 신고납부해야 한다.

 먼저 납세의 주체 측면에서 보면 법인소득세(이하 법인세)와 개인소득세(이하 소득세)가 있다. 그리고 부담의 주체에 따라서 납부자와 부담자가 같은 직접세(예 소득세 등), 납부자와 부담자가 다른 간접세(예 부가가치세 등)가 있다. 따라서 크게 보면 법인세, 소득세, 부가가치세로 나누어 볼 수 있다.

주체/부담	직접세(국세)	직접세(지방세)	간접세
법인	법인세	지방소득세 (법인세의 10%)	부가가치세
개인	종합소득세/양도소득세	지방소득세 (소득세의 10%)	부가가치세

부동산운영은 크게 매매와 임대로 나누어 볼 수 있는데 먼저 부동산의 임대에 대하여 살펴보기로 하자. 부동산의 임대는 부가가치세가 과세되는 상가나 사무실의 임대와 부가가치세가 과세되지 않는 주택 등의 임대가 있다. 여기에는 임대수입에서 관련비용을 차감한 소득에 대하여 과세하는 소득세와, 창출된 부가가치에 대하여 과세하는 부가가치세로 나눌 수 있는데 먼저 소득세에 대해 정리하고 이어서 부가가치세에 대해서 자세히 알아보기로 한다.

2. 종합소득세

1) 종합소득세와 법인세

소득세는 크게 개인소득세와 법인소득세로 나눌 수 있는데, 법인소득세는 법인세법에 따라 법인세로 부과되므로, 소득세법에 의한 소득세는 개인소득세만을 의미한다. 개인소득세는 종합소득, 퇴직소득, 양도소득으로 구분하고, 원칙적으로 계속적·경상적으로 발생하는 종합소득을 과세대상으로 한다. 그 발생원천에 따라 이자소 득·배당소득·부동산임대소득·사업소득·근로소득·연금소득 과 기타소득으로 분류하여 분리과세 하는 것을 제외하고는 1년 기 준으로 인별 합산하여 다음해 5월 1일부터 5월 31일까 신고납부 하 는 것이다.

[표1.] 종합소득세 FLOW

계산흐름	직장이 있고 별도사업(개인사업, 부동산임대업)을 하는 개인
종합소득금액	종합과세 되는 소득의 합계 (이자/배당소득 + 부동산임대소득금액 + 사업소득금액 + 근로소득금액)
-)소득공제	기본공제, 추가공제, 연금보험료공제 등
=종합소득과세표준	
×)세율	기본세율(6%~42%, 7단계 초과누진세율)
=종합소득산출세액	
-)세액공제	특별세액공제, 기장세액공제, 근로소득세액공제, 배당세액공제 등
-)세액감면	중소기업특별세액 감면 등
=결정세액	
+)가산세	무신고가산세, 신고불성실가산세, 납부불성실가산세 등
=총결정세액	
-)기납부세액	중간예납세액, 원천징수세액, 수시부과세액
=납부 세액	(납부세액 + 중간예납세액)의 10%를 지방소득세로 추가로 납부함

중간예납세액: 매년 11월30일까지 전년도 납부세액을 기준으로 부과 고지된 세금
원천징수세액: 돈을 지급하는 상대방이 미리 세금을 빼고 지급한 경우 그 세금
수시부과세액: 과세관청이 법적신고기간 전에 미리 조세채권확보를 위해 부과징수한 세금

2) 종합소득세와 양도소득세

양도란 매매·교환 등으로 소유권이 다른 사람에게 유상으로 넘어가는 거래를 가리키며 건물이나 토지 등 법령으로 정하는 기타의 재산에 대하여 양도가액에서 취득가액과 필요경비 등의 공제금액을 차감한 양도차익에 부과되는 세금이다.

일시 우발적으로 발생하는 양도소득은 종합소득세와 달리 양도소득세로 분류해서 기타의 개인소득에 합산하지 않고 별도로 분류해서 과세하며, 별도의 신고방법과 기한에 따라 신고하도록 하고 있다. 이에 대해서는 뒤에서 자세히 살펴보기로 하자.

3) 사업소득과 부동산임대소득

사업소득이란 개인이 계속적으로 행하는 사업에서 생기는 소득을 말한다. 일반적으로 사업이란 독립적인 지위에서 영리를 목적으로 계속·반복적으로 행하는 사회적 활동을 의미하고, 이러한 사업에서 발생하는 소득이 사업소득이다. 부동산임대소득도 사업소득이지만 부동산 임대를 내용으로 하는 소득이라는 점에서 세법에서는 사업소득과는 따로 구별되어 관리된다.

3. 법인세

법인은 개인과 달리 법인의 모든 수입과 비용을 차감한 금액을 법인세로 과세한다. 법인의 부동산양도에 대하여 별도로 과세하지는 않는데 여기에 법인사업자의 절세포인트가 있다.

법인세율은 과세표준 2억 원 이하는 10%, 2억 원 초과는 22%로 소득세율보다 적다. 따라서 중과세율을 피하기 위한 투자자들은 법인을 통한 부동산 투자도 고려해볼 가치가 있다. 다만, 부동산매매업을 포함한 모든 법인은 양도소득세율과 법인세율의 차이에 대한 추가과세로 비사업용토지와 주거용 건축물 및 별장을 양도한 소득에 대하여는 각 사업연도 소득에 대한 법인세 외에 토지 등 양도소득에 대한 10%의 추가법인세를 결산신고 시 추가로 납부하여야 한다. 그러나 추가법인세를 낸다 하더라도 세율이 낮아 대세에 큰 영향을 주지는 못한다. 이에 관하여는 Chapter8 부동산매매업 파트에서 투자주체별 세금계산사례를 통해 자세히 설명할 것이다.

〈법인세율〉

과세표준	세율(%)	누진공제액
2억 원 이하	10	-
2억 초과 200억 원 이하	20	20,000,000원
200억 초과 3,000억 원 이하	22	420,000,000원
3,000억 원 초과	25	9,420,000,000원

부가가치세

1. 개요 및 계산구조

 부가가치세란 상품(재화)의 거래나 서비스(용역)의 제공과정에서 얻어지는 부가가치(이윤)에 대하여 과세하는 세금으로 재화나 용역을 공급하는 자가 공급받는 자로부터 징수해서 납부하는 간접세로 공급하는 가액에 추가로 징수하는 매출세액에서 공급받는 가액에 추가로 지불하는 매입세액을 차감하여 계산한다.

2. 신고 및 납부

부가가치세는 사업자등록을 한 사업자가 과세기간별로 나누어 자진 신고 납부하는 세금으로 개인과 법인에 따라 신고 및 납부 방식이 다르다.

구분	신고대상기간	신고 및 납부기간	법인	개인
1기 예정신고	1/1~3/31	4/1~4/25	1기 예정신고	예정고지분납분
1기 확정신고	4/1~6/30	7/1~7/25	1기 확정신고	1기분신고납부
2기 예정신고	7/1~9/30	10/1~10/25	2기 예정신고	예정고지분납분
2기 확정신고	10/1~12/31	다음해 1/1~1/25	2기 확정신고	2기분신고납부

1기(1월 1일~6월 30일)는 7월 1일~7월 25일까지, 2기(7월 1일~12월 31일)는 다음해 1월 1일부터 1월 25일까지 즉 개인은 반기별로 법인은 분기별로 사업장소재지 관할세무소에 신고하면 된다.

부가가치세는 상대방에게 징수하여 걷는 간접세이고 상대방 사업자는 그 세금을 매입세액공제라는 제도로 국가로 부터 돌려받는 세금으로 국가 입장에서는 도관역할을 하는 세금이다. 따라서 국가는 부가가치세의 신고와 납부를 엄격하게 관리하여 납세자가 이를 위반 시 가산세와 가산금을 부과한다. 그러므로 납세자는 사업자등록과 세금계산서 교부 그리고 신고와 납부에 이르는 부가가치세법을 잘 준수해야 한다.

3. 부동산임대업의 부가가치세

부동산임대는 용역의 공급에 속하며 공급가액은 임대료와 간주임대료의 합계액으로 한다. 임대업은 부가가치세가 과세되는 부동산임대(상가, 사무실 등의 임대)와 면세되는 부동산임대(주택의 임대)로 나누어지며 과세되는 부동산임대를 하기위해서는 부동산 소재지 관할세무서에 사업자등록을 해야 하고 과세기간별로 임대료와 간주임대료에 대한 부가가치세를 신고하면 된다.

1) 임대료

임대료는 상가나 사무실을 임차인에게 사용하게 하는 대가로 받기로 한 금전이다.

부가가치세의 공급가액인 임대료는 원칙적으로 받기로 한 날짜에 수입하는 것으로서 그 날짜에 임대료를 받지 못해도 세금계산서를 발행하여야 한다. 즉, 부동산임대업을 영위하는 일반과세자가 실질적으로 임대용역을 제공하는 경우에는 그 대가의 영수 여부와 관계없이 그 공급시기에 임차인에게 세금계산서를 교부하고 부가가치세를 신고·납부하여야 하는 것이다.

하지만 사업자가 2 이상의 과세기간(예:1.1~12.31)에 걸쳐 부동산임대용역을 공급하고 그 대가를 선불이나 후불로 받는 경우에는 해당 금액을 계약기간의 개월 수로 나눈 금액의 각 과세대상기간의 합계액을 그 공급가액으로 한다.

사업자가 부가가치세가 과세되는 부동산임대료와 해당 부동산을 관리해 주는 대가로 받는 관리비 등을 구분하지 아니하고 영수하는 때에는 전체금액에 대하여 과세하지만, 임차인이 부담하여야 할 보험료·수도료 및 공공요금 등을 별도로 구분 징수하여 납입을 대행하는 경우 해당 금액은 부동산임대관리에 따른 대가에 포함하지 아니 한다.

2) 간주임대료

사업자가 부동산임대용역을 공급하고 전세금 또는 임대보증금을 받는 경우에는 금전 이외의 대가를 받는 것으로 보아 다음 계산식에 따라 계산한 금액을 공급가액으로 하여 부가가치세를 납부하여야 하는데 이를 간주임대료라고 한다.

간주임대료에 대한 과세표준

= 당해기간의 전세금

　또는 보증금 × 정기예금이자율 × 과세기간의 일수 / 365

(1) 보증금 또는 전세금의 범위

　전세금 또는 보증금에 대한 공급가액은 임차인이 해당 부동산을 사용하거나 사용하기로 한 때를 기준으로 계산한다. 사업자가 계약에 따라 전세금 또는 임대보증금을 임대료에 충당하였을 때에는 그 금액을 제외한 가액을 전세금 또는 임대보증금으로 한다.

　과세대상 일수는 임차인의 입주 사용 여부에 불구하고 계약에 의하여 임차인이 사용하거나 사용하기로 한 때를 기준으로 하며 전세금 등도 실제 수취 여부에 불구하고 계약상 수령하기로 한 금액을 기준으로 공급가액을 계산한다.

(2) 간주임대료의 이자율(=1년 만기 정기예금이자율)

　간주임대료 이자율은 임대기간에 관계없이 각 예정신고기간 또는 과세기간 종료일 현재 국세청장이 고시하는 이자율을 적용한다. 2018년 1월 1일부터 적용되는 부동산 임대보증금의 간주임대료는 1.8%이다.

EX) 2018년 7월 25일은 2018년 1기분(1월~6월) 부가가치세 확정 신고 납부일이다.
보증금 5천만 원에 월세 100만 원(부가세 10% 별도)의 경우 2018년 1기분의 간주임대료와 부가가치세 매출세액은 얼마인가?

▶ 2018년 1기 간주임대료
= 5,000만 원 × 1.8% × (181 / 365) = 446,301원

▶ 2018년 1기 부가세 매출세액
= [부가세 10만 원 × 6개월] + [446,301 × 10%] = 644,630원

위 상가의 임대인이 납부할 부가세액은 임차인으로부터 받은 60만 원에 간주임대료의 10%를 더한 644,630원을 납부하여야 한다.

(3) 과세기간 중 임대보증금의 변동이 있을 때

전세금 또는 임대보증금이 과세기간 중에 변동이 있는 경우에는 해당 기간에 해당하는 적수를 계산하여 과세대상일수로 나눈 금액을 전세금 또는 임대보증금으로 보아 계산하여야 한다.

(4) 전세금 등에 대한 부가가치세 부담

과세되는 부동산을 임대하고 받은 전세금 또는 임대보증금의 이자상당액(이하 간주임대료라 한다)에 대한 부가가치세는 원칙적으로 임

대인이 부담하는 것이나, 임대인과 임차인간의 약정에 의하여 임차인이 부담하는 것으로 할 수 있으니 임대차계약시에 명확히 하는 것이 좋다.

양도소득세

1. 개요 및 계산구조

    양도소득세는 법에서 규정하고 있는 자산(토지, 건물, 비상장주식 등)의 양도 시에 양도차익에 대하여 과세되는 세금이다. 따라서 부동산을 매각할 경우 양도소득세가 어느 정도 나올 것인지 항상 고려해야 할 정도로 부동산 투자자라면 가장 부담스러운 세금일 것이다.

    다음 사례를 통하여 계산구조와 산식을 정리해보자.

[사례] 상가건물의 양도에 따른 양도소득세 산출

① 취득가액 : 5억 원
② 양도가액 : 10억 원
③ 보유기간 : 15년

〈부동산 양도소득세 계산구조〉

항목	내역	사례
양도가액	실거래양도가액	1,000,000,000
-)취득가액	실거래취득가액 및 취득부대비용	500,000,000
-)기타필요경비	양도 당시 필요경비 등	10,000,000
=)양도차익		490,000,000
-)장기보유특별공제	보유기간에 따라 양도차익의 30%	147,000,000
=)양도소득금액		343,000,000
-)양도소득기본공제	인당 2,500,000원	2,500,000
=)양도소득과세표준		340,500,000
×)양도소득세율	7단계 누진세율 6~42%	40%
=)양도세 산출세액		110,800,000
+)지방소득세	산출세액의 10%	11,080,000
=)총부담세액		121,880,000

(사례: 15년 보유, 취득가액 5억 원, 건물을 시가 10억 원에 양도)

양도소득세 산식은 '수입 - 비용 = 소득'으로 계산하는 소득세의 계산구조와 비슷하나 다음의 항목에서 차이가 난다.

1) 취득가액 및 필요경비

취득가액 인정대상은 실제 취득에 소요된 중개수수료와 취득세 그리고 법무비용(법무사비용, 채권매입비용, 인지세 등)이 있다. 필요경비*는 내용연수를 연장시키거나 자산가치를 증가시키기 위한 지출을 말하는데 공경매 실무에서 과연 어떤 비용을 필요경비로 볼 것인가 하는 문제는 상당히 예민한 문제 중 하나이다.

왜냐하면 양도가액에서 비용으로 공제되므로 세금을 줄이는 직접적인 영향력을 행사하기 때문인데 그런 만큼 함부로 비용처리 하였다가 세무당국으로부터 부인 당할 경우 애꿎은 가산세와 가산금까지 부메랑으로 돌아올 수 있어 적용에 신중을 기할 필요가 있다.

하지만 미리부터 겁먹을 필요는 없다. 법률에 규정된 자료를 잘 준비하고 경우에 따라서는 증거가 될 공사 전후의 사진을 찍어두면 입증책임 소명에 요긴하게 쓸 수 있다.

(1) 필요경비 증빙자료

- ▶ 세금계산서, 신용카드영수증, 현금영수증.
- ▶ 위 증빙이 없을 경우 예외적으로 공사업자의 금융기관 계좌로 송금한 거래증빙.
  단, 공사업자의 사업자등록증과 공사 전후의 현장사진을 반드시 챙겨두어야 세무서의 입증요구에 응할 수 있다. 【소득세법 제160조의2(경비 등의 지출증명 수취 및 보관)】

*필요경비에 관한 법률규정은 【소득세법 제163조(양도자산의 필요경비)】 참조

(2) 필요경비 인정대상

▶ 발코니·방 확장, 샤시 설치, 보일러 교체, 화장실 전면수리, 상하수도 배관공사, 농지전용비, 재건축부담금, 불법건축물 철거, 소송비용과 화해비용, 부동산 매각광고비, 유치권 변제비 및 선순위 부담금 등

(3) 필요경비 부인대상

▶ 도배·장판 교체, 씽크대·주방기기 교체, 페인트칠 및 방수공사, 보일러 수리, 명도비용, 타일·외벽도색 공사, 정화조 교체, 체납관리비 등

필요경비를 한 마디로 정의하기는 어렵다. 어떤 비용이 자산의 수명을 연장하고 가치를 높이는 것인지 정확하게 규정지을 수 없기 때문이다. 법률이 규정하는 필요경비는 용도변경을 위한 개조, 엘리베이터나 냉난방장치 설치 또는 빌딩의 피난시설 설치*와 같은 대분류 정도에 국한되어 있다.

그런 이유로 구체적인 필요경비 인정대상을 법률로 규정하기 보다는 국세청 예규나 국세질의응답 코너 또는 조세심판원 결정** 등

---

* 【소득세법 제67조(즉시상각의 의제)】 참조
** 화장실 수리비 관련 조세심판원 결정 사례
【조심 2017중2254(2017.9.8.)】

에 따르는 것이 현재의 실무라고 할 수 있다. 따라서 투자자의 입장에서는 그 모호한 경계 너머의 포인트를 잘 찾아서 필요경비로 인정받는 지혜가 필요하다.

2) 비과세 및 감면

양도차익이 존재하지만 비과세 또는 정책적으로 감면받아 그 비율만큼 과세되지 않는 부분이 있다. 가장 대표적인 것이 1세대 1주택 비과세이고 이외에도 임대사업자에 대한 감면 등 각종 비과세와 감면제도를 두고 있어 적극적으로 절세에 활용할 필요가 있다.

3) 장기보유특별공제

부동산 보유기간의 물가상승에 따른 조세부담을 완화하기 위해

> 조세심판원은 화장실공사로 주택가격이 상승했다면 자본적 지출로 보아야 한다면서 당해 수리비용도 양도세액 계산 시 필요경비에 해당된다고 결정하였다.
> 이번 심판결정은 그간 비공제 항목이었던 화장실 수리비용도 주택의 가치를 현실적으로 증가시켰다면 자본적 지출로 보아 공제토록 한 결정이다.
> 과세관청은 화장실 수리는 아파트의 원상회복 내지 현상유지 등 거주환경을 개선하기 위한 수익적 지출에 해당한다고 과세처분의 정당성을 내세웠다. 그러나 조세심판원은 단순한 일부 기기의 교체를 넘어 화장실을 전반적으로 개량하는 등 아파트 가치를 현실적으로 증가시키는 정도에 이르렀다고 보아 자본적 지출로 인정하고 과세청의 청구를 기각하였다.

보완한 제도로서 3년 이상 보유한 토지 및 건물이 대상이다. 다주택 및 조합원입주권(승계취득분 제외)의 양도차익에 대해서도 그 재산의 보유기간별 종류별 과세특례 여부에 따라 아래의 공제율을 정해서 양도차익에서 차감하여준다.

① 일반적인 부동산(10~30%)*
② 과세되는 1세대 1주택(24~80%)

하지만 부동산투기 방지차원으로 2018년 4월 1일부터 조정대상지역** 2주택 이상의 경우에는 장기보유특별공제를 배제한다.

---

* 2019년 1월 1일부터 일반부동산의 연간 공제율이 하향조정 되고 적용기간도 10년에서 15년으로 늘어나게 된다.

** 조정대상지역 지정기준 및 적용지역
부동산 투기를 억제하기 위하여 새로 정한 규제지역을 말한다.

구분	내용
지정 기준	1. 최근 3개월간 주택 가격 상승률이 소비자물가 상승률의 1.3배를 초과 2. 2개월 이상 평균 청약 경쟁률이 5대1 초과, 전용면적 85㎡ 이하의 경우 10대1을 초과 3. 3개월간 분양권 거래량이 전년 동기 대비 30% 이상 증가한 곳
적용 지역	1. 서울 25개구 전체 2. 수도권: 과천, 성남, 하남, 고양, 광명, 남양주, 동탄2 신도시 3. 부산 7개구(해운대, 연제, 동래, 부산진, 남, 수영, 기장군) 4. 세종시

4) 양도소득세율

원칙적으로 2년 이상 보유부동산에 대해서는 종합소득세율과 같으나 다음과 같은 별도세율이 존재한다.

〈양도소득세율〉

과세표준	세율(%)	누진공제액(원)
1,200만 원 이하	6	-
1,200 초과 4,600만 원 이하	15	1,080,000
4,600 초과 8,800만 원 이하	24	5,220,000
8,800 초과 1억5,000만 원 이하	35	14,900,000
1억 5,000 초과 3억 원 이하	38	19,400,000
3억 초과 5억 원 이하	40	25,400,000
5억 원 초과	42	35,400,000

〈특별한 재산에 대한 양도소득세율〉

구분	내역	세율	장기보유 특별공제
단기양도재산	보유기간 1년 미만	50%	배제
	보유기간 1년 이상 2년 미만	40%	배제
	미등기자산	70%	배제
미등기재산	조정대상지역내입주권	50%	적용
	비사업용토지	누진세율 + 10%	적용
중과세율	조정지역내 1세대 2주택	누진세율 + 10%	배제
	조정지역재 1세대 3주택	누진세율 + 20%	배제

2. 절세방안

　우리나라의 부동산 세제는 보유세보다는 거래세 중심의 과세구조이다. 한국조세재정연구원에 따르면 2016년 기준 우리나라의 국내총생산(GDP) 대비 보유세 비율은 0.8%로 OECD 평균 1.1% 보다 낮다. 반면에 취득세와 양도세로 대표되는 거래세는 OECD 평균인 0.4%보다 월등히 높은 2%에 달한다. 이는 단기매매를 통한 부동산 투기를 억제하려는 정책목표 때문인데 최근 종합부동산세를 포함하여 보유세를 높이려는 세제 개편 논의가 활발히 진행 중에 있어 향후 거래세 비중은 다소 줄어들 것으로 보인다.

　공경매의 투자자 입장에서는 매수와 매도를 통한 자본이득이 주요 투자목표이지만 양도소득을 잘 관리하는 것이 쉽지만은 않다. 양도차익이 크면 누진의 형태로 부과되는 양도소득세 역시 커지기 때문이다. 공경매투자자의 경우 사업특성 상 양도가 잦을 수밖에 없다. 따라서 가능하다면 양도하기 전부터 세밀한 절세전략을 짜는 것이 좋다.

　양도소득은 과세기간(1.1~12.31) 동안 합산과세하고 양도차익과 차손을 통산하는 특징이 있다. 특히 개인과 개인사업자는 양도차손 통산제도를 이용한 절세전략을 잘 숙지하고 적절하게 활용한다면 의미 있는 절세전략이 될 수 있다.

1) 합산과세

양도소득세는 매년 1월 1일부터 12월 31일까지가 과세기간이다. 과세기간 중 2건 이상 부동산을 양도하고 양도차익이 발생한 경우 양도세는 합산과세 된다.

예를 들어 2년 이상 보유한 상가 A와 B를 한해에 양도했고 각각 양도차익이 8천만 원이라고 하면 과세기간 중 한 건만 양도했다면 양도세율은 24%가 적용된다. 하지만 한해에 모두 양도했다면 두 건의 양도차익을 더한 1억 6천만 원이 과세표준이라 양도세율 35%가 적용된다. 따라서 양도차익이 큰 부동산이라면 합산과세를 피하여 양도해야 한다.

2) 양도차손 통산通算

양도소득세 절세를 위한 제안이 하나 더 있다. 바로 양도손익 통산제도를 이용한 절세전략이 그것이다. 양도 결손금은 당해년도에 발생한 양도소득금액에 대해서만 통산이 인정되므로 과세기간 내에 활용할 필요가 있다. 따라서 단기간 내 2회 이상 부동산 등을 양도할 계획이고, 그 중 하나의 자산에서 차손이 예상되면 그 양도시기를 조정할 필요가 있다.

쉽게 설명하면 양도차익이 큰 부동산을 매각할 경우 납부해야할

세금으로 양도손실이 나는 애물단지와 1과세기간 안에 묶어서 양도하여 차익을 차손으로 상계시키는 방식이다. 필자도 이 방법을 좀 더 일찍 알았더라면 하는 아쉬움이 있었다.

1과세기간 중 2건의 부동산을 양도했는데 하나는 손실이 발생하고 하나는 이익이 발생하였다면, 양도손실과 양도차익은 어떻게 계산되는가?

① 양도차손이 발생한 자산과 같은 세율을 적용받는 자산의 양도차익에서 공제
② 다른 세율이 적용된다면 양도소득금액 비율로 안분공제

다음의 예제를 통해 알아 보자.

EX) K 씨는 2018년도에 두 건의 상가를 순차적으로 매도하였다. 8년 보유한 A 상가에서는 1억 원의 차익이 발생하였고, 3년 보유한 B 상가에서는 5천만 원의 손실이 생겼다. K 씨의 2018년 확정양도소득은 얼마인가?

구분	A 상가신고	B 상가신고	합산신고시
=)양도차익	100,000,000	- 50,000,000	
-)장기보유특별공제	24,000,000	-	
=)양도소득금액	76,000,000	① - 50,000,000	
+)기신고양도소득금액		② 76,000,000	

항목				
=)합산양도소득		③ 26,000,000	③ = ② - ①
-)양도소득기본공제	인당 2,500,000	④ 2,500,000	연간 2,500,000공제
=)양도소득과세표준	73,500,000	⑤ 23,500,000	⑤ = ③ - ④
×)양도소득세율	24%	15%	
=)양도세 산출세액	12,420,000	⑥ 2,445,000	
기신고·결정세액		⑦ 12,420,000	
납부할세액	12,420,000	⑧ -9,975,000	⑧ = ⑦ - ⑥
지방소득세	1,242,000	-997,500	
총부담세액	13,662,000	-10,972,500	실 양도세 2,689,500

[해설]

다음의 절차를 거쳐 차익과 차손을 통산한다.

① A 상가를 우선 매각하였으므로 그에 따른 양도세 13,662,000원을 납부한다.

② B 상가의 양도차손에서 A 상가의 양도소득금액을 합산하여 합산양도소득을 구한다.

③ 합산양도소득금액에 양도소득기본공제를 적용하여 두 상가의 양도차익을 통산한 과세표준 2,350만 원을 구한다.

④ 기 납부한 양도세와 통산한 양도세의 차액 9,975,000원과 지방소득세를 환급받는다.

⑤ 따라서 통산적용 후 두 건의 양도세와 지방소득세로 실제 납부한 금액은 2,689,500원으로서 1천만 원이 넘는 절세효과를 보았다.

3) 결론

위 사례는 누진세율을 적용 받는 두 건의 양도사례이다. 단기양도세율이나 중과세율 또는 누진세율이 혼합되어 있는 복잡한 사례도 안분방법을 통해 절세효과를 얻을 수 있는데, 계산식이 복잡하여 이 책에서 소개하기에는 무리가 있어 생략하기로 한다.

이 경우는 세무전문가와 상의하여 처리하면 비용대비 큰 효과를 얻을 수 있으니 통산제도를 잘 활용하는 지혜가 필요하다. 어느 분야든 자신보다 더 많은 지식을 가진 전문가를 찾아 활용하는 것이 우리 사업의 성공 지름길이라는 점을 기억하자.

TIP29

양도차손 통산제도

【소득세법 제102조(양도소득금액의 구분 계산 등)】

① 양도소득금액은 다음 각 호의 소득별로 구분하여 계산한다. 이 경우 소득금액을 계산할 때 발생하는 결손금은 다른 호의 소득금액과 합산하지 아니한다. 〈개정 2014.12.23.〉

   1. 제94조제1항제1호·제2호 및 제4호에 따른 소득
      ► 부동산 관련자산
   2. 제94조제1항제3호에 따른 소득 ► 주식 관련자산
   3. 제94조제1항제5호에 따른 소득 ► 파생상품 관련자산

② 제1항에 따라 양도소득금액을 계산할 때 양도차손이 발생한 자산이 있는 경우에는 제1항 각 호별로 해당 자산 외의 다른 자산에서 발생한 양도소득금액에서 그 양도차손을 공제한다. 이 경우 공제방법은 양도소득금액의 세율 등을 고려하여 대통령령으로 정한다.

【소득세법 시행령 제167조의2(양도차손의 통산 등)】

① 법 제102조제2항의 규정에 의한 양도차손은 다음 각 호의 자산의 양도소득금액에서 순차로 공제한다.

1. 양도차손이 발생한 자산과 <u>같은 세율을 적용받는</u> 자산의 양도소득금액
2. 양도차손이 발생한 자산과 <u>다른 세율을 적용받는</u> 자산의 양도소득금액. 이 경우 다른 세율을 적용받는 자산의 양도소득금액이 2 이상인 경우에는 각 세율별 양도소득금액의 합계액에서 당해 양도소득금액이 차지하는 비율로 안분하여 공제한다.

② 법 제90조의 감면소득금액을 계산함에 있어서 제1항의 양도소득금액에 감면소득금액이 포함되어 있는 경우에는 순양도소득금액(감면소득금액을 제외한 부분을 말한다)과 감면소득금액이 차지하는 비율로 안분하여 당해 양도차손을 공제한 것으로 보아 감면소득금액에서 당해 양도차손 해당분을 공제한 금액을 법 제90조의 규정에 의한 감면소득금액으로 본다.

상속세 및 증여세

1. 개요 및 계산구조

상속세는 피상속인의 사망으로 상속인이 받는 재산에 과세하는 세금이고, 증여세는 증여자의 증여재산에 대하여 증여를 받는 수증자에게 부과되는 세금이다. 두 세금은 계산구조나 세율 등 여러 면에서 비슷하나 차이점도 일부 있다. 우리 세법은 상속세는 피상속인을 기준으로 세금을 계산하는 유산세제도를, 증여세는 수증자를 기준으로 계산하는 유산취득세제도를 사용하고 있다.

여기서는 증여세를 기준으로 정리해보자.

⟨증여세의 계산구조⟩

항목	내역	CASE 1	CASE 2
증여재산가액	평가기준 (매매사례, 감정가액, 기준시가)	800,000,000	1,000,000,000
-)채무	증여재산에 담보된 채무로 승계 받는 채무	-	-
=)증여세과세가액		800,000,000	1,000,000,000
-)증여재산공제	10년간 배우자 6억, 존비속 5천만 원 등	50,000,000	50,000,000
=)증여세과세표준		750,000,000	950,000,000
×)증여세율	5단계 누진세율 10~50%	30%	30%
=)증여세산출세액		165,000,000	225,000,000
-)신고납부세액공제	산출세액의 5%	8,250,000	11,250,000
=)차감납부세액		156,750,000	213,750,000

⟨사례: 보유기간 15년, 건물시가 10억, 기준시가 8억, 취득가액 5억⟩

CASE1: 기준시가로 성인자녀에게 증여

CASE2: 시가로 성인자녀에게 증여

⟨상속·증여세율⟩

과세표준	세율(%)	누진공제액
1억원 이하	10	-
1억원 초과 5억원 이하	20	10,000,000원
5억원 초과 10억원 이하	30	60,000,000원
10억원 초과 30억원 이하	40	160,000,000원
30억원 초과	50	460,000,000원

2. 사전증여를 통한 절세방안

사전증여를 어떻게 할까, 증여재산은 무엇으로 해야 할까 등이 주된 관심사이다. 사전증여는 상속개시 10년 전까지는 상속재산에 포함되지만 그 이전 것은 상속재산에 포함되지 않는다. 그리고 상속재산에 포함되는 증여재산도 증여 당시의 평가액을 기준으로 상속세 계산 시에 합산하므로 상속세절감을 위해서는 증여를 언제, 어떻게, 무엇을 증여할 것인가가 문제가 된다. 또한 무상으로 이전할 경우라면 그 평가를 어떻게 하느냐가 또한 중요할 것이다.

첫째, 증여의 방법이다. 부동산을 현금화해서 증여할 것인가 그대로 줄 것인가 하는 문제이다 직접 주는 경우는 증여의 문제만이 생기지만 팔아서 주는 경우 양도와 증여의 문제가 생기게 된다. 따라서 팔아서 주는 경우보다 증여가 부의 효율적 이전 및 원본불변의 효과를 누릴 수 있다.

둘째, 평가 상의 문제이다. 양도와 달리 증여는 무상으로 이전되기에 증여재산의 평가문제가 발생하는데 이 경우 평가원칙은 원칙이 시가이지만 시가를 모르기에 감정평가를 받거나 유사재산의 매매사례가액으로 하거나 기준시가로 하게 된다. 아파트와 같이 매매사례가액이 있는 경우는 거의 시가로 증여세를 계산하지만(p.422의 CASE2) 일반건물이나 토지의 경우 매매사례가액이 없는 경우가 많으므로 거의 기준시가로 증여세를 계산(p.422의 CASE1)하게 된다. 여기서 증여에 대한 절세 포인트가 생기게 된다.

양도는 실거래가 기준으로 세금을 계산하기에 같은 부동산을 10억 원에 양도하는 경우 양도가격 10억 원 기준 양도세를 납부하고 그 차액을 증여하는 경우 10억 원 이하를 증여받는 후손도 증여세를 추가로 납부하는 부담이 생기게 된다. 하지만 만일 증여를 하게 된다면 매매사례가액이나 감정가액이 없다면(일반적인 토지나 건물) 기준시가 8억 원을 기준으로 하여 증여세를 계산하고 10억 원의 재산을 승계시킬 수 있을 것이다. 따라서 양도보다 증여가 더 재산 이전에 효율적인 수단이 될 것이다.

셋째, 양도와 상속상의 문제이다. 증여는 당초 재산의 원본보존과 취득가액 상승으로 장기적으로 양도소득세의 감소와 더불어 조기증여로 인한 상속세 절감을 이룰 수 있다. 즉, 수증자 입장에서는 증여받은 재산의 증여가액이 취득가액이 된다. 그리고 증여자의 상속세 계산시점에 상속개시일 기준으로,

> ① 10년 이내 분은 증여시점의 재산가액으로 평가하므로 부동산의 가격이 상승하는 경우에 대비한 헤지hedge 기능을 할 수 있으며,
> ② 10년 이후 분은 상속재산에 포함하지 않으므로 상속재산 규모를 줄여 궁극적으로 상속세를 절감할 수 있다.

증여를 받는 자는 증여당시 평가액이 부동산의 취득가액이 되므로 추후 양도 시 양도소득세를 줄일 수 있다. 세법도 이를 막기 위

해서 증여 후 5년 내 양도 시에는 종전증여자의 취득가격을 수증자의 취득가격으로 보는데 5년 이후 양도 시에는 적용이 안 되므로 이를 이용하면 오래 전 취득한 부동산에 대해서 재산이전과 현금화 두 마리의 토끼를 모두 잡을 수 있을 것이다.

마지막으로 신고납부상의 장점이다. 양도소득세와 달리 증여세에는 연부연납(최대 5년)이라는 제도가 있어 거액의 세금을 일시에 납부하지 않고 최대 6번에 거쳐서 나누어서 납부할 수 있다.

이 같은 관점에서 볼 때 양도는 당장 자산의 현금화라는 측면에서는 유리하나 이것은 추가적인 투자대상이 존재할 경우에 적용될 수 있을 것이다. 당장 자산의 현금화가 필요하지 않은 사람이라면 증여를 잘만 활용한다면 부동산의 이전 및 절세에 있어서 부의 효율적 이전 및 원본불변의 효과를 누릴 수 있다.

많은 사람들이 세금을 안 내거나 최소로 하여 재산을 이전하는 방안을 전문가에게 묻거나 또는 본인의 생각을 검증받고자 한다. 이때 대답은 증여 시점까지의 시간이 길면 길수록 절세방안은 많지만 검토시간이 짧을수록 탈세로 가거나 또는 추가적인 세금부담이 커지게 된다고 조언을 한다.

점점 조세 부담이 강해지는 양도와 달리 증여는 아직까지 여러 가지 측면에서 절세 여지가 많은 것 같다. 시간을 가지고 증여나 증여와 양도를 결합한 부담부증여(증여재산에 담보된 채무를 승계하는 것) 등을 잘 활용한다면 세금을 최소화하면서 재산의 이전 및 확대를 이룰 수 있을 것이다.

부동산매매업

투자의 목적은 수익의 창출이다. 운 좋게 수익을 냈다면 누구도 피해갈 수 없는 세금이 기다리고 있다. 특히 부동산투자는 거액의 자금이 들어가고 투자기간이 긴 특징이 있다. 부동산이나 주식, 펀드 모두 투자 기간 동안에는 실패에 따른 원본손실의 위험을 진다. 하지만 부동산투자의 경우 운 좋게 투자가 성공해서 자본이익이 났다고 하더라도 세금이라는 변수가 남아있다. 어렵게 얻은 수익을 세금으로 털리고 쪼그라든 세후수익에 실망할 두 번째 위험이 상존하고 있는 것이다. 부동산에 대한 투자가 과거처럼 반드시 커다란 수익을 가져다 준다는 보장이 없는 현실을 감안한다면 세금으로부터 수익을 지키려는 절세방안을 확보할 필요성이 어느 때보다 커졌다. 그야말로 「재주는 곰이 부리고 돈은 왕서방이 챙기는」 문제를 해결해야만 이 시장에서 성공할 수 있기 때문이다. 각자 처한 환경이 다르기 때문에 투자주체를 어떻게 정할 것인지에 대한 정답은 없다.

　이 파트에서 제시한 몇 가지 사례를 통하여 투자주체별 세금부담액과 장단점을 검토해보고 자신의 상황에 맞는 적절한 해답을 찾아보자. 초보 투자자 시절을 돌아보면 이 문제의 정답을 찾아 많은 고민을 했지만 누구 하나 속 시원하게 해결책을 제시해주지 못한 문제였다. 이 책의 독자라면 자신의 투자 목적과 상황에 맞는 최적의 포트폴리오를 만들어 가는 데 많은 도움을 받을 수 있을 것이다.

1. 부동산매매업의 소득분류

1) 사업소득과 양도소득

부동산업에는 크게 부동산매매업과 부동산임대업이 있는데 이번에는 부동산매매업에 대하여 알아보자.

개인의 양도소득은 계속적으로 발생하는 사업의 일부가 아니라 일시적으로 발생하는 소득으로 보아 종합소득세와 별도로 양도소득세로 분리과세한다. 반면에 부동산매매업의 양도소득은 영리를 목적으로 계속적이고 반복적으로 이루어지는 경제활동에서 얻어지는 사업소득으로 보아 종합소득세로 과세한다.

부동산매매업을 영위하는 법인사업자는 부동산을 양도하더라도 법인세로 과세한다는 점에서 큰 차이가 있다. 이후의 논의에서 각 사업주체의 비교를 통해 심층 비교를 해보기로 한다.

2) 부동산매매업과 건설업

사업자등록 여부에 관계없이 계속적이고 반복적인 부동산 거래를 통하여 소득을 얻는 개인이 있다면 그는 부동산매매업자로서 사업소득에 대한 종합소득세를 부담하여야 한다.

「소득세법」상 부동산매매업은 한국표준산업분류에 따른 비주거용 건물건설업(건물을 자영 건설하여 판매하는 경우만 해당)과 부동산 개발 및 공급업(주거용 건물 개발 및 공급업은 제외, 다만 구입한 주거용 건물을 재판매하는 경우는 포함)을 말하며 여기서 주택을 건설하여 판매하는 사업은 부동산매매업이 아닌 건설업으로 보고 있다.

즉, 주택을 일시적으로 양도하면 양도소득세를 납부하는 것이고, 주택을 계속 반복적으로 양도하면 부동산 매매업에 대한 사업소득세를 납부하는 것이며, 주택을 건설하여 판매하면 주택신축판매업(건설업)에 대한 사업소득세를 납부하게 되는 것이다.

구분	일반개인	부동산매매업	주택신축판매업
소득구분	양도소득	사업소득 (부동산매매업)	사업소득 (건설업)
예정신고의무	해당	해당	해당 없음
중과세 여부	요건 시 중과세	양도세와 비교과세	해당 없음

2. 부동산매매업의 세금부담

투자의 목적은 수익의 창출에 있다는 명제는 아무리 강조해도 지나치지 않다. 수익은 세전과 세후수익으로 구분되는데 실제 세금을 납부하고 얼마의 이익이 났는가가 투자자의 최대 관심사이다. 이런 점에서 투자주체별 세금부담액을 따져 보고 장단점을 검토하는 것은 매우 의미 있는 일이다. 투자주체는 개인과 부동산매매사업자 그리고 법인사업자로 분류할 수 있다. 간단한 사례를 통하여 상가와 주택을 양도한 각 투자주체별 세금납부액을 살펴보자.

EX1) 상가를 양도한 경우
양도차익 : 1억 원
사업성경비 : 2천만 원(은행이자)
보유기간 : 5년(단, 필요경비와 각종 공제는 없다고 가정)

구 분	개 인 양도소득세	부동산매매사업자 종합소득세	법인사업자 법인세
양도차익	1억 원	1억 원	1억 원
-사업성경비	-	2천만 원	2천만 원
=과세표준	1억 원	8천만 원	8천만 원
×세율	35%	24%	10%
-누진공제	1,490만 원	522만 원	-
=산출세액	2,010만 원	1,398만 원	800만 원

* 법인사업자의 경우 연간 과세표준 2억 원 이하, 세율 10%가 적용된다고 가정하였음.

상가를 매도한 위 거래에서 법인사업자가 개인보다는 1,210만 원, 개인사업자보다는 598만 원의 세금절감 효과가 있음을 확인할 수 있다.

EX2) 동일조건하에 주택을 양도한 경우
(단, 개인은 1세대 2주택의 중과세 대상임)

구 분	개 인	부동산매매사업자	법인사업자
	양도소득세	종합소득세	법인세
양도차익	1억 원	1억 원	1억 원
-사업성경비	-	2천만 원	2천만 원
=과세표준	1억 원	8천만 원	8천만 원
×세율	45% (35%+중과10%)	24%	10%
-누진공제	1,490만 원	522만 원	-
=산출세액	3,010만 원	1,398만 원	800만 원
비고	① 10% 추가 중과세	② 비교과세 해당	③ 10% 추가과세 해당
산출근거	-	MAX [양소세, 종소세]	양도차익 1억 × 10%
최종세액	3,010만 원	3,010만 원	1,800만 원

본 사례는 상가를 양도한 것과 많은 차이가 있음을 알 수 있다. 상가와 동일한 양도차익인데 주택이라는 이유로 세금이 훨씬 높게 부과되는데, 매매사업자의 경우 1,612만 원의 세금이 더 발생하였다. 주택의 공공재적 성격 때문에 투기억제차원에서 세율을 높여 놓았

기 때문에 세금이 늘어난 것이다. 하지만 주택의 양도사례에서도 법인사업자는 1,200만 원의 절세효과가 있음을 알 수 있다.

이제 중요한 투자주체별 차이점을 비교해 보자.

① 다주택자 중과조치에 의하여 기본세율에 더하여 1가구 2주택은 10%, 1가구 3주택 이상은 20%의 중과세율이 추가 적용된다.
② 2018년 1월 1일자로 시행된 【소득세법 제64조(부동산매매업자에 대한 세액 계산의 특례)】는 주택 등의 매매차익이 있는 자의 종합소득 산출세액은 양도소득세액과 비교하여 큰 금액으로 납부하도록 개정되었다(일명 비교과세제도).

다시 말해 매매사업자라도 소득세법이 정한 주택 등의 양도차익에 대한 세금은 종합소득세가 아닌 양도소득세로 납부하라는 것이다. 2014년 다주택자에 대한 중과세조항을 폐지하면서 사라졌던 부동산매매업에 대한 비교과세가 부활하면서 주택, 분양권, 비사업용토지 그리고 미등기양도자산 등의 매매차익은 개인과 매매사업자 간에 차별 없이 동일한 중과세를 적용받게 된 것이다.
③ 법인사업자의 경우, 주택이나 별장 또는 비사업용토지를 양도한 경우는 법인세와 별도로 그 양도차익의 10%를 추가로 과세한다.【법인세법 제55조의2(토지 등 양도소득에 대한 과세특례)】

위 두 가지 사례를 통해 투자주체별 세금을 간략하게 살펴보았다. 그렇다면 왜 이러한 차이가 나는 것이고 어떤 방식을 선택해야 하는 것이 유리한 선택일까?

1) 비용공제 여부

먼저 양도차익의 계산방식이 다르기 때문이다. 법인이나 개인사업자는 사업운영과정에서 발생한 금융비용과 급여, 임대료 등을 사업성 경비로 보아 비용으로 인정하지만 개인의 경우 사업자가 아니라서 비용으로 공제받지 못 한다.

2) 세율의 차이

다음은 세율의 차이이다. 법인세율(10%~25%)과 소득세율(6%~42%)의 차이에서 보듯 과세표준구간별 세율의 차이가 크다. 하지만 법인의 소득을 다시 주주에게 배당하는 과정에서 개인은 배당소득세를 납부하여야 하므로 배당금액이 크다면 단정적으로 어느 쪽이 유리하다고 할 수는 없다.

3) 비과세와 감면제도

개인의 경우 법인과 달리 주택에 대한 투자 시 1세대 1주택 비과세제도와 장기보유특별공제 같은 제도를 적절하게 활용할 수 있다. 부동산 투자목적과 기간에 따라 각자의 상황을 고려하여 투자주체를 결정하는 운영의 묘가 필요하다고 할 것이다.

4) 법인사업자의 장단점

　세금 절감 측면에서는 법인사업자가 나머지 두 가지 방식보다 장점이 있음을 알 수 있다. 하지만 세금 외에도 여러 가지 측면에서 검토할 사항이 많다.
　개인과 개인사업자에 대해서는 많이 알려져 있으니 법인사업자의 장단점을 몇 가지 살펴보기로 하자.

(1) 장점

　첫째, 세율이 낮다. 가장 큰 장점은 앞서 살펴본 대로 법인세율이 양도소득세나 종합소득세율에 비해 월등히 낮아 절세금액이 크다는 점이다.
　둘째, 비용처리가 가능하다. 사업과정에서 발생하는 경비를 비용으로 처리할 수 있어 과세표준을 낮출 수 있다. 물론 개인사업자의 경우도 비용처리가 가능하다.
　셋째, 개인과 비교할 때 건강보험료가 절약된다. 법인의 대표는 직장의료보험에 편입되어 급여에 따른 보험료를 부과받으므로 지역의료보험에 비해 이점이 있다. 물론 법인의 수익이 커서 급여금액이 커지면 그에 상응하는 보험료를 내는 것은 당연하지만 적정하게 급여를 조절할 수 있는 권한이 있다는 점은 장점이라 할 것이다.
　마지막으로 상속과 증여의 장점이 있다. 부동산 실물을 상속하거나 증여할 경우 그에 상응하는 취득세나 상속·증여세를 납부하여야 한다. 하지만 법인이라면 주식의 증여나 상속을 통해 법인 소유의 부동산을 이전해주는 효과가 있다. 물론 그 과정에서 세법이 정한 양도소득세 등의 세금이 부과될 수도 있지만 현물자산에 비해 훨씬 유리하다.

(2) 단점

첫째, 법인의 설립과 유지과정에 비용이 든다. 법무사와 세무사의 조력을 받아야 하고 매 분기 부가가치세 신고와 매년 결산을 거쳐야 한다. 따라서 일회성 투자자라거나 투자물건을 일정 부분 이상 가지고 있지 않다면 계속해서 비용을 지불하는 것이 신경 쓰일 수 있다. 둘째, 취득세 중과대상이 될 수 있다. 설립된 지 5년 미만의 법인이라면 수도권과밀억제권역의 부동산에 투자할 경우 취득세율이 9.4%로 중과세가 된다. 셋째, 법인이 주택과 별장 또는 비사업용토지를 양도하면 양도소득의 10%를 추가로 납부하여야 한다. 끝으로 배당재원이 많으면 추가 세금을 내야 한다. 법인의 투자수익이 많아져 이익잉여금이 발생하면 주주배당을 하게 되는데 법인세 납부 외에 추가적인 배당소득세를 납부할 수 있다.

5) 결론

부동산투자를 전업으로 시장에 참여할 사람이라면 아무래도 법인이 목적에 맞을 것이다. 하지만 자신의 투자목적과 투자할 종목, 그리고 투자기간 등 다방면에 대한 심층 검토 후에 선택하는 것이 좋다.

2017년 8.2 부동산대책의 일환으로 다주택자에 대한 중과세가 부활하고 매매사업자에 대한 비교과세제도 역시 부활되어 세금 측면에서 유리한 법인사업자에 대한 관심이 커진 상황이다. 따라서 많은 이들이 부동산매매업 법인에 대한 관심이 높아질 것으로 보인다.

3. 부동산매매업자의 의무

개인은 소득세법상의 의무를 이행하여야 하며 부동산매매사업자는 부가가치세법상의 제반의무를, 법인은 법인세법상의 의무를 이행하여야 한다.

1) 개인매매사업자

부동산매매사업자는 계속 반복적이라는 면에서는 사업소득자이고 부동산의 양도라는 점에서는 개인의 양도소득과 유사하다. 따라서 사업소득자가 부담해야 할 부가가치세법과 소득세법상의 의무뿐 아니라 양도소득세가 가지는 예정신고의무도 있다.

부동산매매업자가 자산을 양도하는 경우 양도소득세 계산방식과 유사한 방식으로 양도일이 속하는 달의 말일부터 2개월 이내 예정신고의무를 가지게 되며, 이 경우 매매차익은 양도소득세 계산방식에 따라 계산하지만 보유기간이 2년 미만인 경우에도 단기 양도소득세율을 적용하지 아니하고 소득세기본세율(6~42%)을 적용한다. 다음 해 5월 종합소득세 신고의무도 있다. 즉, 예정신고를 하고 확정신고시에 정산을 하게 되는 것이다. 다만 다주택 양도소득자의 중과제도의 취지에 따라 중과되는 2주택이상자, 비사업용 토지, 미등기 양도자산에 대해서는 조세회피를 방지하고 과세형평을 제고하기 위해서 매매사업자의 경우에는 양도소득세율과 종합소득세율을 적용하여 계산한 세액을 비교하여 보다 많은 금액을 납부하도록 하는 「비교과세」특례규정을 둔 점은 앞에서 살펴본 대로이다.

2) 법인사업자

법인은 개인과 달리 예정신고 의무가 없다는 것이 큰 차이점이다. 양도소득세율과 법인세율 간의 차이에 따르는 추가과세로 법인이 일정요건을 충족한 임대주택이 아닌 주택이나 비사업용 토지를 양도하는 경우, 법인세 외에 토지 등 양도소득에 대한 10%의 법인세를 추가로 법인세 신고·납부하여야 한다.

구분	양도소득세 예정신고	토지 등 매매 차익예정신고	부가가치세	적용세율
비사업자인 개인	◉	×	×	양도소득세율
사업자인 개인	◉	×	◉	양도소득세율
부동산매매업자 (개인)	×	◉	◉	종합 or 양도소득세율
부동산매매업자 (법인)	×	×	◉	법인세율

Essay 3

「아킬레우스」와 테니스

2017년 2월 어느 날, 다소 쌀쌀한 토요일 아침에 여느 주말처럼 나는 테니스코트에 있다. 20년 이상 주말 아침이면 해오는 일상인데, 운동 중에 큰 탈이 났다.

'딱!!' 소리와 함께 오른쪽 아킬레스건이 끊어졌다.

전부터 조짐은 있어왔다. 주말 이틀 과하게 운동하고 나면 수요일까지는 아킬레스가 아팠다. 누르면 시큰한 통증이 있고 가운데 딱딱한 응어리가 만져졌다.

근데 목요일쯤 되면 통증도 사라지고 그런대로 움직일 만하다. 한 1년을 무심하게 방치한 결말이 결국 파열이라는 돌아오지 못할 강을 건너게 했다.

테니스와 인연을 맺은 지 올해로 딱 40년이 된다. 중학교 2학년 시절로 거슬러 올라가니까 대단한 구력球歷임에 틀림없다. 당시 학교에 테니스부가 생겼다. 또래 친구들보다 키가 크고 제법 운동신경이 있는 나를 눈여겨보신 체육선생님의 권유로 라켓을 잡았다. 하지만 나의 테니스 인생은 순탄치 못했다.

하교가 늦어지고 날이 갈수록 새카맣게 그을린 구릿빛 피부가 되어가는 걸 보신 어머니가 급기야 학교에 찾아가 체육선생님과 담판 끝에 제대로 된 테니스볼은 쳐보지도 못하고 기초체력만 다지다가 강퇴당한 것이다. 당시 어머니는 내가 공부를 너무 잘해서 판검사 정도 될 줄 아셨는지 운동은 절대 안 된다며 몇 날 며칠을 학교에 출근부를 찍으셨다.

대학에 들어와서 나의 테니스 인생은 본격적으로 꽃 피었다. 고교시절에도 테니스라켓을 들고 폼은 좀 잡았지만 흉내에 그쳤다. 78학번 선배인 박병술 형과 아삼류이 되어 테니스에 미쳐 몇 년을 빠져들었다. 당시 형은 K증권 명동지점에 근무했는데 주말만 되면 이틀 내내 코트에서 살았다. 그때는 20대 초반의 지칠 줄 모르는 체력으로 단식게임을 주로 했고 그 시절 다져진 실력으로 지금까지 버티고 있다 해도 과언이 아니다.

1994년 결혼과 함께 테니스 인생은 절정기를 맞았다. 테니스코트가 3면이나 있는 아파트로 이사하면서 물 만난 고기처럼 실력이 일취월장했다. 그도 그럴 것이 주말은 물론이고 주중에도 야간게임을 할 수 있으니 실력이 안 늘면 이상할 정도다.

그 시절 얼마나 테니스에 심취했는지 재미난 에피소드가 있다. 어느 날, 가방에서 라켓을 꺼내다가 깜짝 놀랐다. 거트를 열십자로 끊어 놓은 것이다. 아내가 심통이 나서 저지른 계획적 범행이었다. 육아와 살림에 지쳐있는데 주말이면 아이와 놀아주지는 않고 허구헌날 테니스 치러 나가니 라켓이 꼴 보기 싫었나보다. 그때 인연을 맺은 사람들과 지금도 주말이면 수담을 나누니 햇수로 벌써 25년이다.

나는 골프는 치지 않는다. 아주 오래 전, 배워보려 시도한 적은 있었다. 하지만 뭘 새로 배운다는 게 스트레스요, 게으른 천성으로 레슨도 자주 빼먹는데다 돈은 아깝고, 오래지 않아 포기했다. 골프를 같이 하자는 아내의 오랜 권유를 뿌리친 핑계가 있다. 우리 같이 좁은 땅에서 넓은 면적이 필요한 골프는 사치이며, 영국왕실에서 유래한 테니스는 품위와 격식을 갖춘 신사의 운동이라는 궤변이 그것이다.

테니스는 아주 격렬한 스포츠이다. 아마추어는 주로 복식게임을 하는데 한 사람이 책임져야 하는 공간이 꽤 넓다. 그만큼 운동량이 필요하다. 전후좌우 부지런히 뛰어야 게임을 이길 수 있다.

그날도 여느 주말처럼 라켓을 잡은 날이다. 짧은 드롭볼을 받아 넘기려고 네트로 달려들다가 그 사달이 나고야 만 것이다.

그리스신화 속 트로이전쟁의 영웅「아킬레우스」는 천하무적 용장勇將이다. 인간에게 아킬레스건은 가장 굵고 힘센 근육 중 하나이다. 약점이라는 의미의 아킬레스는 그 자체가 약하다는 의미가 아니다. 어린 아들을 불사不死의 존재로 만들고 싶은 어머니「테티스」가 이승과 저승의 경계를 흐르는 스틱스강에 그의 몸을 담갔는데 그녀가 잡고 있던 발뒤꿈치 부분만은 강물이 닿지 않아 유일한 약점이 되었기에 생긴 신화가 어원이다. 어쨌거나 아킬레우스는 뒤꿈치에 독화살을 맞고 죽었으니 그에게 있어서는 최대의 약점이었던 셈이다.

 응급실에 입원하여 봉합수술을 받고 에누리 없이 1년간 코트를 떠났다. 여태껏 깁스 한 번 안 해본 내가 일생일대의 시련을 맞았다. 체중을 줄여 무릎과 허리, 발목에 하중을 줄이는 조치가 필요하다. 하지만 어지간해서는 몸무게 줄이기가 쉽지 않다. 한 열흘 잘 조절된 체중도 친구들과 저녁모임 한 번으로 어김없이 원상복구되니 말이다. 더 이상 늘지 않는 것에 감사하라는 아내의 말처럼 감량은 포기해야 하는 걸까? 앞으로 한 20년은 코트를 주름잡고 싶은데, 가능할지 모르겠다.